天才孩子的教育

刘英杰 编

读懂你的孩子

黄河水利出版社
·郑州·

图书在版编目(CIP)数据

读懂你的孩子/刘英杰编.—郑州:黄河水利出版社,2016.10 (2021.8 重印)
(天才孩子的教育)
ISBN 978-7-5509-1490-2

Ⅰ.①读… Ⅱ.①刘… Ⅲ.①家庭教育 Ⅳ.①G78

中国版本图书馆CIP数据核字(2016)第175286号

出版发行:黄河水利出版社
社　　址:河南省郑州市顺河路黄委会综合楼14层
电　　话:0371-66026940　　邮政编码:450003
网　　址:http://www.yrcp.com

印　　刷:三河市人民印务有限公司
开　　本:787mm×1092mm　1/16
印　　张:13.75
字　　数:188千字
版　　次:2016年10月第1版　　2021年8月第3次印刷
定　　价:58.00元

目　录

一、孩子心理发展规律和特征

二、低年级学生的教育

三、中年级孩子的教育

四、高年级孩子的教育

一、孩子心理发展规律和特征

家庭教育是一门科学，是一门艺术。父母是孩子的第一任老师，要想教育好孩子，首先要了解自己的孩子，读懂自己的孩子。家长只有在熟悉一定的教育心理学知识，了解儿童心理发展的规律及特点，把握正确的教育方法的前提下，家庭教育才有可能收到良好的效果。

孩子心理发展的基本规律

遗传、环境和教育对儿童心理发展的作用

儿童心理发展，既受遗传素质的制约，又受后天环境和教育的影响。只有正确认识遗传、环境和教育在儿童心理发展上的作用，才能揭示儿童心理发展的规律，选择正确的培养途径和方法。

怎样正确认识遗传、环境和教育在儿童心理发展过程中的作用呢？

遗传是生物发展的前提。我们知道遗传是一种普遍的生物现象。通过遗传，祖辈的许多生物特征不断地传给下一代。这些遗传特征主要是指那些从上一代继承下来的解剖生理特征，如机体的构造、形、态、感官、神经系统的特征等。这些遗传特征通称为遗传素质。应该承认，遗传素质是儿童心理发展的生物前提，它为心理发展提供了自然条件，不具有这个条件，心理的发展就失去产生的物质基础。例如一个生来就是全色盲的孩子，就无法辨别色度和色差，更难以成为色彩斑斓的水粉画画家。因此，不能否认遗传素质的作用。实践已经证明，一个孩子先天素质优良，则为其后天身心的发展提供良好的物质基础，提供人才成长良好的潜在可能性。所

以，我们国家不仅提倡优生少生，一对夫妇只生一个孩儿，而且提倡优孕优育，以提高我国人口的先天素质，为多出人才，出好人才打下良好的物质基础。

然而，我们绝不能夸大遗传素质的作用。因为它只提供了儿童心理发展的自然前提和可能性，并不决定儿童心理的发展。如一个听觉素质良好的儿童，如果没有适当的音乐环境或受到良好的音乐教育和熏陶，即使是像莫扎特那样的天才，也不会成为音乐家。因此在教育工作(包括家庭教育)中，要正确看待儿童的发展，不要因孩子在学习或能力发展中出现某些问题或成绩不佳，就轻率地诿过于孩子的遗传素质不好，天生不是学习的材料等等。一般说孩子的先天素质虽有一定的差别，但总体上说差别并不悬殊，正如马克思所说："……搬运夫和哲学家之间的原始差别，要比家犬和猎犬之间的差别小得多，他们之间的鸿沟是分工造成的"。关键是后天环境的影响和教育的培养，只要培养教育得法，适应每个孩子的心理特点，因材施教，每个孩子都可以得到很好的发展。今天实施素质教育的根本目的，就是使我们的教育要面向全体学生，充分挖掘每个孩子的潜能，使每个孩子在德育、智育、体育、美育等方面都得到发展，使每个孩子的个性都得到充分的体现，都能走上成材之路，都能得到生动、活泼、主动的发展。

儿童心理发展的内部动力

辩证唯物主义认为，事物的发展外因是条件，内因是依据。外因必须通过内因起作用。从人的心理的产生和来源看，心理是脑的机能，是脑对客观现实的反映，人的一切心理现象归根到底是来源于客观现实，客观现实是心理的源泉。正是从这一意义上，我们说环境和教育对儿童心理的发展起着重要的作用。望子成才心切的家长，往往十分关注为孩子创造一个良好的学习环境和教育条件，这固然对孩子的发展是有利的，但是环境和条件过分地优越，反而不利于孩子个性的成长，一个长期在优越环境和过分保护下长大的孩子，往往经不住挫折和困难的考验，形成意志软弱，性格脆弱的个睦。这种不健全的人格，将十分不利于孩子的健康成长。相反，一个自幼就经受过困难和挫折考验的孩子，其意志可以得到磨炼，性格变

得坚强,逐步养成自立、自强、自尊、自信等健全的人格,学会了生存和发展。这正是常言说的,逆境、磨难出人才。由此,我们可以看出,做家长的不要误认为只要为孩子创造一个良好的生活条件,优越的学习环境,孩子就可以得到很好的发展。应该认识到,环境和教育只是儿童心理发展的外部条件——外因。外因要想起作用,还必须要通过儿童心理发展的内因——内部依据,如学习的需要、动机、兴趣、意志等等。只有这二者统一起来,才能真正成为儿童心理发展的动力。所以,做父母的绝不能把自己的期望、意志、理想强加到孩子身上。必须启发、诱导孩子的内部需要,锤炼孩子的情感和意志,由“要我学”变成“我要学”,才能收到预期的效果。否则,适得其反。

那么,什么是儿童心理发展的内因或内部动力呢?这个内部动力又是怎样产生的呢?

这种内因或内部动力是在儿童这个主体和客体——环境(社会环境、自然环境和教育环境)相互作用过程中,即在儿童不断积极探索过程中产生的。正是这种内部动力推动儿童不断地适应社会、学校和家庭提出的要求,使儿童的心理不断得到发展。这样看来,客观要求,被儿童意识到,引起新的需要,为了满足新的需要,便会促使主体努力提高自己原有心理水平,以适应客观要求。一旦新的需要获得满足,便会使儿童受到极大鼓舞和愉快,这时又会产生新的需要,从而激发儿童进一步提高自己的心理水平(如学习新的知识、技能等)以便向更高的要求(目标)前进。如此循环往复,儿童的内部动力——积极性,不断被激发,推动他们不断地去接触和变革外界事物,儿童的心理水平(如知识水平、智力、能力水平,情感和意志水平以及个性的良好品质)正是在这一螺旋式上升的活动中得到培养、锻炼和发展,而儿童心理发展的水平和速度则往往和儿童活动的范围、环境和性质有密切关系。

那么,作为家长如何理解孩子的新需要和原有心理水平呢?下面做个简要解释。“需要”也是人对现实的一种反映形式。任何人的任何需要,都是在一定社会生活条件下,即在一定的社会和教育要求下产生的对一定客

观现实的某种内部需要的反映。由于主客体的关系在不断变化，客观事物在不断发展，因而客观事物对主体的要求也在不断地发展。一种需要满足了，又会产生一种新的需要。如随着科学技术和社会经济的发展，人们满足了温饱的需要，自然会产生奔小康的需要，小康的需要满足之后，人们又会产生更加富裕生活的需要。再如孩子们的生活、学习也如此。如考试不及格，不应遭到家长、老师的挖苦、打骂，而是帮助孩子耐心地分析原因，找出克服的办法，一旦下次考试及格了，孩子会非常高兴，就会产生考七八十分的向往和要求，一旦目标达到了，不仅不会满足于此，又会产生争取更好成绩的要求。这种自觉的主动性和积极性，必然会推动孩子的心理水平不断向前发展。从这一意义上讲，需要在一个人的心理活动中，经常代表着新的一面，活跃的一面，人的需要永远不会停留在一个水准上。所以称之为新需要，即需要永远是新的。一种需要满足后，又会被另一种需要所代替。人的需要总是以动机、兴趣、目标、愿望、理想等不同形式表现出来。

所谓儿童原有心理发展水平，是指过去反映活动的结果而言，即指一个孩子已有的知识经验水平、心理活动(知、情、意)水平、个性特征、年龄特征以及当时的心理状态和注意状态而言。这种已有的心理水平，经常代表着人的心理活动中旧的即过去的一面，代表着比较稳定的一面，当然也是具有积极意义的一面。

由上可见，新需要是代表着儿童新的追求和目标的一面；原有心理水平则代表着过去的、旧的已实现的追求和目标的一面。从而形成儿童心理发展的内部矛盾，这种矛盾的不断产生和统一，就构成了儿童心理发展的内部动力。

比如，孩子已具有了三年级的知识水平，那么升入四年级后，开始学习四则应用题，而原有的解简单应用题的心理水平还不适应学习新知识的要求。孩子这时便会产生学会解四则应用题的新需要，而新需要与原有心理水平的矛盾不解决就不可能掌握新的知识和技能。这时，孩子必须要学会逻辑思维，即要学会分析、综合、推理、判断的思维方式，不能只停留在具体形象思维的水平上。这时候会激发孩子学习新知识的积极性，通过个人的

努力和老师、家长的点拨，孩子逐渐掌握了新知识、新技能、新思维方法，从而使孩子的心理水平上升到一个新的台阶。简言之，孩子有什么样的心理水平，便会产生什么样的需要，在新需要不断得到满足的过程中，学生的心理水平便会不断得到发展和提高。

教育和儿童心理发展的辩证关系

前面讲到的内部矛盾是儿童心理发展的内部动力，是儿童心理发展的内因、内部依据，是矛盾的主要方面。如果没有孩子的学习需要、学习兴趣，没有孩子学习的主动积极性，强制孩子按照老师或家长的意志去学习，就会收效甚微，适得其反，甚至会造成孩子厌学、弃学。但是还应看到这种内部矛盾的运动，任何时候都离不开外因的影响，教育(包括家庭教育)则是儿童心理发展最主要的外因。它决定着儿童心理发展的速度和方向。这正如芳草一样，种子和胚芽是芳草生长的内因，但芳草的枯荣却决定于外因——水、肥、土壤和气候。儿童心理的发展也是如此，内因是变化的依据，外因是变化的条件，外因必须通过内因起作用，而内因必须借助于外因的条件，才能得到充分的发展。我国教育向素质教育转轨，要求在教育中要面向每一个学生，充分挖掘每一个学生的潜在能量，使每个学生都能生动、活泼、主动地得到发展，为学生心理水平的发展，创造良好的外部条件。只有这样，才能调动起儿童心理发展的主动性、积极性。反之，教育(包括家庭教育)将无法起作用，更谈不上起主导作用，甚至会起反作用。如有的孩子不但没有按父母或老师的意愿努力去学习、上进，反而走上厌学、离家出走的轨道，甚至轻生或仇视老师或父母，这种事例在我们周围出现得还少吗？还不值得引起我们的深思吗？因此，每一位教师和父母，为了更好地按照儿童心理发展规律进行教育，就必须学一点心理学、教育学的科学知识，必须了解儿童，研究儿童的心理水平，研究他们的年龄特征和个性特征，因材施教、因人施教，万不可采取拔苗助长、牛不喝水强按头的教育方法。实践已经证明，只有通过儿童的内因，促成其内部矛盾的化解，才能收到预期的教育效果。教育(包括家庭教育)是一门科学和艺术，绝不能只知耕耘不问收获，一味地向学生提要求、压任务，乃至采取粗暴的教育方式，

这样只会酿造出教育的苦酒,贻误孩子的终生。

儿童心理发展的年龄阶段性

从前面所述可以看出,儿童心理发展也和其他事物发展一样,是个由量变到质变的发展过程。因此,儿童的心理发展必然会表现出年龄的阶段性。

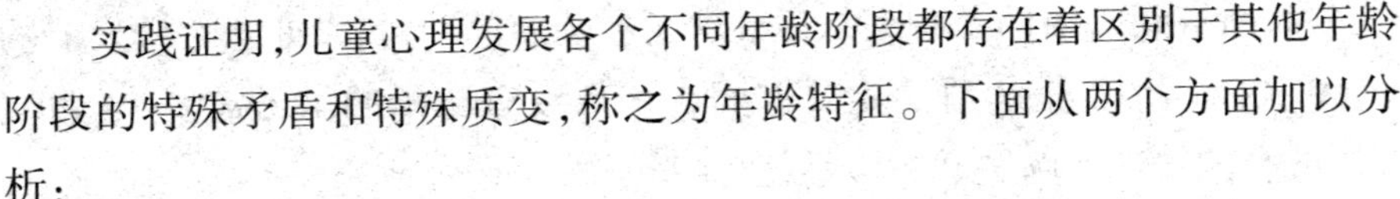

实践证明,儿童心理发展各个不同年龄阶段都存在着区别于其他年龄阶段的特殊矛盾和特殊质变,称之为年龄特征。下面从两个方面加以分析:

1.儿童心理年龄特征

儿童心理年龄特征是指在一定社会和教育条件下,儿童心理发展在各个不同年龄阶段所形成的一般的、典型的、本质的心理特征。

儿童的心理年龄特征总是表现在年龄阶段上,儿童从出生到成熟大约经过六个年龄阶段:乳儿期(0~1岁)、婴儿期(1~3岁)、幼儿期(3~6岁)、学龄初期(6~11、12岁)、少年期(11、12~14、15岁)、青年初期(14、15~17、18岁)。

儿童心理年龄特征既有一定的独立性,又有连续性。前一年龄阶段的心理特征,总是孕育着下一年龄阶段的心理内容;后一年龄阶段的心理特征,又总是在前一年龄阶段的基础上形成的,是前一年龄阶段发展的结果。

2.儿童心理年龄特征的稳定性和可变性

在一定的社会和教育条件下,儿童心理年龄特征具有一定的稳定性(如同一年龄段孩子心理发展的过程和速度大体上是相同的、不易变的)。但在社会环境和教育条件(包括家庭教育环境)对儿童影响不同的情况下,同年龄段孩子之间在心理发展上又会存在一定的差距,故儿童心理年龄特征又具有可变性。如,同是低年级的孩子,他们之间智力发展水平大致差不多,但也可能有的孩子智力发展水平略高一些,有的孩子的智力发展水平可能低一些。这并不奇怪,只能说明同年龄段孩子智力发展速度上存在差异,但绝不能由此得出哪个孩子聪明,哪个孩子笨的结论。自古至今都

存在早慧和大器晚成的例证。关键是后天的环境和教育的影响。要知道，心理和脑科学已经证明，只要是正常孩子，每个孩子都存在巨大发展的生理和心理潜能。只要我们按照儿童身心发展规律和特点，因材施教，教育得法，每个孩子都可以成才，都能够成为国家需要的人才。

特别是在跨世纪的今天，作为21世纪的家长，必须掌握现代教育心理科学知识，解读自己孩子的心理发展特点和内心世界的需要、愿望、理想和爱好，以及他们的喜、怒、哀、乐，顺利和障碍、成功和挫折的心态，才能有的放矢地做好家庭教育工作，才能配合学校由应试教育向素质教育转轨，使每个孩子都得到生动、活泼、主动地发展，成长为跨世纪的合格人才。

孩子心理发展的特征

孩子感知能力发展的特点与教育

小学儿童正处在智力发展的转折点，即由形象思维向抽象逻辑思维过渡。这一年龄段儿童的认识能力有两个突出的特点：一是第一信号系统在认识过程中占据优势地位。小学儿童在认识外界事物时，常表现为形象的认识较为突出，凡色彩鲜艳的、形象生动的、鲜活有趣的具体对象，最容易引起他们的注意和兴趣，并留下深刻的印象。因此，动画片、卡通读物、童话故事、科幻读物和影视等对他们具有很大的吸引力。这一特点，在小学低中年级的孩子中表现得尤为突出。故对这一年龄段的孩子切记不要空洞的说教，尽可能利用有益的形象、具体的读物和生动的声像资料作为教育的辅助手段，有助于孩子接受。二是由于小学儿童认识能力的局限，他们对事物的感知往往缺乏整体性、理解性和精确性，不善于对事物进行分析、综合、比较和归类，往往容易忽视事物间的细微差别，如常把形近字读错音或写错字，出现张冠李戴的现象。

感知能力是孩子智力发展的基础。感知能力发展水平，直接影响孩子思维能力、想象能力和记忆能力的发展好坏。我们知道，感知是一切认识的开端，毛泽东同志在《实践论》里讲过：人类的一切真知无不来源于人们对客观事物的直接感知。所以，自幼培养提高孩子的感知能力对孩子学习

能力的发展是至关重要的。

那么,作为家长在读懂了孩子感知发展的特点后,如何帮助孩子提高直观感知能力呢?这里提两点意见供参考:

第一,在感知事物过程中,要帮助孩子学会分析、综合、比较和归纳。这是防止孩子在感知相近或相似事物时发生混淆,抓住学习要领的基本方法。要想鉴别事物的异同,对事物产生精确的认识,必须教会孩子对事物进行分析和比较。有分析才能进行综合,有比较才能鉴别异同。要知道世界上万事万物都是相比较而存在的,没有“黑”哪来的“白”,没有“农民”哪来的“工人”,没有“资本主义”哪来的“社会主义”等等。可见,离开了分析和比较,我们不能认识,也不能区分任何事物。因此,要想提高孩子的感知能力,必须教会孩子在感知事物时要学会思考。感知不是孤立的心理现象,它是和人的思维活动密切联系的。感知的事物,只有通过思考,即通过分析、综合、比较、归类、抽象、概括,即通过“去粗取精、去伪存真、由表及里”的加工制作,才能揭示事物的本质。故教会孩子边感知边思考是发展学生感知能力的重要阶梯。

第二,要教会孩子观察,提高孩子的观察能力。观察不等于单纯地去“看”、去“听”、去“嗅”……观察是有目的有计划的认知过程。有个学生在到长城游览后,回到学校写作文“春游长城”时,由于不会观察,只写了十二个字“长城啊,真长,真长,实在是长……”往后就没词了。可见,观察是人智慧活动的窗口,是获取信息的门户。我国古代学者很早就认识到这一点。如先秦时期的宋尹学派就曾明确提出:“洁其宫,阙其门。宫者谓心也,心也者,智之舍也。门者,谓耳目也。耳目在,所以闻见也。”意思是说,观察主要以耳目为基础。现代科学已证明:人大脑获得的信息,80%~90%是通过视、听两种感官输入的。可见,要发展学生的感知能力,必须要帮助孩子自幼就打开观察这扇门,让外界的信息源源不断地输入他们的大脑,并通过脑的加工汲取新鲜的知识和营养,以使他们的智慧之花不断地开放。在应试教育束缚下,孩子们失去了观察和思考的自由。整天囿于学校和家庭两点一线之间,这曾是我们家庭教育和学校教育的致命弱点。试

想，一个闭目塞听的孩子，他们的精神世界必然是贫乏的，如此下去，势必使他们智力的发展受阻。因此，在由应试教育向素质教育转轨的今天，家长也应扭转自己的教育观念，不要只关心孩子的“吃”和考试的“分”，应该重视开启孩子智慧的窗口，发展孩子的感知能力，除平时引导孩子观察周围环境外，还可利用节假日，带领孩子走出家门去观察外面多彩的世界，这是开阔孩子眼界，开发孩子智力的重要途径。自幼使孩子养成良好的观察品质。

孩子思维的特点和教育

思维是智力的核心。一个孩子的聪明程度往往决定于其思维能力发展的水平。那么，小学阶段孩子思维的特点和发展规律是怎样的呢？怎么遵循其规律，根据其特点进行教育呢？

下面主要介绍小学生思维两个基本特点：

第一，孩子的思维带有明显的具体性和形象性。特别是中低年级的孩子，他们的思维还带有很大的具体性和形象性。因此他们对具体的东西，生动形象的事物容易接受和理解，而对抽象的东西，如无具体形象的东西作例证，接受起来往往感到很困难。这是因为儿童思维发展的规律是：由具体到一般、由形象思维到抽象思维。比如：小学低年级教学往往要借助于直观教具，以帮助学生接受新知识。

因此，家长在家教中，也必须遵循这一原则，要采用形象、生动的语言来和孩子交流，必要时，可用手势带动说话，以带动孩子理解，切忌只讲空洞的大道理。在家庭教育中，家长的教导要注意联系实际(学生的思想和生活实际)。孩子在小学阶段，正处在思维的萌发过程，他们的思维总是和具体事物形象结合在一起的，也就是说小学阶段孩子的思维必须借助于生活实际和活动实际去对事物进行比较、归类、抽象和概括，从而认识事物的本质和概念。例如“飘飘悠悠”这个词孩子就很难理解。当春天来临、扬花柳絮在空中飞舞的样子，让孩子想想用学过的词形容一下，孩子会马上想起“飘飘悠悠”这个词，孩子对这个词就不但理解了它的意思而且也学会了使用。

第二，小学儿童好奇心很突出。孩子的思维往往是由好奇心引起的。请看，孩子随着年龄的增长，知识的增加，他们对周围事物和各种现象，感到十分惊奇，常喜欢找出许许多多个“为什么?”，这是孩子思维萌动、想象丰富、喜欢求知的非常宝贵的心理需要。这证明知识的种子正在儿童心灵上含苞待放，家长应利用这个特点，积极地启发和诱导，创造良好的学习环境，为孩子思维的发展提供充足的阳光和土壤，使孩子智力的幼苗得到健康的生长。总之，教育孩子应因势利导，水到渠成，切不可拔苗助长，脱离孩子心理发展的实际。

因此，家长在家教中应注意：①平时多鼓励孩子勤学好问，对孩子的问题，尽量给以满意的回答或解释。要知道疑问、好奇正是孩子智慧的生长点，千万不可厌烦、斥责和压抑孩子的好奇心。②对孩子的兴趣，要有意识地进行启发和诱导，并积极创造条件，经常鼓励、期望和关怀，使孩子的兴趣能在实践中产生积极的效应。切不可压抑学生的兴趣，那样将会抑制学生智力的发展，使其丧失求知的乐趣。要知道，兴趣是最好的老师，好奇、提问是动脑的表现，孩子能独立地提出一个问题，比解决一个问题更重要。

孩子情感发展特点

情绪和情感是人对客观事物所持态度的体验。人在现实生活中伴随着对事物的认识总会抱有各种不同的态度，从而产生各种不同的情绪和情感，如遇到喜事叫人高兴，遇到坏事令人气愤，遇到不幸之事而悲哀，遇到困难、挫折而忧思，遇到惊吓而恐惧，遇到成功而兴奋……人之所以产生喜怒哀思惊恐忧，都和人的需要有关，当人的某种需要能获得满足时，就会产生积极的情感，如高兴、兴奋、自豪、愉快、满足等；当人的某种需要不能满足，感受到被剥夺、伤害、阻挠时，人往往会产生消极情绪和情感，如悲伤、忧虑、愤怒、烦闷、消沉等。

孩子在幼小年龄，一些喜怒哀乐等基本情绪已会表达，如婴儿吃到苦味会皱眉头，吃到甜的奶水，会产生愉快的表情。当孩子上小学后，他们情绪和情感的内容会逐渐丰富起来，即他们的情感不再局限于生理需要及玩耍需要的满足，他们向往背起书包上学、交上许多新朋友，学到新知识、新

歌曲、新技能等等，都会引起他们情绪情感的丰富和变化。他们的喜、怒、哀乐与学校中的生活、学习和集体活动密切地联系在一起了。他们学习的好坏，在班集体中与同学的关系、在班中的地位、在各种活动中的表现等都会影响他们的情感体验。

小学儿童情绪内容会比学前儿童有了极大的丰富，但其情感的稳定性和深刻性，仍具有学前儿童的特点，如在评价人和事时，能初步按一定的道德行为规范（如校规、班规、队规等）作为依据，但往往还带有个人的好恶成分，有时不问动机和出发点，单纯从结果去评价人和事，常带有主观片面性，有时情感带有冲动性。

一般来说，随着年龄长大，到了四五年级，孩子才逐步会客观、公正地评价人和事，冲动性减少，从易变性逐步转向稳定性。且情感的内隐性开始出现，不轻易外露。但总起来，小学阶段孩子情感还不太善于自我控制，家长应学会随时注意观察孩子情感的变化，以便及时体察孩子内心的思想变化，适时抓住教育、引导的时机。特别应注意和孩子进行情感的沟通，使孩子愿意接受家长的教导。孩子有时之所以顶撞父母，你说你的，我行我的，原因就在情感上发生障碍，所谓情不通，理不达，把父母的话当成"耳旁风"，只有情感相通，心理才能相触，即所谓情近方能理达。故父母千万不可把自己的意见强加给子女，不但无效，而且适得其反。所以，做父母的应了解自己孩子情感发展过程的特点，并针对自己孩子的特点采取相应的教育方式，建立和谐和睦的亲子关系，俗话说"家和万事兴"，这种平等民主和谐的家庭环境，必将有益于孩子身心健康发展。

孩子学习动机兴趣和注意的特点

儿童入学后，逐步由游戏为主过渡到学习为主导活动，这在儿童心理发展上是个质的飞跃。学习对由幼儿园升入小学的儿童来说带有一定的"强制性"，由无忧无虑的游戏为主的生活，过渡到以学习为主，要承担和完成一定的学习任务，这必然会引起儿童在心理上发生一系列的变化，以适应新的学校环境的要求。那么，如何引导孩子把带有强制性的学习，转化为带有社会义务性的自觉的学习活动呢？重要的是从培养、训练入手。即

首先要对孩子进行常规教育。家长应配合学校对孩子进行常规训练。如孩子入学后，加强学习习惯、行为习惯、劳动习惯以及作息、卫生、体育等活动习惯的训练。要知道小学儿童还不理解学习的社会意义、生存意义，只能体会到学习是学校和家长的严格要求，因此，必须从训练行为习惯入手，引导孩子适应学校的生活。从这一意义上说，教育过程即是一种能力和习惯的训练过程。我国著名教育家叶圣陶先生说过"什么是教育，简单一句话，就是要养成习惯"。

由上可见，作为家长应注意孩子各种良好习惯的养成。如爱父母、爱祖国、爱人民、爱集体、爱他人的道德情感习惯；勤劳的操作习惯；求实钻研不服输的习惯；文明礼貌的习惯；坦诚正直的习惯；良好的道德行为习惯；认真学习的习惯以及锻炼身体的习惯等等。有了这些习惯，孩子们的德、智、体、美、劳自然会得到全面发展、主动发展。有这些良好习惯垫底，孩子长大以后会成就一生、幸福一生、受益一生。参考物理学家爱因斯坦、数学家华罗庚、文学家鲁迅在他们成长的道路上，勤奋好学、善于思考、不怕挫折、刻苦钻研、自强不息的习惯起了巨大的作用。习惯成品质，习惯成性格。毛泽东的多思和不服输的习惯形成了他独特的性格，成为举世瞩目的一代伟人。

小学生的学习动机往往受兴趣影响较大。小孩子入学后，主要表现在对上学本身感兴趣，觉得自己是大孩子了，然后逐渐发展到对学习产生兴趣，以后渐渐体验到学习的责任感。因此在小学阶段培养孩子的兴趣很重要，兴趣可以引起孩子的求知欲望。

小学儿童注意的特点是无意注意占优势，在教学影响下，有意注意，即根据学习目的、学习任务要求的注意才逐步得到发展。一般说来小学低年级有意注意维持的时间大约在10～15分钟左右，中高年级大约能维持20～25分钟左右。因此，家长在指导孩子在家中学习时，要充分注意孩子注意的特点，并积极发展孩子的有意注意。要知道"学习"是个需用心思考的脑力劳动，不能单凭兴趣出发，靠无意注意去完成。它要求学习必须全神贯注地去进行，才能收到良好的学习效果。

孩子行为特点与教育

1.儿童好动的特点与教育

好动是小学儿童行为的突出特点，也是孩子的天性。应该认识到，好动是学龄儿童身心健康的重要特征，不可轻易定为多动症。俗话说："好孩不闲，癞孩不玩"。健康的儿童总是好动的、好探索的。这是出于孩子好奇心的驱使和多余精力的发泄，也是他们生理和心理发展的需要。

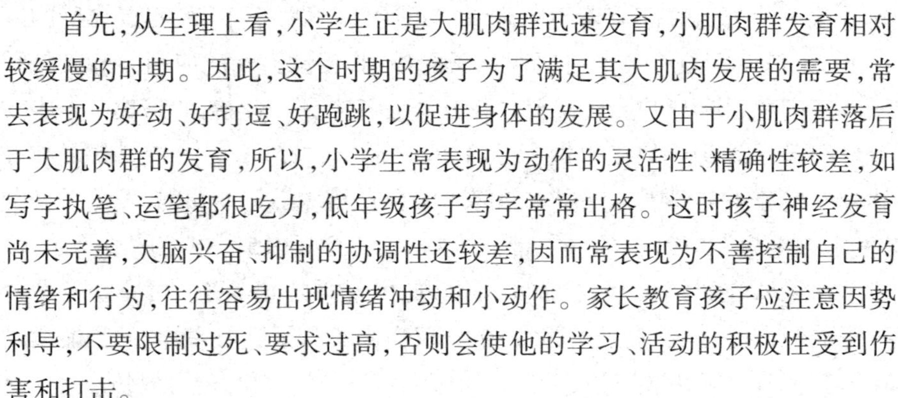

首先，从生理上看，小学生正是大肌肉群迅速发育，小肌肉群发育相对较缓慢的时期。因此，这个时期的孩子为了满足其大肌肉发展的需要，常去表现为好动、好打逗、好跑跳，以促进身体的发展。又由于小肌肉群落后于大肌肉群的发育，所以，小学生常表现为动作的灵活性、精确性较差，如写字执笔、运笔都很吃力，低年级孩子写字常常出格。这时孩子神经发育尚未完善，大脑兴奋、抑制的协调性还较差，因而常表现为不善控制自己的情绪和行为，往往容易出现情绪冲动和小动作。家长教育孩子应注意因势利导，不要限制过死、要求过高，否则会使他的学习、活动的积极性受到伤害和打击。

其次，从心理方面看，小学生对新鲜事物和新异刺激十分好奇和敏感，所以遇事好问、好围观、好激动，这是他们求知和探究心理驱使的结果。同时，由于小学生情感的特点是情感丰富、不深刻、易外露，所以一旦遇有新刺激时，往往不能安静地进行理智思考，易冲动，有时一点小事也会引起他们的情绪激动不已，难以平静。

家长应认识到，好动、易激动是小学生身心发展的特点，也是他们健康发育的体现和要求。不能要求小学生长时间像成人那样静坐不动，循规蹈矩。儿童不善交往、不善独立思考，缺乏想象力和创造性，往往和自幼受这种规矩套子的束缚分不开。为了走出这种教育的误区，素质教育特别强调要解放和发展每一个孩子的个性，使每个孩子在德、智、体、美方面都能得到生动、活泼、主动的发展。

2.儿童的好奇心与教育

小学儿童好奇心很强烈，常喜欢提出多种多样的问题，遇事总喜欢问

一个“为什么？”如“天为什么会下雨？”“星星为什么会发光？”“半导体为什么会说话？”等等。这是儿童思维发展中积极探索外界奥秘，以满足其求知欲望，是非常宝贵的心理品质。所以，小学阶段正是发展孩子思维能力的最佳期。好奇心正是促进孩子思维的起点，一切思维活动都是从问题开始的。许多发明创造无不是从疑问引发的。瓦特之发明蒸汽机原理、牛顿之发现万有引力、爱因斯坦之创造狭义相对论、史丰收之发明从高位算起的速算法……都与疑问有着不解之缘。正所谓“发明千千万，起点在疑问”。因此，家长在家教中万不可厌烦孩子的提问，相反自幼就应引导和支持孩子发现问题、找出问题，并试图寻找方法去解决、探索问题的兴趣。一小学五年级孩子看到妈妈夏天做家务时，总是满头大汗，心想能否寻找一种办法帮妈妈凉爽一些呢？左思右想终于结合自然课学到的知识，发明了一种“发卡小电扇”。像发卡一样，带在妈妈头上，打开用5号电池的小马达，微风就徐徐吹在妈妈头上，非常实用，妈妈和老师都很高兴。可见扶持培育孩子的好奇心，鼓励孩子大胆实践，不仅提高了孩子学习兴趣，而且能激励孩子的创造意识和锻炼孩子的动手能力，真是一举数得，值得效仿。

美籍华人诺贝尔奖获得者李政道教授，一次对中国科技大学少年班师生讲话时强调指出：“要培养学生好奇心，让学生敢于提问”，并说：“为什么理论物理领域中作出贡献的大都是年轻人呢？就因为他们敢怀疑，敢问”。法国大文豪巴尔扎克也总结过：“打开一切科学殿堂之门的钥匙都毫无疑义地是问号。”

此外，好奇、好问也是儿童心理正常发展的标志和手段。要知道“提出一个问题比解决一个问题更重要”。这是爱因斯坦的经验谈。解决问题只是个方法和实验问题，而提出问题则必须找到问题的关键要害。因此，注意保护孩子的好奇心，鼓励孩子提问题和有独立的看法，这些应该引起所有家长的重视。

3.儿童的模仿性与教育

模仿和行动一样是儿童的天性，是儿童在社会化过程中，自然发展、自我塑造的过程，古语说，“近朱者赤，近墨者黑”。儿童的这一特点应引起家

长和全社会的重视。防止和尽量减少不正之风和不健康或不适于儿童观看的影视对少年儿童的污染和影响。

要知道儿童在社会化过程中,许多经验、行为方式和习惯是通过模仿获得的。因此,在家庭中家长言行的示范和榜样,对孩子行为习惯、思想品德起着潜移默化的作用。

父母是孩子的第一任老师,是孩子第一个学习榜样。调查研究证明,凡是自幼受到不良家教或心灵受过伤害的孩子,常常成为学校里最难教育的孩子。因此,搞好家教,提高家长自身的素质和家教的质量对孩子健康成长是十分重要的。古今中外许多名人,早期都受过良好的家庭教育。

除了父母作为孩子的榜样外,还应充分发挥领袖人物、社会上的英雄人物、英雄事迹在儿童心目中产生的强烈心理效应。如鼓励孩子积极参加学雷锋、学李向群等大公无私、舍己为民的光辉形象的活动;向孩子讲述民族英雄、革命先烈、少年英雄的爱国主义精神等,都会在孩子的道德观念、道德行为习惯的形成中,起到教育和熏陶作用。

二、低年级学生的教育

低年级孩子教育以生活习惯、卫生习惯、学习习惯的养成为主，但也应适时适度地给予其它方面如礼仪习惯、文明习惯、劳动习惯、合作性习惯、创造性习惯等的养成教育为辅。

上学的准备

上学前应做哪些物质准备

毛毛要上学了，全家人都很兴奋，妈妈领着买了一身漂亮的花裙子、一双红皮鞋。爸爸领着买了一个高档名牌的书包。姑姑送了一盒36色的图画笔。小姨送了一个双层多功能的大铅笔盒。爷爷、奶奶领着宝贝孙女来到文具店，孙女指哪儿，拿哪儿。一会儿五颜六色的花杆铅笔，形态各异的橡皮，有趣的转笔刀……统统搬进了家。就要开学了，全家人还在关注一个问题——孩子还缺什么？

孩子上学前为孩子做物质准备是重要的，但不能盲目。要实用、耐用，适合孩子。

孩子生性好动，每周有体育课，每天有课间活动，早操。因此衣服最好是有些弹性的，鞋也要便于孩子参加体育活动和游戏。如：运动衣裤、鞋；休闲衣裤、鞋。

一般学校定有校服、运动服和小黄帽，因此不必重复购买。

孩子的书包不宜过大、过重，以能装下孩子的书本，文具为原则。

书桌里的空间有限，过大装不进去。放在椅子上占了很大面积，余下

的部分孩子坐起来很不舒服,有时还影响孩子上课听讲。

生产者从商业角度出发,抓住儿童心理,将文具玩具化,形象多样,色彩鲜艳。这样的文具好看不实用,而且容易转移孩子上课时的注意力。

铅笔盒没必要多功能,也不宜过大,过大占了课桌的很大面积,很容易被挤掉在地,课上"哗啦"一响,既影响孩子自己上课学习,也影响老师的讲课和全班学生的学习。

自动笔可免除家长每天的削笔之劳,但孩子初学写字一般比较用力,用自动笔极易断,孩子要不断按动铅笔,换铅,如果笔出了问题,孩子还要"修"笔,影响孩子专心书写。自动铅笔不易写出规范的撇尖、捺角、折角。因此,低年级不需要准备自动铅笔。带橡皮头的铅笔,上面的橡皮不好用,因此,也不必准备这类的铅笔。一些漂亮的花杆铅笔大多是邢的,铅芯比较软,写出的笔画较重,笔尖容易秃。孩子刚学写字容易写错,写得太重不易涂改干净,因此准备2H、3H中华铅笔4~6支即可。

五颜六色、形状有趣的橡皮一般不太好用,擦不干净,而且易碎。一种单色、长方形的橡皮比较好用。总之要注意橡皮的质量。

低年级的尺子主要用于数学课画等号和写数学竖式时画横线,因此,形状不必复杂,不易过大、过长,准备一把小直尺就可以了。

孩子年龄小,不会用刀,使用很不安全。转笔刀转出的铅笔尖很短,容易秃。孩子上课转铅笔影响孩子的听讲和书写,而且容易把手、书本弄脏,还会影响教室卫生。因此,请家长每天晚上给孩子削好铅笔,孩子上学时就不必给孩子带刀子了。

美术课用的彩笔可根据美术老师的要求进行准备,不必过大、过多。手工课需要胶水(或胶棒),一把安全小剪刀。

要为孩子准备一个带盖的水杯。如果学校供水情况不太好,请为孩子准备一个水壶(或水瓶),最好装白开水。

为孩子准备手帕或纸巾、卫生纸以备当天使用,还要准备一块吸水性较好的擦布备用。

在家里为孩子准备适合孩子高度的桌椅,晚上学习要备有台灯,注意

光线,保护孩子的眼睛。为养成孩子的良好行为习惯,应为孩子准备专用的抽屉(书橱或书架),教孩子把当天不用的课本、用具有序地摆放好。

此外,为孩子适当多准备一些铅笔、橡皮以备及时更换,可适当准备些课内相同的本子,进行一些适量的家庭练习。

上学前要做哪些心理准备

"当,当,当",一阵敲门声后,门"吱"的开了,孩子们好不容易被集中了的注意力"唰"的转向教室门口。门外、学生张新一手拽着妈妈的衣角,一手紧搂着妈妈的腿,身体不住地往后缩,两眼充满了恐慌。再看妈妈,右手轻抚着儿子的头,左手拎着孩子的书包,胳膊上还挎着儿子的水壶。当妈妈的不好意思地对我说:"老师,对不起,孩子不肯……所以……"我会意地点点头,对她耳语几句后,接过她手中的东西让她离开了。关上门后,我把张新放在嘴边乱抠的小手轻扶下来放在腿的两侧,说:"多精神的小伙子。"他听了红着脸看了看我。又怯生生地望了望大家。随后,我指导他背好书包,又拿好水壶。他照办完,直直地站在那儿,我忙表扬说:"好乖的孩子,快看,他像不像一名好学生?"同学亮开嗓门回答:"像!","好,用掌声欢迎他。"张新立刻挺起小胸脯,昂着红扑扑的小脸走到了自己的座位上。第二天,可爱的小张新竟独自精神饱满地走进了课堂。

第一天上学,张新就迟到了,并娇依在妈妈的怀里,连书包都不肯拿。说真的,这怪不得孩子。因为孩子是那么小,不过六岁而已,他不认识老师和同学,没看过学校里是怎样一种情景,完全没有当学生的感受。所以,他除了那一点点好奇之外,更多的是种种不安,甚至是恐惧的心理。站在孩子的角度上,他一定在想:什么叫集体呀,同学都是什么样的,他们会不会和我好呢,老师是谁,他很可怕吗,老师要说我怎么办,同学要欺负我呢……刚入学的他无法知道这一切,然而他又多么渴望明白这一切。

家长朋友,我知道您望子成龙情真,我和您一样,也望女成凤意切。可见,在教育孩子成才的问题上我们是志同道合的。小学阶段要为孩子打好基础,要知道人生的基础是不可以马虎的。因此,望子成龙、望女成凤是不可能一朝一夕就见效的,必须多多诱导、常常指引,最终使家长之劳成为孩

子进步之力。如果您信任我，为了让孩子顺利步入校园生活，可以试着帮孩子做这样一些心理准备，以排除或减轻他们的不安和多虑。首先，高兴地祝贺他已经长大，即将成为一名小学生，让孩子有一种当学生的自豪感。然后，认真地向他宣传校园生活的情况。比如，学校里教室很大，有为小学生准备的一排排桌椅，操场很宽阔，四周是花木，中间是学生锻炼身体，开展游戏的地方。集体中除了你自己，还有很多小朋友，那是你的同学，还有许多会讲故事，会教你本领的老师。在学校里，你们能学到很多知识：读书、写字、唱歌、画画，只要你认真听讲，就能学会很多很多的本领，长大了能驾飞机、造大船，能给人治病，还能当体育健儿拿奖杯呢！以此让孩子对学校有一些感性认识，把他们的不安或疑惑转变为好奇和追求。让他们对学校生活有一种向往的感觉，接着，要提示他们按时上学，尊敬老师，团结友爱，同时教给孩子收拾书包，准备学习用具。有了这些锻炼，上学后，他们能表现出较强的自理能力，自然，他们受表扬的机会就多，有了这种来自各方面的激励手段会促使孩子健康心理的形成，会对他今后的成功打下良好的心理基础。最后，你再向孩子提出几点希望，值得注意的是，所提希望要切实可行，要符合孩子的生理、心理水平，让他们稍作努力就能达到，稍加付出就能获得成功的喜悦，让他们真正感到“我能行”。为让孩子们有个良好的开端，您不妨在子女面前帮他们做些类似的心理准备。好了，祝您的孩子到了适合年龄，能高高兴兴地背起书包去上学。

玩具还能玩吗

办公室里的小王又被儿子的老师请去了，这孩子比他的爸爸还操心，动不动小王就要到学校去一趟，了解一下情况。这回不知道又为了什么？一个多小时后，小王回来了，看着他那烦躁不安的样子，我想老师一定是说得很严厉。我问小王是怎么回事，小王非常生气地说：“你说我这个儿子，简直是属核桃的，真是没治了，得砸着吃，昨天刚敲了一顿，今天又犯错误。家里的一堆玩具天天玩儿都没够，在家里玩还不行，还把玩具带到了学校，上课时和同学偷偷玩，弄得老师都无法讲课，这玩具看来是不能再让他玩下去了，我今天就要把他的所有玩具收起来，收收他的心。”

听了小王的话，我不由得为这个孩子感到难过，人们都说现在的孩子好幸福，他们有电视看，有新奇的玩具玩儿，有漂亮的衣服穿，有各种各样的食品饱口福，这是我们小时候所梦想的幸福生活。但是我觉得现在的孩子也好可怜，由于他们受到过多地关注，他们从小就背负了成人的高期望，每天，他们披星而走，戴月而归，从早到晚除了读、写、背、算，一点儿玩的时间都没有。放学了，他们除了完成老师留的作业，还要完成家长留的家庭作业，他们被关在屋子里，被迫去学大人们让他们学的知识技能。

看看他们再想想我们自己，我们小的时候，大人们无暇顾及我们，除了上课，整天在外面疯跑，虽然没有电视看，没有玩具玩儿，但我们是快乐的。从自己的童年想到现在的孩子，他们的现在不正是自己的当初吗？看到他们每天无休止地写、算，我们不觉得他们缺少点儿什么吗？学习虽然是孩子们的主要任务，但玩也是孩子们的天性，玩具更是孩子们不可缺少的东西，孩子们喜欢玩玩具，是因为在玩具的世界里，他们可以实现在现实生活中不能实现的梦想，弥补了现实中的缺憾。在玩的过程中，他们使自己像“超人”一样强大，像“宇宙英雄奥特曼”那样受到别人的拥护，实现了做一名美少女战士的梦想。在玩玩具的过程中，孩子们不但体会到了快乐，还培养了他们观察、思维、创新等能力，更重要的是玩的过程对于孩子来说就是休息，有消除疲劳的作用。有人曾考察过，孩子学习40分钟之后，静坐10分钟可消除疲劳，如果玩起来、动起来，只要5分钟就可消除疲劳。如果总是学习，大脑得不到休息，上课就会注意力不集中，思维迟钝，精神倦怠。可以说玩好才能学好，玩具是可以玩的。

但是，对于“玩”也要掌握适度，我们可以让孩子在一天紧张的学习结束后（写完作业），放松一下，玩一会儿。双休日，我们应让孩子在学习后多玩一会儿。只要家长正确引导，玩玩具是不会影响学习的。作为家长，我们不仅要允许孩子玩玩具，我们还可以和孩子们一起玩，放松身体，放松心情，创造和谐、宽松、温馨的家庭氛围，利用玩具在家庭中创造新的快乐。

电视还能看吗

小雅今年二年级了，街坊邻居都夸她乖巧、伶俐、不让人操心，其实小

雅妈也常为孩子的事烦恼，最让她着急的是小雅是个电视谜，从放学进家门开始直到晚上被父母催得没办法才上床睡觉为止，不停地看电视，甚至连吃饭、写作业时都忍不住向电视的方向张望，什么动画片、港台的言情片乃至广告，她是统统不肯放过。前些时候，小雅的爸爸、妈妈商量后决定为了小雅的学习和身体，所有的电视节目一律禁止小雅看，可谁知，还没等他们向小雅宣布，小雅妈又听别人说让孩子看电视可以开阔眼界，对孩子有好处，这不，小雅妈犯了难，一时间也不知道该怎么办了！

孩子看电视没有节制是一个普遍的问题，他们的这种习惯往往来源于父母无意识的“培养”。在孩子小的时候大都比较好动，由于不懂事，他们不管父母在忙些什么，只要自己高兴就去打扰父母，很是惹人烦。无意中做父母的发现孩子爱看电视，只要看动画片或是其他一些色彩绚丽的节目如广告，他们就能安安静静的，大人看起来很省心，等到孩子大了，发现了问题的严重性时，孩子已经养成了习惯。还有的家长本身就十分喜欢看电视，甚至毫无节制，有的孩子曾对老师说“我都睡醒一觉了，我爸还在那看电视呢！”孩子受其负面影响也认为只要好看，看到多晚都行。

多数老师认为过度看电视不对，让孩子看电视也是不对。像小雅那样迷恋电视对身体与学习确实有害，对于这样的孩子让她戒掉电视几乎是不可能的，还会使她产生抵触情绪，正确的做法是与孩子谈一谈，把自己的担忧告诉孩子，听听她是怎么说的，继而引导孩子正确认识看电视的好处和哪些电视适合她看。在这一阶段，家长要诚恳地对待孩子，把自己对某些节目的看法真实地向孩子表达：《猫和老鼠》很有意思，想象奇特，颜色漂亮等等，这时的你可能会令孩子大吃一惊，他们还会接着你的话说出很多，也许你对孩子会有新的认识，在融洽的气氛中和孩子一起探讨，最后达成共识，制定一个切实可行的作息时间表，根据节目预告规定看电视的时间，因为该看什么不该看什么，每天几点看，看多长时间是孩子自己参与制定的，实施起来比家长的硬性规定会好得多。

其实，适度地看电视对孩子有许多好处。科技知识的学习由于有了电视而变得直观；新闻节目使孩子逐步养成关心国家大事的习惯；艺术类的

节目让孩子学会审美;家长也可以充分利用电视这个“帮手”教育孩子。如前文所述,借助看电视可加强与孩子的交流,在孩子对节日的评价中了解孩子的思想动态、思维方式,在教育孩子时能做到有的放矢;另外,还可以通过看电视培养孩子某一方面的能力,有的孩子语言表达能力比较差,作文也总是言之无物,如果专门地对孩子进行训练,他们经常不太情愿,即使勉强进行,也不过是敷衍了事应付一番。如果在孩子看完喜欢的动画片后让他叙述出来,他们不仅乐意,还常常讲得眉飞色舞,家长适时加以表扬、点评,孩子也比较容易接受,在不知不觉中,孩子的能力会得到提高。

上学第一天家长应该做什么

冰儿今天就要成为一名小学生了,虽说早就盼着这一天,可是这一天真的到来了,爷爷、奶奶、爸爸、妈妈好像比冰儿还紧张,从昨天晚上开始,一家人就乱了阵脚,一会儿是奶奶的叮嘱,一会儿是爷爷的教育,妈妈在一遍又一遍地检查着书包、文具、水壶……,弄得冰儿看看这、又看看那,不知道该听谁的、该做些什么了,今天大家起了个大早,冰儿被妈妈打扮得漂漂亮亮的,冰儿怀着兴奋的心情和全家人浩浩荡荡地往学校走去……

上学第一天对于一个孩子来说是他一生中非常重要的一件事,从这一天起他不再是一个幼儿园里的小朋友,而是一名要开始学习知识的小学生了,无论家长还是孩子对这一天都相当重视,人们在成年后对童年往事的回忆中常常对这一天记忆得特别深刻,大概就是这个原因吧!上学第一天,孩子面对的一切都是新鲜的、陌生的。有那么多的第一次将在这一天经历:第一次背上小书包;第一次看到学校的样子;第一次见到那么多的同学和老师;第一次坐在教室里听讲;第一次拿到自己的课本……每一个第一次都会激起他们无穷的好奇心,他们感到兴奋,其中还夹杂着几许慌张和担心,他们不知道该怎样做一个好学生,于是,几乎每个孩子都坐得直直的,小胸脯挺的高高的。度过了上学的第一天,孩子们迎着家长期待的目光回到家,他们会把一天中眼里看到的、经历到的一切告诉家长,父母会与孩子一起高兴、着急、甚至担心,感受着孩子的第一个上学日。

那么家长在孩子上学的第一天到底应该做什么呢?首先,家长在孩子

进学校前可以先和他郑重地谈谈，使孩子认识到上学这件事十分庄重，告诉他："你不再是个幼儿园的小朋友了，从今天开始，你是一名光荣的小学生了。在学校里，你会认识好多老师，并且能学会许多知识，有了知识，长大以后可以为国家做很多很多有用的事；在学校里，你还能认识许多新伙伴，他们将和你一起上课、写作业、唱歌、跳舞、做游戏；在学校里，你将到一些你从没去过的地方：美术教室、语音教室、计算机房、美丽的校园……"其次，如果条件允许，可以先带孩子在校园里看一看，知道一些设施的位置，如：厕所、饮水间等，另外还可带着孩子参观一下高年级学生的作品展览，让孩子对学校生活有个初步的了解，让学校生活能在孩子头脑中留下一个美好的印象。

在孩子第一天放学回家后，家长要注意观察孩子，向孩子询问学校的生活，了解孩子对学校以及上课的感受，发现孩子有什么不适的地方，比如：孩子觉着上学太累；老师没有表扬自己，所以有些不高兴；学校里的小同学互相都不认识，遇到了一些困难很着急等，应及时加以指导，使孩子在保持良好的情绪状态下开始他的学习生活。

学习习惯

要不要做孩子的伴读

办公室里小王问小赵："你最近是怎么了，一天到晚慌里慌张，丢三落四的，以前领导布置的任务你总是提前完成，现在倒好，不管什么事你是能拖就拖，是不是有什么事呀？""哎，别提了，我那宝贝儿子今年上学了，从他上学第一天起，我就没踏实过，天天他写作业我得坐在旁边看着，做完作业还得给他出题辅导、默写生字……哪有工夫干自己的事呀常听着小王的话，小赵也不禁犯起了愁，明年自己的孩子就要上学了，看来自己的伴读生涯也要开始了！

家长在孩子上学后总怕孩子学习跟不上，于是，白天孩子在学校上课，晚上就由家长陪着孩子做作业，孩子一边写，家长一边进行指点，什么这个数抄错了，那个字写得不好等等。作业写完，还要负责检查以免交给老师

的作业有错。一个晚上的时间都搭在孩子身上了，自己的事根本做不成。长此以往，从表面看孩子的作业篇篇优秀，而实际上他的学习能力的培养被大大的忽视了。各种问题随着孩子年级的升高会一一暴露出来：有的孩子习惯了家长给检查作业，做作业时并不尽心，认为反正有父母检查，错了再改，因此，没有养成认真检查的习惯；有的孩子遇到难题不愿意动脑子，只管把题目拿到父母跟前说："我不会做！"有的孩子在学校即使有时间做作业也不肯做，一定要留到晚上让父母看着做；有的孩子在自己的作业出现错误或成绩下降时，不找自身的原因反而埋怨父母。父母本想通过自己的伴读促使孩子的学习成绩优秀，但事实上不仅没有帮好孩子，甚至是害了孩子。当孩子所学的知识越来越难，家长辅导起来有困难时，当孩子由于学习习惯差而影响了学习时，伴读的危害会使父母后悔不已。

希望孩子的学习好，伴读并不是好办法，使孩子养成良好的学习习惯才是最重要的。家长可以和孩子一起制订一个作息时间表，让孩子明确自己的任务，养成按时写作业的习惯。孩子做作业时，家长不要坐在他身边盯着，应让孩子自己独立地完成作业，不要怕他出错，当孩子的作业出现了错误时，可以观察孩子是怎样做的，如果发现孩子能主动检查并改正错误，应及时给予表扬，巩固孩子这一好的做法，并鼓励孩子认真完成每一项作业，争取一次写好写对；如果孩子不愿检查自己的作业，不妨让他的作业本上出现一些叉字，在老师进行反馈后，和孩子一起找出错误原因，这时要充分调动孩子的自我教育功能，对他的作业没有全对表示惋惜，从而提出自己的建议：做作业要细心，写完以后一定要检查。这样会使孩子乐于接受意见，并且进行尝试。做作业难免遇上难题，如果孩子向父母求助，最好不要马上给他讲解，可以问问孩子他是怎样想的，哪些地方出现了问题，这样，有助于了解他的思维过程，从而有的放矣的进行指导。另外，可以提示孩子能不能用其他的方法，从不同角度想问题？若孩子最终想出了好的解题方法，一定要对他的爱动脑筋加以表扬和鼓励，若孩子实在做不出来，可以和他一起对题目分析，在适当的时候进行点拨，然后由孩子自己完成。

怎样诱导孩子的学习兴趣

北屋里又传出了小明妈妈的严厉的斥责声："每次给你开家长会，我都抬不起头来，门门功课都倒数，这么大了也不知道寒碜，你就不能争口气，努努力，就对玩感兴趣，写个作业就跟受刑似的，坐没个坐像，一写就是好几个钟头，你这个不争气的东西……"沉默多时的小明大声叫着："谁说我没努力，我一看书就头疼，你让我怎么办？""你……嗨……"喊闹声延续了一个多钟头，可这一个多种头又能给小明多大帮助呢？

哪位家长不望子成龙，望女成凤，对孩子充满希望。当孩子们学习成绩不理想时，家长们愁眉不展、坐立不安、唠叨不停，甚至大打出手。这种打骂不仅不能使孩子的学习成绩提高，还会使他们对学习的兴趣也随之被赶跑。家长应帮助孩子找出学习不好的原因。孩子往往由于某一点知识没弄懂又没能及时补上，使得后学的知识衔接不上形成夹生饭，成绩越来越差，孩子们是想上进，想努力，可由于知识漏洞太多，他们已无从下手；还有的孩子从小被套上沉重的学习枷锁，天天学校学完，回家还得学，学英语，学美术，学电脑，学游泳……天真、活泼、好动的天性被扼杀了，他们被迫地学着，学得好累好苦，以致他们对学习产生了恐惧感、厌恶感，他们对学习已完全丧失了兴趣。家长应把看管式教育改变为诱导式教育，一定要根据孩子的年龄特点、兴趣爱好，因材施教，因势利导，千万不可和别人的孩子比，以人家孩子之长，比自己孩子之短，这样只能越比越挫伤孩子的自尊心和自信心。同时，要知道孩子的精力是有限的，首先要抓好孩子校内基础知识和技能的学习，根据孩子的精力和兴趣再适当增加一些课外的学习。否则一味地指责、打骂，粗暴地强迫学习，只能使孩子心灰意冷，产生逆反心理，甚至会扼杀一个天才。因此一定要培养孩子自觉学习，把学习当成趣事。

希望孩子学习好，打骂以及物质奖励不是好办法，激发孩子的学习兴趣才是最关键的。

(1)要了解孩子的实际情况，帮孩子订出可行的学习计划、学习目标，目标不要太高，以孩子努努力能达到为佳。为什么确的孩子得了第二名还

不满意？因为他们有实力去争第一。为什么有的孩子得了90分就高兴不已？因为他们自身素质与第一名同学有一定差距，这个分数已是他努力的最佳结果，订出可行性计划，让每个孩子都体会到成功的喜悦。

(2)平时多关心孩子的学习情况，这不单单是几句叮嘱的话语，更重要的是落实在行动中，了解孩子的作业情况，及时帮他找出补洞。

(3)多与孩子交谈，谈兴趣爱好，谈学校班中发生的趣事，谈对某一现象的看法，从而培养家长与孩子之间的感情，只有感情相融，才能和孩子的思想相通，成为孩子的知心朋友，缩短家长与孩子之间的距离，家长的教导才能被孩子接受。

(4)家长对孩子多鼓励、多表扬、少指责、少打骂。孩子是有自尊心的，当他们的点滴进步被大家认可，他们倍感自豪。“你行，妈妈相信你。”“这次虽然还是没能达到90分，但妈妈高兴地发现你的计算有了进步，这是你努力的结果。来，坐下来，妈妈帮你看看这次主要问题在哪。”这种温和的态度和鼓励才能激励起孩子的自信心，他们会自觉地为达到新的目标而努力。

(5)孩子的课外学习是丰富自己的一条渠道，但家长应注意帮孩子选择学习项目要与孩子的兴趣爱好相吻合，另外项目数量应量力而行，做到既有利于孩子智力的开发和能力的训练，又有助于孩子的课堂学习，而不能成为孩子的心理负担。

要知道孩子心理发展是个循序渐进的过程，一定要遵循儿童心理发展的规律和年龄特征，切不可操之过急、拔苗助长。否则，适得其反，反而会贻误孩子的终生。

孩子没完成作业怎么办

“爸爸，老师让你签字。”大龙怯生生地对爸爸说。“什么？昨天的作业你没完成？你干什么了，又疯玩儿去了对不对？说你什么好，哎！我的脸都让你给丢尽了，我没法给你签，说完爸爸把本子往桌上重重地一摔，气冲冲地出去了。看着自己的本子，大龙的眼泪哗地了下来，明天可怎么跟老师交代呀！

孩子不完成作业是许多家长感到头痛的事，当老师把孩子的这种情况告诉家长时，家长一方面觉着自己丢面子，一方面又对孩子的这种不良行为防不胜防，没有什么好的办法。大多数孩子都有过作业未完成的情况，其原因也是多种多样的，所以简单地认为孩子懒、故意不写，对孩子们来说是不公平的，也无助于解决问题。

孩子没完成作业的原因主要有五种：①老师留的作业没有记清楚，比如三道题写了两道，写的时候根本就没意识到自己的作业未全部完成。②在学校时完成了某项作业的一部分，所差的不太多了，因此忘了写。③作业较多，由于贪玩把其中的几项作业忘了。④作业较难，自己无法顺利完成，于是就心存侥幸，不写、不交作业。⑤没有好的学习习惯，觉着写作业麻烦，不愿意写作业。

针对这几种原因，对孩子出现的不完成作业的问题不能一概而论。应该先找一找原因，再帮助孩子纠正这一行为。对于前三种原因造成的未完成作业，仅靠批评是不能使孩子的行为发生改变的。因此，我们首先应帮助孩子发现自己在这方面存在的问题并引起重视；其次交给孩子一些预防这种情况发生的方法，比如：建立一个记事本，把每天老师留的作业记录下来，在相关的书本上也要把所留题目做上记号，做到“双重保险”，每天在做完作业后根据所记录的项目进行检查，发现问题及时弥补。另外，还应培养孩子及时写作业的习惯，即抓紧在校时间写，放学后第一件事就是写作业等。对于第四种情况的孩子不仅要采取以上措施，还要帮助孩子找知识的漏洞，教育孩子不懂就问，鼓励孩子树立自信心，战胜困难，体会成功。第五类孩子改变起来比较困难，他们往往是比较聪明的孩子，他们善于与家长和老师“斗智斗勇”。在教育这些孩子时不仅要教给其方法，还要加强督促，家长老师应通过各种途径经常联系，不给孩子钻空子的机会。另外，有的孩子爱回答问题，上课听讲也较认真，就是写作业成问题，对于这样的孩子我们还要注意观察，看看他们是否存在某一方面的学习障碍，以便及时加以训练，改善他们的学习情况。

怎样培养孩子良好的学习习惯

“张晓红,美术课要求用水彩,你不知道吗?”“我昨晚跟妈妈说了,可妈妈没把水彩放我书包里。”“当当当”一阵敲门声后,张晓红的妈妈探进身来,微微喘着气点点头,“王老师,真对不起,这事真不怪晓红,都怪我晚上赶着写文件,忘了把水彩给她放书包里了。”说着,一边从书包里拿出一盒水彩,一边爱抚地摸摸孩子的头,孩子则扭着脑袋擦着委屈的泪水。

这样的场面对大多数老师来讲已不少见,而这一现象的普遍存在却演绎出了无数上面情景中歉意的家长和委屈的孩子。

如今,独生子女这一专用名词已越来越多地为“小公主”、“小皇帝”所取代,就这么一个宝贝,谁不想让自己的孩子有点儿出息,人见人爱,甚至有人希望自己的孩子十全十美,无可挑剔。于是,就出现了每晚灯下一大一小两个身影在收学具,小的休息了,家长却仍在继续检查,恐怕第二天上课忘带了学具遭老师批评或少学了知识;每当孩子们坐在教室内琅琅读书时,又总是几个“伴读”立在门外,费尽心思想从门缝中望一望自己的宝贝是不是在专心听讲;回到家里,“伴读”又坐在写作业的孩子身边变成了“伴写”,孩子一边写,家长一边指点,写完了还要检查,如此这般,办这办那,家长真是费尽心力、尽职尽责,孩子也是堂堂课不空,篇篇作业不差,而一到考试成绩却不甚理想。于是,有些家长又表现粗暴,乱加指责,甚至加以体罚。致使家长往往走入家教的误区:误区一:包办代替,增强了孩子的依赖心理,变“我来学”为“帮我学”,使孩子失去了动脑筋的习惯,遇事就依赖家长。误区二:只顾作业,把作业看作孩子唯一的学习任务,只重视作业成绩,忽视引导孩子把握学习的全部过程。误区三:方法简单,每日形影不离地相“伴”,既使孩子感到没趣,又削弱了孩子独立学习的能力。误区四:动辄训斥,常会给孩子带来极大的心理恐惧和压力,哪里还能专心学习,更难以养成良好的学习习惯。

有位名人说过:“没有不好的孩子,只有不称职的家长。”其实,家长的心都是好的,只是缺乏科学合理的教育方法。就拿督促孩子做作业这件事来说吧,它让许多家长大伤脑筋。我觉得,在这件事上家长应尽的义务就

是给孩子“提个醒”。首先，对孩子讲自觉主动完成作业是一种好习惯。其次，要经常提醒孩子做作业前，要先把当天所学的课复习一遍，然后专心致志地去做。再次，家长不要守着孩子做作业，滋长孩子的依赖心理，当然，孩子确有疑难时，家长也不妨点拨一下，启发孩子自己思考去解决问题。

那么，怎样扭转孩子已养成的不良学习习惯呢？家长们不妨试试让孩子“吃点亏”。当他又将学具忘在家里，你装着不知道，等他半路想起，急忙气喘吁吁跑回家来取，或到了课堂才发现受了老师批评，几次后，孩子就会养成办事细心，上学留意学具的习惯。适当的惩罚和批评的作用抑制着不良的行为和习惯。当孩子拿着今天刚学过的习题，哭丧着脸向你“求救”时，你问明原因，是他课上折了纸飞机没注意听讲，你不妨让他自己翻书查一查，查不出来也不要紧，第二天再讲这类题时，面对作业本上红红的大“X”，他一定会仔细听个明白。如果你发现孩子正漫不经心地检查作业，而一道明显的错题摆在那里，你千万别大惊小怪，作业批改过后，他内心的遗憾、自责，往往胜过家长的指责，怎么样，家长同志们，不妨一试。

良好的学习习惯的养成，对孩子的成长和发展有至关重要的作用。许多著名政治家、科学家和知名学者，他们的成名都和良好的家庭教育有着密切的关系。

孩子上课精神不集中怎么办

凡凡今年上学了，刚开始的几天他心气挺高，上课坐得直直的，生怕老师不表扬他，可是没过多久他就忍不住了，窗外的小鸟一叫，他的头马上就会转过去，老师放在讲台桌上的教具他看起来没完没了，甚至前面那个女孩子的小辫儿也时时“逗”得他想去摸一摸、玩一玩，老师提醒他，他也能马上改正，不过只能坚持几分钟，每天早上爸爸妈妈送凡凡上学，一路上说得最多的话是“上课要精神集中，不要搞小动作。”他也答应一定做到，可是说归说，做归做，只要妈妈找老师了解情况，老师说的问题就还是这一个一上课精神不集中！

6～7岁的孩子一般只能坚持集中注意力10～15分钟，而一节课的时间是40分钟，在低年级的课上，老师一般都会注意到这一问题，有的课会有

一些课中操，有的课老师会让学生在后一半时间里动手做一做，以缓解孩子的疲劳感和单调感，尽管这样，许多孩子还是有在课上东张西望、走神、搞小动作等精神不集中的表现，这要从影响注意力的各种因素谈起。无论成人还是孩子往往对新鲜、稀奇的事物比常见的东西容易引起注意；有趣的比枯燥的事物容易引起人的注意；变化的比静止的更易引起人的注意；特点突出的事物更易引起人的注意。可是在日常生活中有些事物不具备那些特点，特别是学习过程中，许多知识本身是枯燥的，这就需要孩子们发挥自身积极因素来集中自己的注意力。与孩子自身有关的影响注意力原因有很多：有的孩子十分情绪化，心情好时注意力就容易集中，心情不好就很难集中注意力；喜欢的课、感兴趣的事注意力就容易集中；身体不舒服时注意力就不容易集中；前一天晚上没睡好时注意力也不容易集中。

要想使孩子课上精神集中就要注意指导孩子学会一些调整情绪的方法；注意孩子的身体状态，保证他们有充足的睡眠；同时要教育孩子懂得一心一意做事才能把事情做好的道理，为避免枯燥的说教，可以给孩子讲一些有关的故事，如《小猫钓鱼》，让孩子通过听故事发现其中的道理，还可让孩子动手进行一些有趣的活动，如：左手和右手同时拿笔、同时画图，一手画圆，一手画方，让孩子在玩中懂道理，从而提高孩子的自控能力。

孩子的字写得不好怎么办

各科老师一致认为小衡是个聪明伶俐的孩子，上课他发言积极，思维敏捷，许多问题都有独特的想法，只是一提到作业连小衡自己也感到难为情，他的字写得又脏又乱，而且还歪歪扭扭的，所以每次作业评比，他都是榜上无名，还经常被老师、家长批评。每当家里来了客人想看看他的作业时，他总是找许多借口应付过去，就是不让别人看。其实他也想把字写好，也想受到成人的夸奖，可是……

每个人都希望自己写得一手漂亮的好字，孩子也不例外，但是字写不好与许多因素有关。对于低年级孩子来说，他们的小肌肉发育尚不完全，手部精细活动不协调（不同的儿童存在着一定差异，但整体发展的规律是这样的），因此，写作业时即使有写好的愿望，书写质量依然较差，我们经常

看到一些孩子写字非常卖力气，有时本子都被字迹穿透，一有错字就拼命地擦，最后弄得本子又黑又破，字还是歪七扭八的；有的孩子书写差坐姿、书写姿势的错误有关，比如：歪着（或趴着）身子、本子没有放正、头和书本的距离过近、执笔姿势的不正确等；字的笔顺、笔画、结构掌握不好也是书写差的原因之一；另外，有的孩子为了及早完成作业，只求写完，这种孩子虽然能把字写得较好，但对书写没有一个认真的态度，因而造成作业质量低下。

对孩子的书写问题要具体情况具体分析。是态度不端正的，首先应告诉孩子写作业和书写工整漂亮的目的，让孩子知道，作业不单是为了巩固所学的知识，仅仅保证正确是远远不够的，作业还有提高书写能力的作用，写得一手好字可以使人受益终身。在讲道理的时候尽可能多举一些实例，避免简单的说教让孩子觉着与自己无关而不能引起足够的认识。家长可在一段时间内，对孩子每天的作业书写情况加以点评，对孩子在书写上的点滴进步给予表扬，不断激励孩子以正确的态度对待作业的书写。

如果孩子的书写姿势有问题，一定要及时进行纠正，既可以保证孩子的视力也可以让孩子通过简单的儿歌来记忆书写的正确姿势，并时刻提醒自己注意。比如：书写要求“三个一”，即眼睛离桌面一尺远，胸离桌子一拳远，手离笔尖一寸远。另外可以给孩子缝制一个“一尺带”（用彩带按一定尺寸缝起的环形带子），在书写时，带子的一端套在孩子的脖子上，另一端套在写字手的腕部，在写字时要让一尺带绷直，使头部与书本保持一尺的距离。

孩子的书写能力也可加以训练使之提高。每天可让孩子专门练写几个字，每字书写遍数不求多，少则三五个，最多不超过一行。写的时候要求孩子先看，了解字的间架结构，还可让孩子说说每一笔画的位置、笔顺的先后，家长听时发现错误立即予以纠正，在做完这些准备后再开始动笔书写，经过这一过程，孩子对所要书写的字有了较详细的了解，写起来自然胸有成竹，根据他书写的情况可以提一些建议，如：落笔时用劲的大小、用橡皮时要注意轻一点，橡皮一定要经常清洗……

练字、养成良好的书写习惯都不是一朝一夕可以完成的，因此家长不能急于求成，当孩子产生急躁情绪甚至想要放弃时，家长要不断为其鼓劲，对孩子的每一小小的进步加以表扬，使孩子获得成就感的满足，以强化孩子好的行为，并可通过一系列的训练磨炼他们的意志品质。

交往与情感

怎样教会孩子与他人交往

放学后，李强对接他回家的妈妈说："张健不理我了。""妈妈说："你不是和张健最要好吗？怎么了？"李强对妈妈说："今天下课时，我们围着王飞看他爸爸从国外给他带回来的望远镜，张健拿着望远镜不放手，我怕他给摔坏了，就劝他说：'你爸妈下岗了，摔坏了望远镜，你家赔不起。'然后他就不理我了。"

李强做错了吗？孩子应该怎样与他人交往呢？

第一，要尊重别人。李强就是在无意中伤害了同学的自尊心。张健家的生活可能会因爸爸妈妈下岗而发生暂时的困难，但张健同大家一样也有好奇心，对新鲜事物也会有一种新异感，所以他会看来看去，而李强脱口说出："摔坏了你赔不起"这样的话，无意中伤害了张健的自尊心，这就没有做到尊重别人。和别人交往怎样做到尊重他人呢？在和别人交谈的时候，注意说话要委婉，不要触伤别人的隐私或短处，特别是不要当众说一些别人的隐私和短处，这样即使是好心，别人也接受不了。

第二，鼓励孩子参加集体活动。友谊是在互相交往中建立的，限制孩子的集体活动，总担心孩子会吃亏，封闭孩子的活动范围，这样孩子不但不能与他人交往，而且极易使孩子的性格变得内向，胆怯？

第三，培养孩子的自信心。有的孩子由于长相，学习成绩等因素导致孤僻，不合群，做父母的应帮助孩子分析自己不能正常与他人交往的原因。如果孩子有某种特长，他的自信就可以建立起来，并利用这种特长与他人正常的交往。

第四，待人要诚恳，其中包含对朋友的缺点不要包庇纵容。应当教会

孩子认识自己的缺点,同时也要帮助朋友认识自己身上的缺点,顺情说好话,最终会害了别人。当然,给朋友指出缺点时的态度要诚恳、宽容,不要误伤他。

第五,要教育孩子克服独生子女身上那种处处以我为中心的毛病。有些独生子女身上那种处处以我为中心的毛病,往往表现在与他人交往时,要大家都得听他的,他想干什么就干什么,从不考虑别人是怎样想的,别人的感受如何。让孩子们在与他人交往时,要设身处地为别人想一想,说话,做事就有分寸了。

在少年儿童的成长过程中,父母的细心呵护,老师的精心培育是不可缺少的。教会孩子与他人交往,对他今后成长,步入社会也是很重要的。

孩子和同学发生矛盾怎么办

放学了,笑笑的妈妈正在门口张望着自己的孩子,突然看见笑笑揪着同学李想的胳膊朝自己走来,李想使劲想挣脱他的手,还不停地和笑笑争执着,笑笑妈赶忙上前问道:“你们这是怎么啦?”“妈,今天下课时,我从他位子前走过,他伸出腿故意绊我,害我摔了一个大跟头,裤子都破了一个洞,您瞧!”“没有,是他先绊我的!”如果您是笑笑妈妈,看到这种场景会怎么办呢?

孩子和同学发生矛盾,在校内、校外引发“战争”是很多见的,究其吵架原因,有时不禁让人哑然失笑,全都是些鸡毛蒜皮的小事,什么你动了我铅笔了,他碰了我一下,他不和我玩而去和某某玩了等等,别看是些小事,当“小公鸡们”面红耳赤地辩理,对他们来说可是天大的事,因此丝毫不能容忍别人的马虎对待,当老师来不及解决或解决的结果没有让他们满意,就会出现前面的那一幕。

小学生的自我意识开始萌动,考虑问题比较简单,不太会与人交往,在家庭中又是不折不扣的“小太阳”,所以在他们的内心世界中会认为自己不能受到伤害,自己是周围人中最重要的,因此,一旦有“敌”来“犯”,就毫不客气地奋起反击。当自己的反击力量有限时,他们就会借助成人的力量以达到自己的目的。

遇到孩子向自己哭诉被别人欺负受了委屈时，很多家长的第一反应是愤怒和心疼，然后就可能用不同的方式来解决问题，有的妈妈就对孩子的同学凶巴巴地说："你不许再欺负我家X X X了，你这孩子怎么这么坏，要是再让我发现你欺负XXX，你别说我跟你没完。"说罢带着得到满足的孩子悻悻而去，留下被说的孩子吓得泪汪汪的；还有的家长索性更干脆，直接带着孩子就闯到"欺负"自己孩子的学生家，一顿告状，若对方家长好说话还好办，不然，孩子的"战斗"会升级为大人间的唇枪舌剑。最让双方家长生气的是：大人打得不可开交，两个孩子可能早已和好如初，甚至玩得热火朝天了。家长运用这些方式来解决问题，表面看来自己的孩子得到了满足，实际上对孩子学会正确与人交往毫无益处，孩子之间的矛盾起因并不一定就是别的孩子，也可能是自己的孩子，若不问青红皂白，一味袒护自己的孩子，对孩子产生的不良影响也就可想而知了。

正确处理孩子间矛盾的方法是：对孩子的心情表示理解，当其情绪平静下来后，再了解清楚情况，问问孩子自己是怎么做的，想了哪些方法，效果怎么样？在听的过程中发现问题所在，帮助他分析自己运用的方法哪儿好，哪儿欠佳并引发孩子思考，有没有更好的解决问题的办法，使孩子在处理人际关系的问题上渐渐脱离对父母的依赖，如果孩子自己实在不太好解决，可以由家长出面，在不伤害、欺负他人的原则下，找他谈一谈，了解一下他的想法，对其行为加以规劝或找老师一起协商处理好孩子间的矛盾。

孩子没礼貌怎么办

有兄弟二人，皆为商。在商海中拼搏一番后，皆因泳技不行而不得不上岸，但二人皆有意再搏一次，于是四处求助。一天，二人先后到父亲一挚友处求援。兄先到，挚友婉言谢绝；弟后到，挚友却不假思索，热情帮助了他。有人问其故，挚友答曰："敬而无失，与人恭而有礼，四海之内，皆兄弟也。我看其二人成长，兄自儿时傲慢无礼，而弟则彬彬有礼，彬彬有礼而后君子，所以不同。"果然，弟得援助甚多，而兄则少。

由上可见礼仪重要之一斑。孩子没有礼貌，目前似乎没有什么严重的影响，但可以断定，这是一个潜在的危机，是十分重要的问题。

没有礼貌的孩子，大多可分为以下几种：①有礼貌的用语而无礼貌的行为者；②无礼貌用语而有礼貌的行为者；③两者皆无者。对不同类型的孩子，可以用不同的方法来教育。

先来分析一下造成第一种孩子的言行的原因。据调查，有礼貌用语的孩子，多属于外向型性格，天性活泼，还略有“人来疯”之嫌。强烈的交往欲望与热情外向的性格，使他们很自然很容易成为有礼貌用语者。说几句客套话，对他们而言不算什么难事，即使心中极厌恶对方，亦可说出几句客套话。没有礼貌的行为，即体态语言，原因有两种，一：自认为体态语言是多余的，可称不拘小节者。有一个孩子独自在家，当父亲约好的朋友提前来时，他只是问了一声叔叔好就回自己屋了，弄得客人站也不是，坐也不是，十分尴尬，当父亲事后问他时，他却说“我已经叫了叔叔，他自己坐不就行了，弄得那么麻烦有必要吗？”二：根本不知“礼貌的体态语言”为何者。有的孩子在别人批评自己没礼貌时感到很委屈，并非是他们不愿虚心接受别人的意见，而是根本不觉得自己在体态语言的礼貌上有很大的欠缺，因为他们从来就不知道礼貌还包括体态语言。

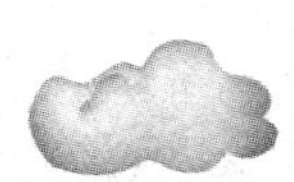

第二种孩子大多属内向型性格，多爱娴静。他们有一种“害羞感”。尤其是在陌生人面前，很难说出几句简单的客套话。但体态语言便不同了，他们也知道，与客人见面应说几句礼貌语言，应该讲礼貌。所以，他们在没有礼貌用语的情况下，必然会用对他们而言较为简单的体态语言来弥补自己的“不足”。有个孩子平时最怕的就是出门时遇上邻居，在家就怕家中来人，每到那时他总是手足无措，费了半天劲才从牙缝里挤出“叔叔、阿姨”之类的话，然后是满脸通红，所以大家经常看到他给别人让路，家里来客人他会主动给客人倒水，但让他主动和别人打招呼，是那么的困难。

对于第一种孩子，家长可以通过讲故事，讲一些有关礼仪的典故。告诉他们一些基本的、日常的礼貌体态语言规范。适当时可用儒、道中的礼仪篇进行简单的教育。另外要注意以身作则，孩子的大部分动作、习惯都受父母很大的影响，有些甚至是模仿之作。因此，家长要做一名礼仪之士，良好的家庭氛围，会给孩子以很大的熏陶与帮助，这一点对第二三种孩子

同样十分重要。

对于第二种孩子，家长应该采用各种方法帮助他们克服害羞感，使他们认识到：礼貌用语是重要的，也是十分必要的。说几句客套话，其实并没什么难的。

第三种孩子，家长必须十分耐心地综合各种方法去帮助他们，使他们做到彬彬有礼。

中华民族是礼仪之邦，家长在教育孩子继承礼仪之邦的优良传统时更要注意培养孩子的道德品质，使他们能真正做到彬彬有礼。

怎样让孩子爱自己的爸爸妈妈

一日，故友来访。几年不见，他仿佛憔悴了许多。问其原因，曰：只因孩子逐渐长大，却越来越不懂事。父母的苦心，他一点都不理解，并且埋怨我们不爱他。尽管我使尽浑身解数，对他的物质要求一律满足，也无法调和父子间的气氛。我问："工作是否很忙？"答："很忙，在家时也常在忙工作之事。""那么孩子呢？""孩子上二年级，功课也挺多，每天晚饭后都得做一两个小时，然后看一会儿电视便睡了。"父子两人都走入误区，难怪他们父子关系会如此糟糕。

孩子不爱父母，究其根源，实是孩子不理解父母，父母无法让孩子爱自己，在一定程度上，是他们不理解孩子。主要原因在于父母回家后主要忙自己的事，很少有时间和孩子交流思想感情，这样便会造成两代人的隔阂。只有心理相融情感相通，父子之间才能产生亲和关系。

理解，需要接触，长时间的、真正的接触。因此，父母应多抽出一些时间来，陪孩子聊天，或者陪孩子出去玩，在孩子面前，保持一份童心，使孩子把你视为"自己人"。在玩闹之余，坐下来聊一聊，可以给他讲一些关于敬爱家长的故事，也可以漫无边际地，像孩子那样胡侃一通。在孩子做功课时，或给他端杯奶过去，或在他身边默默坐一会儿，很小的举动，看似没有什么，但会给孩子一种关切，一种心灵上的沟通和共鸣。他会觉得，父母十分关心他，特别信任他，敬爱之情自己而生，而家长也并没有用太多时间，没有苦口婆心地去说教，做到事半功倍。

家长还应该注意孩子平时生活中的感情、思想的波动及变化，帮助他们及时做一些调整。如：孩子考试成绩不好，一定不能过分责备，甚至不能有责备的一瞥。应该先讲一些轻松的话，或编个故事：爸爸小的时候，常常考不及格，每次家长在卷上签名时，我都要挨顿骂。可后来我一想，老挨骂也不是回事啊，于是我发奋学习，成绩吗，比以前提高了许多。故事之后，帮孩子分析一下原因，适当讲几句严肃而不严厉的话。最后，给孩子一种信任的目光，或拍拍其肩膀，增强他的自信心。

此外，家长还应在一些细微环节注意一下，给孩子设置一种和谐的、爱的氛围。比如，孩子的卧室可以在不出格的情况下让孩子按自己的心愿去布置。平时多让孩子读一些粗浅的礼仪、修身类的书。家长应为孩子树立榜样，榜样的力量是无穷的。自己尊敬父母，孩子必然也会尊敬你的。

孩子需要的是真正的关怀、理解，切不可像前面那位老兄所做，整天不顾孩子，满足一切物质需要。孩子要求的是父母的爱。

理解，是爱的基础。

孩子觉着老师不喜欢自己怎么办

林林是个刚上一年级的孩子，在幼儿园和学前班他都是老师眼中的好孩子，他聪明、活泼、十分讨人喜欢，从上学的第一天起他就憋足了劲，一心想让自己继续成为老师眼中的优秀生，并且能选他当班长。可是，一两个月过去了，老师并没有表现出特别喜欢他的样子，甚至有时候表扬了同位子小建几次都没有表扬自己，当老师宣布的班长不是他以后，他突然觉着老师一定是不喜欢他，从那时起上课他总是无精打采的，下课时，同学们围着老师说这说那，却很少能看见林林的身影，当家长通过老师了解到林林上课不专心听讲时，林林竟然哭着说："我做得挺好的，老师就是不喜欢我！"

在孩子的眼里老师是神圣的，老师对他们的态度直接会影响到孩子的行为，他们会因为喜欢老师而喜欢上一门课，他们会因为老师的一个动作而去模仿，在他们幼小心灵里，老师的肯定是那么那么的重要。许多家长都说：老师的话就像圣旨一样，老师所要求的一切都是孩子努力的方向。

每个孩子都期望得到老师的关注和喜欢，如果他发现老师不喜欢他，那可是一件天大的事，他们会为此伤心、难过，他们会感到自己的一切努力都是徒劳的，在一段时间的盼望和等待之后，他们可能会彻底放弃希望。当老师教育他时，他会产生一种偏见，觉着自己被批评的原因是因为老师不喜欢自己，不肯在自己身上找原因；在心理上，他们与老师相距很远，用消极的方法逃避着老师。

大部分老师对于每个孩子都能做到一视同仁，孩子之所以认为老师不喜欢他，可能是因为上学以后，在一个班里的同学比起幼儿园和学前班来说多了许多，老师不可能把更多的注意力集中在少数学生身上，因而使其产生一种失落感。另外，独生子女容易以自我为中心，他们把别人对自己的关注视为理所应当的事，一旦这种需要得不到满足时，他们在心理上是难以接受的。

要想改变这一状况，家长首先应了解清楚孩子的想法，可以问问孩子“你是从哪看出老师不喜欢你的?”在孩子诉说过程中，不要妄加评论，等孩子说完后和孩子一起分析老师的批评、表扬代表什么意思、有什么目的，还可以问问“老师批评过其他同学吗？老师也不喜欢他们吗?”等问题，这一过程的主要目的是帮助孩子消除对老师的误解，在此基础上，可以鼓励孩子去问老师“老师您喜欢我吗?”相信答案会使所有的孩子满意，也许就在放学的时候您的孩子会像一只小鸟一样向您飞来，告诉您一个对他来说是奇好的消息，脸上的阴云也会由此一扫而光。如果孩子胆子比较小，家长也可在孩子不知情的情况下，找找孩子的老师，把孩子的这种想法告诉老师，并诚恳地请老师给予帮助，在老师方便的时候找孩子谈一谈，老师一定会在谈话中告诉孩子他是非常可爱的，他有许多优点都是老师所喜欢的。听了老师的话，孩子心里的那个大疙瘩是一定会解开的。

孩子为什么怀念幼儿园和学前班

前些日子，同事来家做客，茶余饭后谈及了已上小学的儿子。同事说，上一年级已经三个月了，但儿子总是进入不了状态，仍旧处于学前班的情绪中，而且经常与学前班时的同学跑到一块儿玩，一年级的同学，他反倒很

少与他们玩、学习。总是怀念学前班的日子，有时甚至求我们把他送回到学前班。我听后，想了想，儿时的我，不也是这样吗？现在的我，不也是十分怀旧吗？人么，都是有怀旧感的。

人对环境的适应力是十分强的，但是，对环境的适应又需要一段过渡时期。初入新的环境，陌生感很容易使人产生拘束，怀念过去的感受，有的人，过渡时期很短，有的则较长，总之，等他们完全溶入新的环境中去时，这种怀旧感便会自动消失，只是偶现罢了。

孩子上了小学后，学习压力较之幼儿园与学前班来说，增大了不少，而且，朝夕相处的阿姨，被代之以神情稍为严肃的老师；一块儿玩惯了的小朋友，被代之以还不太熟悉的同学？……总之，一切都与以前不同了。他们在新的环境中，显出了几分紧张与不安，在学校中感到不适应，于是，在闲暇时间便总想去找以前的小朋友玩。快速融入新环境，往往会影响孩子的学习、生活。因此，父母应该尽力帮助孩子极早适应新环境。

家长可以帮助孩子回忆一下刚入幼儿园或学前班时的情景。可以告诉他们，当时，他们是一把鼻涕一把泪地，不愿离开父母，不愿整托，总闹着要回家。但过了一段日子，就与别的小朋友打成一片，好的离不了。每天父母来接时，都有些不愿意了。现在上一年级了，不也会像刚上幼儿园时那样，慢慢地与这些新朋友相识相好吗？拿出你当初与小朋友交往的勇气，真心与同学交朋友，你们可以一块儿玩，让他到你家做作业，或你到他家做作业，各种方式都可以嘛！

家长极力支持孩子与新同学交往，不要因为他们把家中折腾得乱七八糟而发怒。反之，要欢迎他们来家做客。并借机教会他们待客和作客的礼貌行为。另外，孩子的学习，也是影响其适应新环境的一个方面。学习方法不同了，压力、难度不同了，学习不好，会使孩子产生自卑感，继而封闭自己，不愿与别人交往。所以，帮助孩子搞好学习，也是好的途径之一。

家长要鼓励孩子积极参加课外活动与社会活动，通过玩、做事，扩展他们的交际面，多认识一些小伙伴，增进一下友谊，这样亦可加速融入新环境。

总之，孩子的天性是玩，要让他们在玩中了解新同学，在活动中融入新环境。不过，功课一定要搞好啊！

怎样教给孩子耐心地听别人讲话

亮亮今年10岁，是育红小学国际象棋班的成员，报名参加市里的国际象棋比赛。

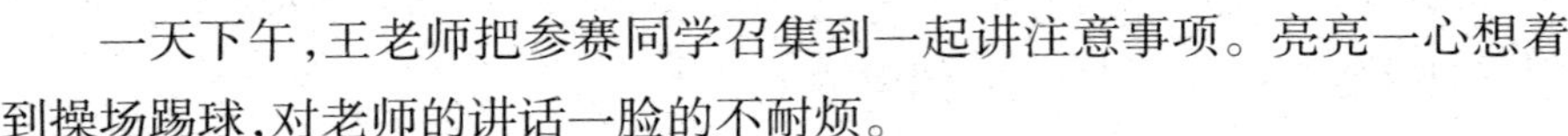

一天下午，王老师把参赛同学召集到一起讲注意事项。亮亮一心想着到操场踢球，对老师的讲话一脸的不耐烦。

王老师说："参赛时要沉着、冷静，不要紧张。""知道。"亮亮打断老师的话，拉长了声音喊。老师提醒大家："记住，比赛时间是周六上午9:00，地点在西山八大处，""唉。八大处谁不知道呀，不就是有长城的地方吗？同学们都笑了，"那是八达岭。"大家告诉他。亮亮想也不想，就催促说："老师，快发票吧！"当老师把票发到亮亮手里，他根本不看，就踹到裤兜儿里啦。

星期六一大早，叔叔开车送亮亮去比赛，亮亮吹着泡泡糖满心欢喜。可是，大约走了一个多小时，远处的山脉出现在眼前，叔叔问："你看看票，到底在哪儿比赛？"亮亮掏出票一看，啊？不是在"八达岭"，是"八大处"！亮亮急得满头大汗。当叔叔调转车头赶到八大处时，已是中午12点，比赛已经结束了，满有希望夺冠的亮亮却是竹篮打水一场空，亮亮真后悔没有耐心听老师讲话，可已经来不及了。

说话，是人们通过口头语言表达感情交流的一种方式。而听别人讲话，则是为了了解说话人的思想、感情，以便达到心理上的沟通。同时，也是培养社会技能的重要内容。此外，从别人的谈话中，可能会得到表扬、批评、讲解、劝导、忠告……

可见，耐心听别人讲话是很重要的。像亮亮那样对老师的话不屑一听，首先是对讲话人的不尊重，会使讲话者产生不愉悦的心理反应。另外，不能耐心听别人讲话，还会出现难以想象的错误，因此，我们应该教育孩子耐心地听别人讲话。

怎样教孩子耐心地听别人讲话？

第一，要给孩子讲清道理：作为家长，要告诉孩子，耐心地听别人讲话，

最重要的是要懂得尊重别人。对于长辈和朋友的教诲、忠告、提醒更要牢记在心。

第二，要教给孩子听话的态度：在听别人讲话时，要做到安静、专心、诚恳、恭敬、虚心、耐心。以便更好地交流情感，有益自身。

第三，要教孩子耐心听别人讲话的技巧和做法：当别人谈“自我看法”时，教育孩子要表现出好奇的样子，尽可能多地了解对方，当对方谈对你的看法时，你的眼睛就应看着对方，表现出诚恳的态度，听到批评时，不动怒，有则改之，无则加勉。教育孩子在听别人讲话时精力要集中，不做其他事情，不抢话，不插话，不任意改变话题，始终全神贯注。对于自己不感兴趣的谈话，听话时要表现自然，默不作声，切莫厌烦，可礼貌地打断谈话或巧妙地改变话题。

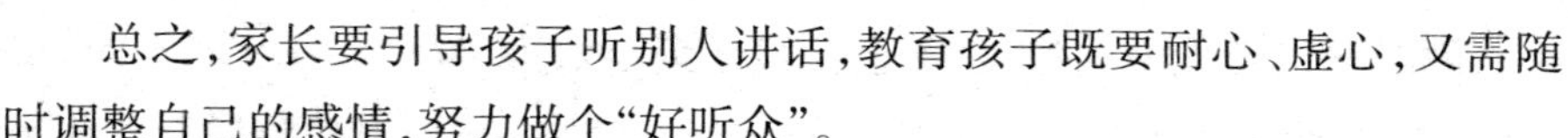

总之，家长要引导孩子听别人讲话，教育孩子既要耐心、虚心，又需随时调整自己的感情，努力做个“好听众”。

性　格

孩子做事总是慢慢吞吞怎么办

期末考试开始了，明明拿着卷子左看看、右看看心里十分高兴，他觉着自己都会做，于是就一边写一边玩，结果直到老师收卷子，他刚做完一半题目，最后只得了50分，面对家长的责问，他还振振有词地说：“我也可以得100分，不就是写得没有别人快吗？”明明的爸爸妈妈虽然生气却也没有什么好办法，从小明明就是这样，很少见他有着急的时候，无论你怎么说依然慢吞吞地，如今，在学习上也由于这个原因出现了问题，这可怎么办呢？

在日常生活中我们经常看到这样的情景：早上起来，家长忙着洗漱、做早饭，而孩子却是不慌不忙任你怎么叫也不肯起床，好不容易决定起床穿衣服又是磨磨蹭蹭地，家长忙得团团转，最后还可能上班迟到。这样的孩子由于自己爱磨蹭，常常会挨家长和老师的批评，有时还会因此挨父母的揍，即使这样他们动作慢的问题还是解决不了。

孩子做事慢原因一般有二：一是对所要做的事有抵触情绪（包括有意

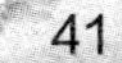

的和无意的)。比如孩子小的时候可能会通过赖床来达到不去幼儿园的目的,这一方法若经常奏效,久而久之会养成一种惰性行为——起床慢、穿衣慢;还有的孩子不满家长对其过于严厉的要求而进行消极抵抗。曾经有个写作业特别慢的孩子说"我那么快写完了我爸爸还得给我留作业,我就慢慢写,时间一晚了,他就不给我留了。"二是孩子的性格与气质存在着不同的差异。有的孩子天生性急,有的孩子则不然,急脾气和慢性子在不同情况下可能各有利弊:做一些需要速度的事情,急脾气的人就比较合适,而做一些需要十分精细、耐心的事时,做得慢一点反倒是好一些。但是如果孩子的动作太慢而影响正常的学习和生活时就要引起家长的注意并加以训练了。

对于动作慢的孩子批评与训斥是没有用的,而且如果家长总是在孩子做事的时候指责他们动作慢,就会使孩子渐渐认为自己就是一个做什么都慢的人,即使想快也不可能,继而认同了这一事实,无论家长怎样要求他也不会主动尝试提高速度了。家长可以注意观察一下孩子做哪些事情比较感兴趣因而速度稍快,抓住其中几件好好夸夸他,从而强化孩子好的行为,并且还可引申到其他活动中:在表扬之余略表一丝遗憾——要是某某事也能做得这样好就太棒了!另外,提高孩子做事的速度可进行一些训练、评比。例如:看谁起床快又好;比比谁先洗完手绢和袜子;一分钟口算争霸赛等,训练的项目可根据孩子的情况任意选择,但要注意与孩子进行比赛时要制造一点紧张感,还要做到既有一定难度又有很大的成功机会,这样才能使孩子乐于参加,真正达到训练的目的。在孩子房间的墙上可以贴上一张精心设计的评比表,每天根据孩子的表现进行评比,如果达到了要求就在表上贴上一个漂亮的"红苹果",一朵鲜艳的"七色花"或者是一面小红旗等等。在训练与评比阶段孩子的行为会发生一定的改变,但几乎所有的孩子都会有所反复,这是正常情况,家长不要操之过急而又重回老路——简单的训斥与指责,那样做很可能会前功尽弃。只要坚持对孩子的行为进行正确的训练,最终会取得满意的效果。

孩子脾气特别大怎么办

吃过晚饭，我们全家正坐在电视机前看电视，忽听邻居家的小明明大喊大叫，明明的爸爸大声对明明进行了训斥，随后噼呖啦啦的一顿乱打，大哭大闹又开始了。这小明明一定又是不听话挨打了。我来到明明家，看到明明的爸爸手拿棍子，气得面红耳赤。明明的爸爸看到我来了说："明明这孩子脾气太大了，遇到不顺他心的事就发脾气，简直是一头'犟牛'，这不，他一边看电视，一边写作业，我把电视关了，他就大发脾气，这孩子，真得好好收拾收拾了，刚七岁就这样，以后还好得了。"

明明的行为不得不引起我们的沉思。现在的孩子都是独生子女，他们放任自己，不加约束，稍不满意就吵闹不休，大发脾气，直到达到目的为止。他们用蹦跳、叫喊的方式，固执地去做成人禁止的事，坚持与成人的要求相对立，自行其是。许多家长面对孩子的大发脾气、吵闹不休，往往是束手无策，心烦意乱，要不就是一顿乱打。其实，静下心来想一想，孩子脾气如此之大，难道与家长无关吗？是家长给孩子创造了一个任由他大发脾气的环境。家长们平日的娇宠、溺爱、迁就，或者家庭成员对孩子的教育要求不一致，或者对孩子的要求缺乏一贯性和彻底性，使孩子养成了不良习惯。家长一次又一次屈服于孩子的大发脾气，对于他们不合理要求的每一次迁就和让步，都是对他们不良行为的一次次实际强化。

设想一下，如此下去，随着年龄的增长，当孩子离开父母，投身于人人平等，无人迁就的社会大环境中时，他们就会不适应，进而走向两极，或者与同志关系不合，处处碰壁，也许表现出一些过激行为，对于自己的成长是非常不利的。

我们遇到了这样的孩子，虽然他会让我们头痛，让人恼火，作为孩子的家长，我们不能一味地指责孩子，甚至拳打脚踢，而应当从自身的行为中寻求根源，从儿童的心理特点出发，对他们加以正确的引导和教育：

(1)分析原因。家长应适当学习一些儿童心理学知识，了解孩子在这一阶段生理、心理各方面的特点，以便在教育中正确分析原因。

(2)家庭成员要保持一致，在孩子面前要树立良好的榜样，尊重、信任

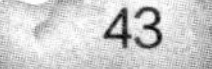

孩子。教育方式要坚持一贯性，不能半途而废，采取“对症下药”的方法，让他有消气之机，有思考之机，有改过之机。

(3)对孩子出现的种种行为要加以正确的引导。脾气暴躁不是天生就有、无法改变的，儿童心理和行为都不是生下来就定的，而是在后天的实际生活中逐渐形成的，可塑性很大，绝不能让其越发膨胀，越来越“犟”。家长应在尊重的基础上给孩子提出严格要求，使提出的要求易于转化为孩子自觉的行为。

总之，只要尊重孩子、信任孩子，在此基础上严格要求，通过耐心说服教育，提高他们的道德认识，孩子的“犟”脾气一定会改掉。

孩子胆子小怎么办

“快看，我们家小露露上电视了！”露露的妈妈兴奋地招呼左邻右舍。只见王露露身穿白色的连衣裙，小辫儿梳得一丝不乱，正在拉小提琴，那悠扬的乐曲，让全场的听众都陶醉了。

“你们家露露可真有出息，这么大的场合她一点儿也不怯场，哪像我们家小敏，见了生人连大气儿都不敢出一声，您说，这孩子这么胆小可怎么办？什么时候她也能像露露一样该多好。”小敏的妈妈一边说一边叹气。

孩子胆子小，不会惹事，不招是非，老实得像只小绵羊。要是在过去可算得上乖孩子好孩子了。但是我们现在的孩子将是21世纪的主人，胆小老实，不仅不能适应未来竞争的社会，又怎能为社会做贡献呢？

孩子胆子小是有原因的。一是与孩子自身的气质类型、性格特征有关；二是与以往所经历的事情中受挫有关；三是与成人不恰当的教育有关。

孩子胆子小多多少少存在自卑心理，总是怕自己做事不圆满而不敢去做。这样的孩子不见得没有能力，只是不愿表露或不敢表露而已。

作为家长，发现自己的孩子胆小，既不要迁就孩子，更不能认为孩子没出息而放弃。应当想办法，培养孩子勇敢的精神，树立孩子的自信心。

如果孩子性格内向腼腆，家长应多带孩子参加集体活动，可先与亲人交往，再与邻居、同学交往，然后与他人交往。交往中鼓励孩子主动与人交谈、相处。再有，要多与孩子交流，了解孩子胆小的原因，从而对症下药。

如发现孩子是在以往经历的事情中受挫而产生胆小的心理，可以帮助孩子再创当时情境，让孩子重新做过并获得成功、获得自信，从而消除以往经历对孩子造成的心理压力。最后还要告诉孩子，胆子小都是因为对自己缺乏信心，信心不足是因为自己没有做过或者还没有准备好。因此，克服胆小的关键在于自身的努力。当孩子勇敢地迈出一步时，家长要多鼓励、多帮助，暗暗帮助孩子，使他们尝到成功的喜悦，认为自己能行，对自己充满自信。当孩子在做事时受挫，家长要多慰勉，给孩子讲一些名人克服困难的故事，或者通过童话故事和动画片中人物的品质，教育孩子懂得失败乃成功之母的道理，鼓励孩子重新做起直到成功。成功的机会越多，孩子就会越有自信，从而不再胆小懦弱，孩子们会勇敢、自信地面对生活、面对学习、面对人生。

孩子娇气怎么办

兰兰是我的邻居王大姐的女儿，从小到大都受到家里人的呵护和宠爱，甚至谁如果对兰兰说话声音大一些，或话语严厉些，兰兰水汪汪的大眼睛就会含满泪水，接着就大哭起来，一发不可收拾，她是我们楼里有名的娇宝宝。前几年，兰兰也像其他孩子一样背上书包成为了一名小学生，由于娇气，她在学校里受了无数的“委屈”，弄得家长实在是心疼，可是最让家长头疼的是孩子的学习，王大姐最大的心愿是希望自己的女儿将来能考上大学，能成为栋梁之材，所以对孩子的学习一定要盯紧，一定要上心。可事与愿违，每当兰兰写完作业，王大姐让它多写几遍，多读几遍，兰兰就会受不了。声称“手都写疼了”“口都读干了”“脑袋都大了”……这些理由来搪塞家长，有时王大姐要多说兰兰几句，屋里又会传出那熟悉的哭闹声，咳，弄得王大姐手足无措……

可见孩子娇气是让家长十分苦恼的。但是孩子的娇气，是怎样形成的呢？究其根源大多是由于家长在孩子幼小的时候一味地娇宠、百依百顺，使孩子最终形成任性、胆怯、怕难为苦等个性上的缺陷。这也是我们现在的教育不希望出现的结果，所以如何对待这类孩子还需耐心望、闻、问、切搞清原因，最后再对症下药，才能取得较好的效果。

现在多数孩子都是独生子女，而且随着社会的进步，家里的电器代替了过去的许多家务劳动，而家长在教育孩子中也确实存在偏差，一心想让孩子上大学，从这一目的出发，也往往只重视了孩子的学习情况，忽视孩子的全面素质的发展，不让孩子参加各种劳动或社会活动，剥夺了他们受锻炼的机会，使孩子变成了笼中之鸟，缺少了独立生活的能力。

从心理学角度而言，娇气是一种心理结构以及人格的不健全，已往理解娇气是不愿干脏活累活，这是片面的。娇气的孩子对自己缺乏信心，没有迎难而上的勇气和决心。如果任其发展下去，一旦沉淀为孩子的性格保持，那么在当今科技迅猛发展、竞争日益激烈的时代，对孩子的发展是非常不利的，很可能在竞争中败下阵来。心理学家认为，家庭是一个人的性格形成的最重要的场所，而对娇气的孩子，家长应从家庭的角度寻找自身存在的问题，不要把问题都推给孩子。

俗话讲，十年树木，百年树人。教育是一项需要付出时间和心血的漫长工作。选择适合年龄、身体条件的劳动或社会活动，锻炼他们。不可否认现在孩子接受体力锻炼的机会比较少，因此这种有意识的锻炼就显得更为必要。虽说对孩子的生活要关心，但不必事事包办，应放手让孩子去做，以培养他们独立自主的能力。家长还应及时把自己的人生体验和孩子交流，让他们明白，仅仅靠小聪明，是不能在未来社会竞争中立足的。还需要有顽强的毅力和恒心，知难而上的决心，才能在社会竞争中做一个成功的人。现在的孩子接受信息的渠道之广泛，接受的速度和能力是我们小时候无法比拟的，比我们那个时候要成熟、聪明的多，如果家长把这些道理深入浅出的讲给他们听，相信他们能够明白，自己应该选择什么。

即使家长在家中做得很出色，措施也巧妙得当，还有一个重要的方面不能忽视，那就要培养孩子的劳动观点。大多数孩子在学校都能参加劳动，听从老师的安排，但一回到家中就非常松弛、懒散。这就需要家长要了解学校的教育要求，主动配合学校的管理，做到家庭、学校双管齐下，使家庭教育成为学校教育的延续。这样常可以起到事半功倍的效果。

冰冻三尺，非一日之寒，使孩子彻底克服娇气的毛病，不是一朝一夕能

办到的，家长们要清楚这一点，并在家庭生活中对孩子保持长久的耐心、关心，使孩子真正成长为身心健康的少年。

孩子怕困难怎么办

“妈妈，这道题我不会做，你帮我做吧！”小丽冲着正在厨房做晚饭的妈妈喊道。过了一会儿，小丽又对妈妈说：“下边这道，也太难了，你给我讲讲吧！”小丽妈妈不得不放下手中的活儿，走到小丽身旁，看了看小丽的数学书，原来都是一步应用题，只要想一想就能做出来，小丽妈妈对小丽说：“你自己想想，一定能做出来。”小丽噘着小嘴对妈妈说：“不嘛，太难了，还是你帮我做吧。“吃过晚饭，小丽又拿出上手工课做了一半的剪纸作业，对妈妈说：“你帮我做完手工作业，老师说了，明天交。”小丽妈妈很是惊讶，问小丽：“你自己不会做吗？是不是上课没听讲？”小丽脖子一扬，说：“我早就会了。”小丽妈妈说：“会做，为什么自己不做？”小丽叹着气说：“剪刀硌得我的手疼极了，我受不了，还是你帮我做吧。”小丽妈妈叹了口气说：“都怪我们平时包办得太多了，你连这么点困难都克服不了。”

现在的家庭，家长们生怕自己的宝贝出意外，所以事事都包办代替；早上给孩子穿衣服，连鞋带都管系，晚上帮孩子收拾书包，写作业时做孩子的陪读。只要孩子叫苦、叫累、家长们马上充当起保护神的角色，真可谓用心良苦。长期下去，孩子们养成了只要遇到一点困难，就叫别人帮忙，各种潜在的问题，也会因年龄的增长而一一暴露出来，有的孩子在学习上有畏难情绪，碰到难题绕着走，长期下去，不利于孩子养成良好的学习习惯，同时也不利于孩子意志品质的培养。

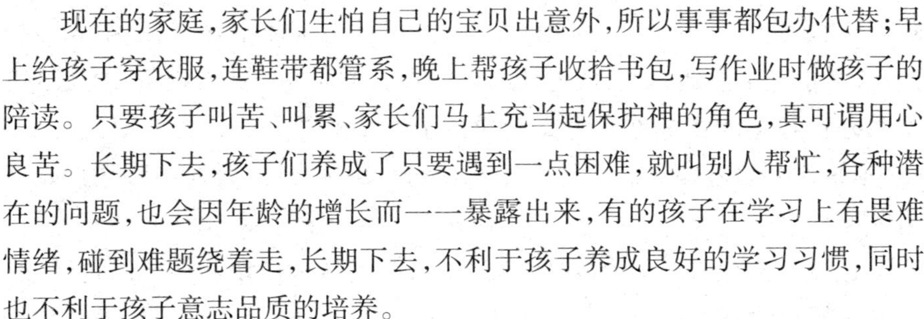

孩子怕困难，家长该怎样做呢？

首先家长不要怕麻烦。许多家长都希望自己的孩子具有不怕困难的意志品质，但往往一到实际，家长们怕麻烦，从孩子手中抢过正干着一半的事情，这样孩子们会形成反正我干不好，还不如让家长代劳的想法。其次，家长们在孩子遇到困难时，应尽量用鼓励、赞许的语气和他们进行交流。孩子们由于年龄小，有时在做题、做事时往往会出错，例如，自己洗手绢不仅没洗干净，反而弄了一地一身的水，在收拾房间时，打破了东西。这时，

孩子们往往很害怕他们的家长责怪他们。如果这时家长不是鼓励孩子们克服困难，继续做下去，而是一味地指责，试想，他们以后再遇到这样的问题，就会产生畏难情绪，自己不去做，而让家长或别人帮忙。当孩子们克服了困难，取得成功时，家长应用赞许的语气称赞他们，增强他们的自信心，鼓励他们今后要继续这样做下去。再次，家长们应努力创造条件，帮助孩子们树立不怕困难的思想。家长们应在这方面多给孩子们创造条件，放手让他们自己去做，在孩子遇到困难时，帮他们想办法，出主意，而不是事事包办代替，这样不仅培养了孩子在各方面的能力，也对培养孩子不怕困难的精神非常有好处。

和谐的亲子关系

怎样辅导孩子的学习

星期天，妈妈带着梅梅来姥姥家，妈妈向当老师的姥姥告状，因为孩子上学前一直由姥姥带，上学前班时孩子的汉语拼音就都已会拼会写，汉字写得也很工整，每次作业都能得小红花，可是上学几个月来，字都越写越乱，数学也经常出错，更有甚者还出现过几次不完成作业的现象，您说这可怎么办？姥姥问：“那你是怎么辅导孩子学习的？”一句话把妈妈问愣了，“您不是说要培养孩子的自觉性吗？一切全靠她自己，我才不管呢！”姥姥明白了。

有些家长对孩子采取放任的态度，认为这样可以培养孩子的自觉性。但真正的自觉不是靠放任能培养出来的，孩子年龄小，从一入学家长就大松心，对孩子不要求不教育，以为孩子自己就能学得很好，自己平时不闻不问，打牌、跳舞、看录像，孩子写完作业让家长检查，得到的也只是一句：“没工夫，你自己干什么呢？”这种态度必然造成孩子不重视学习，成绩一天天下降。对孩子的学习一定要抓紧，放任不得，放任孩子，后果会令家长后悔不已。

“望子成龙”是家长的共同心愿，不少家长虽有“望子成龙”之望，却无“教子成才”之法，虽然也花了不少工夫，费了很大劲，但孩子的成绩仍不理

想，这是什么原因呢？我想主要还是没有一个科学的辅导方法。孩子年龄小，我们首先是手把手地教，然后牵着孩子走一段，再扶着孩子走一段，最后再放手，完全大撒把的办法是不行的。那么究竟如何辅导孩子的学习呢？

(1)严练——良好的学习习惯的培养。叶圣陶说："教育就是习惯的培养"。凡是好的态度和好的方法都要使它化为习惯，只有熟练得成了习惯，好的态度才能自觉地主动地表现在学习行为上。培养好的学习习惯必须从小抓起，持之以恒，不能三天打渔两天晒网，不成习惯不能放松，重要的是要在实践中严格要求，严格训练，要有"狠劲"，如训练孩子放学后先做作业后玩，做作业要专心，开始孩子不愿意，但一旦成了习惯，在心理上形成了一种定势，到时就会主动去做作业。同样做作业专时专用也是同样道理，从开始的别扭阶段到逐步养成习惯，孩子就会自觉地先做作业后玩，做作业时专心致志，他的行动也就在严格训练下成了自觉行动了。

(2)自检——责任心的培养。有个家长带孩子去看心理医生，医生问孩子的症状，家长只说了"马虎"两个字啊，这已成了一种"心病"，这导致孩子错字，错处不断，针对孩子这种对学习马马虎虎缺少自我负责的态度，家长从小不包办代替，帮他查、帮他改，甚至替他写，当老师问孩子错题原因时孩子却说："不是我马虎，是我妈马虎"。从小要教给孩子自我检查的方法，树立对每一字每一题都认真负责的态度，数学中查数字，查符号、查公式、查计算，做一题就要对它负责就要尽力做对，教给孩子正向检查法，逆向检查法，或者家长做到心中有数，不告诉孩子错在哪里，而说你自己能查出错误来。并给他设立一个《错处集》，时时翻阅对孩子责任心的培养会有很大帮助。

(3)激趣——学习积极性的培养。"兴趣"和爱好是最好的老师。对学习有了浓厚的兴趣，才能充分调动学习积极性，在家庭中可采用游戏法进行语文方面的训练。"读"是语文的根本。语文的许多精华只有在读的过程中才能吸收、消化，正所谓"读书百遍，其意自见"，这样家庭举行"朗诵会"、"家庭录音广播""家庭剧院"等都会大大提高孩子的兴趣，这时家长要及时

发现孩子的闪光点，让他体会到成功的喜悦，在学中可采用游戏、比赛等进行计算大赛、应用题讲解等，孩子教大人分析应用题的方法，在激趣的同时也给孩子感到无论是一个字，还是一个数都要用心读、记，才能在“家庭大赛”中获胜。这实际上也同上面提到的责任心的培养是不矛盾的。孩子对学习有了浓厚的兴趣。充分调动了积极性，成绩就会有突飞猛进的发展。

总之，辅导孩子学习重在“法”上，有效的方法定能培养有用之才。

孩子的学习用具该由谁来整理

“铃……”清脆的铃声开始了孩子们一天的学习生活，他们静静地等着老师来上课，老师微笑着说：“请同学们把数学作业本放在课桌上，老师要检查一下昨天的作业。”孩子们用目光等着老师的检查，只有小明还在低头忙乱地找啊找，她心里直说：“老师，慢点过来，慢点过来。”“小明，你的作业呢？”“老师……”平时很听话的小明眼泪刷地流了下来，她委屈地看着老师询问的眼神：“我不知道我妈把作业本放哪儿了？”老师皱了皱眉明白了是怎么回事。

“万般皆下品，唯有读书高”这是中国几千年旧的传统观念，只要孩子能一心一意地读书，家长做什么都可以，孩子的衣食住行侍候的无微不至，就连孩子在校做值日搞卫生，有的家长也要代孩子去做，就不用说整理孩子的学习用具了。这在有些家长心里，认为是分内之事，从孩子上学那天开始，从削铅笔（低年级特别是一年级还是需要家长的帮助的）准备课本、作业、整理书包，一切家长全包，以致有的孩子到了五六年级还因为学具没带齐而埋怨家长。家长的回答却令老师无可奈何：“昨天我儿子没说。”多么简单的一句话，却太令人深思了。这样的大包大揽，长期下来，家长累，学生累，即使孩子考上了大学，家长可以松口气了吧，可是很多问题也一一暴露出来了，住宿一周孩子从学校带回脏衣服脏袜子让家长洗，甚至有的大学生不会剥鸡蛋，这时家长才仔细回味起当初的包办代替带给孩子的是自理、自主能力的懦弱。

人在世上最基本的是要生存，而要生存，有两种道路，一种是经过生活的磨炼，艰苦奋斗，不屈不挠，接受精神锤炼，这无异于自幼给孩子造就了

坚强的臂膀和顽强的意志。从小对孩子进行全方位培养，不要把他当成温室中的花朵，处处百般呵护，这样孩子长大后，往往经不住风浪的洗礼和挫折的考验。家长同志们，养成教育不仅是一种礼仪的养成或一种行为习惯的培养，而更是一种做人的教育，是一种健全人格品质的培养，可见养成教育是十分必要的。所以从小培养教育孩子有条理的自理能力，可采取“教，扶，放”的方法，使孩子养成良好的习惯。

(1)教——教中有序。这个教，要以刚入学开始，教给孩子如何整理学习用具，书如何放，本怎么放，铅笔盒里应准备什么？明天需要什么？手把手地教，这时是家长在做，孩子在看、在学，一定要记住不要家长做时孩子去一边干别的，一定要让孩子在旁边看和学，看整理用具的顺序、方法，不要怕麻烦，让孩子重复做一二遍。

(2)扶——扶中有法。经过一段时间的教，孩子脑中有了整理用具的顺序、方法的观念，家长可适时地采用“扶”的方法，指导孩子坚持天天整理，从中鼓励他，你自己做也能做好。有问题，家长给予点拨，两人共同商量，家长督促检查孩子整理得如何，有进步及时给予表扬。

(3)放——放中有得。这一阶段可放手让孩子自己去整理，先让孩子把程序说一遍，然后再让孩子动手整理，开始几次家长可进行抽查，暗中进行帮助逐步放手进行抽查，这样长期的培养，孩子从中学到了方法，提高了自理能力。

孩子做错了事怎么办

“老师，王虹放学后没有直接回家，去鸟市买了一对鹦鹉，回家的路上还买了3把小手枪，听说他自己留了一把，其余两把送给了同学……”我听了，果断地说：“去，把他找来。”不出20分钟，王虹来了，不等我开口，他就把仅存的一把小手枪小心地放到了我的桌上，随后把头深深地埋进了怀里。我看他自动缴了械，态度又好，自然气也消了不少。“放学后你去了哪儿？”我问。“到鸟市买鸟。”“鸟呢？”“在家，人家都说鹦鹉不但好看，还会生蛋孵小鸟，我想让它生蛋孵鸟，然后挑一对最漂亮的送给您给我们讲课用。”说到这儿，他委屈得泣不成声。孩子本无恶意，我为什么要大喊大叫。我替

他抹了一把泪水又问:“你爸爸、妈妈知道吗?”“不知道。”“那钱是哪儿来的?”“我从妈妈的包里拿的。”

低年级的孩子出现类似的问题并非少见,这一方面是因为他们的道德意识还没形成,仍停留在感性阶段,他们的言行往往受情绪支配,怎样感到高兴,就怎样去做了,很少考虑后果,所以常常容易办错事。另一方面与他们的年龄特点有关,低年级的孩子分析问题和处理问题的能力尚未形成,这期间,他们不可能像成年人一样对事情的前前后后,事非利弊思考得那么周全。因此,他们做出一些大人想不到的事也在情理之中。站在孩子的立场上想一想,王虹从孵出的小鸟中挑一对最漂亮的送给老师讲课用是非常难能可贵的,首先可以肯定他不但对老师是喜欢的,而且想帮助老师;其次可以表明他是想和老师建立友好关系的,只是不知如何去做而已,当然,他没认识到私自取家长的钱是错误的。正是他的这种不当的做法,反映了他的思维过程的不完整和对事物的分析不透彻的问题。简单地说,他只想到了去实现自己美好的愿望,而忽视了实现愿望所需方式的合理性。

了解了孩子这个年龄阶段的心理特征,就可以找到教育孩子的正确方法。针对王虹的问题,根据孩子的年龄特点,我和他的妈妈共同研究出了一个较为可靠的处理方法,做妈妈的要认真指出孩子放学后不直接回家到处去玩,违反了学校的要求是不对的,然后严肃地批评他不该拿家长的钱乱买东西的做法,最后充分肯定孩子态度的坦诚,以及为老师买鸟愿意和老师建立友好关系的出发点是好的。切忌电闪雷鸣般的训斥和棍棒交加的武力,因为良好的道德意识不是通过强制手段形成的,而是通过道德认识、道德情感以及培养习惯、榜样感化、思想教育等渠道形成的。

为使孩子自幼树立是非善恶观念,自觉地按一定的道德原则和伦理规范来约束自己的行为。您不妨试着这样做:①促膝谈心,了解孩子的心理,给孩子表达思想情感的机会。②根据孩子的讲述,帮助分析错误原因,然后把理讲透。③孩子做错了事要给孩子改过的机会,从精神上善待他们,千万不可以给孩子“定罪”。④采取一些具体的办法坚持和学校保持经常性的联系。因为好的品质的形成不是一朝一夕所能见效的,它需要一个与

各种旧习惯势力、社会上不良影响和一切不道德的行为反复斗争的过程，需要一个坚持不懈、耐心宣传、热情鼓励、积极倡导、认真培养的过程。

总之，只要艺术地去思考，艺术地去处理每一个问题，就一定会收到良好的效果。愿各位家长、孩子身边的每一个人都成为塑造孩子心灵的艺术大师。

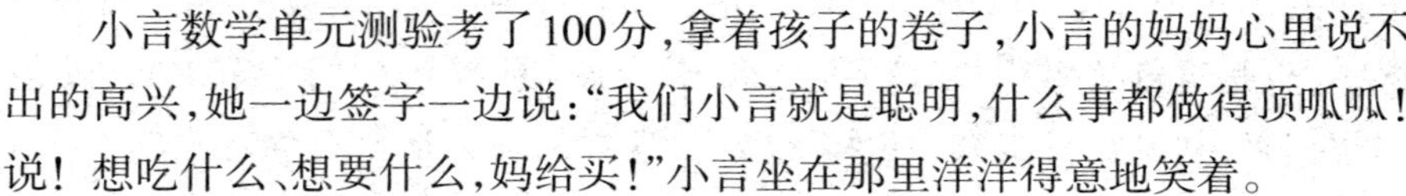

怎样表扬孩子

小言数学单元测验考了100分，拿着孩子的卷子，小言的妈妈心里说不出的高兴，她一边签字一边说："我们小言就是聪明，什么事都做得顶呱呱！说！想吃什么、想要什么，妈给买！"小言坐在那里洋洋得意地笑着。

大伟拿着自己获了奖的手工作品给妈妈看，大伟妈妈看了一眼后说："做得还挺像的，别老弄这没用的东西了，好好把你的书看看、作业写写比什么不强，考试又不考这个！"大伟觉着还不如不给妈妈看呢，夸了自己一句却招来一大堆的数落，真没劲！

每个孩子都需要别人的表扬，特别是来自老师和家长等成人的表扬，对他们来说尤显重要。即使是大人如果离开了别人对自己适当的赞扬也会缺少工作、学习的动力，孩子们更是毫无例外。一二年级的孩子所做的许多事，并不是为了实现自己的什么理想和愿望，他们更多的是为了得到老师和家长的表扬，在学校，我们常常看到一个个非常调皮的孩子为了得到一个好苹果的奖票十分努力地约束自己。有时，老师或家长早已记不起来的一句表扬的话会一直影响着一个孩子，甚至是他的一生。由于得到表扬，孩子们会更加积极努力地做好更多的事情，表扬意味着他们的行为被成人的认可；意味着在即将成为别的孩子的榜样，因此他们每每用期待的目光投向老师、投向父母，只为能够得到他们的表扬。但是并不是所有的表扬对孩子都有激励作用，表扬的方式必须适合孩子，而且要有一些技巧。

不要对孩子吝啬你的表扬。有的家长对孩子的要求过高，当孩子做得不错时，他们往往从成人的角度出发认为这没什么，他们认为只有孩子做得非常出色时才能稍微得到一点表扬，否则孩子会骄傲的，实际上这种想法是十分错误的，因为过高的要求只会使孩子觉得自己的能力过低，甚至

产生自卑感,更为严重的是这一阴影可能会遗留到他们成年以后。

家长在表扬孩子时应针对他的具体行为而不是一好遮百丑。如:你能自己把房间收拾得这么整齐,真是太棒了;今天你的口算练习比前两天快了许多,而且全做对了,进步真大。而不应是因为孩子得了一个100分,就说:我家某某就是聪明;你真是太棒了,无论什么事都做得好……

表扬不要成为孩子的负担。有时家长怕孩子骄傲就会一面表扬孩子一面要求孩子不要自满,你的某某方面还有许多问题,不改正某方面的错误,就算是这件事做得再好也没什么用等等。原本令孩子高兴的事却使他非常扫兴,并且觉得压力和负担更重了,这样的表扬是得不偿失的。

表扬孩子要及时,要注重实效。有时家长由于忙于做自己的事,对孩子好的行为虽然想给予表扬却耽搁了,当家长过后再表扬他们时,他们看上去好像无所谓,这样的表扬对孩子几乎没有什么激励作用,可以说是无效的,因此无论您有多忙,一定要在孩子做出好的行为后马上加以表扬,哪怕只有一两句,这样才能使孩子好的行为得以固化。因为表扬往往具有时效性。

表扬孩子要注意发现孩子身上的闪光点。孩子对他们平时已经做得很好的事所得到的表扬并不特别热衷,可是当家长和老师发现他身上的一些优点,而这些优点是别人从未发现过的、甚至是他们自己也没有在意的地方时,他们会十分感激别人对他的表扬,这种表扬对他们来说尤为珍贵。这样的表扬有可能改变一个孩子的一生。

怎样批评孩子

辛小亮和同学简文一起玩的时候总是非常羡慕简文,在他的眼里,简文的父母肯定是世界上最好的父母,他们从不像自己的爸爸妈妈那样,动不动就把自己训得一无是处,本来一件不大的小事他们会叨唠起来没完没了,也会当着同学和老师的面说他不争气,反正自己是世界上最倒霉的孩子,没有一天不挨说,只要对爸爸妈妈有丝毫的不耐烦,他们就会说:“说你是为你好,别人让我们说我们还不说呢!”

批评孩子是每个家长都曾做过的事情,有句老话“打是疼,骂是爱”似

乎已成为父母教育孩子的重要依据,自古以来家长在教育孩子时往往只从自己的角度出发,居高临下很少考虑到孩子的意见。每个孩子都是有自尊心的,即使是那些看上去满不在乎的孩子,他们也害怕在别人面前丢面子,特别是在自己的小伙伴面前,更是他们难以接受。有个孩子因为母亲在学校门口当众辱骂他,他在反复恳求不起作用的情况下,猛地扑向母亲使劲地咬了母亲一口。这自然是很极端的例子,但从另一个方面说明了家长简单粗暴的批评对孩子的伤害。这样的批评不仅不能帮助孩子改正缺点,还会引发孩子的逆反心理,久而久之还会使孩子与父母之间产生一种敌视感。比如:有的孩子认为父母不爱自己,甚至怀疑自己不是亲生的,由此带来许多不必要的烦恼。

批评是必要的,但一定要讲究方式方法。批评孩子要适时。当孩子犯了错时,不要因为怒火中烧,马上就向孩子开火,不给孩子留任何的情面,如果是在学校或公共场合,可以告诉孩子,“你自己想想这件事做得对不对”,回到家后再对他的行为进行批评,这时孩子已经对自己的行为进行了反思,再批评教育他,他能很快地接受意见,也不会伤及孩子的自尊心。

批评孩子还要适度。想想看,为什么我们常说“这件事我都说过多少遍了,你怎么总是改不了!”这样的话,可见虽然我们时时对孩子进行着批评教育,可效果却与理想中的相差甚远,家长如果在批评孩子时只图自己一时痛快,说起来没完没了,结果是孩子人虽在,但耳朵却被“保护性”地藏了起来,任你说一千道一万,他自当是没听见,那“效果”二字又从何谈起呢?恐怕是您费尽唇舌,只是把愤怒发泄出来而已,对于孩子并不见得起什么作用,不如让孩子自己说说,他们并非完全认识不到自己的错误,只要稍加引导,严肃的表明您的态度和希望,这种适度的批评可能对孩子的帮助更大。

要批评孩子的行为而不是孩子整个人。许多孩子最怕的就是自己一犯错,爸爸妈妈新账老账一块算,只要一件事做错了,自己便一无是处,平时自己的好全然不见了,直至被父母批得体无完肤,似乎浑身都是缺点才算完,孩子听了一大堆批评的话,最后反倒搞不清楚家长到底要说他什么

了,不仅无助于他的改错,而且反反复复否定孩子的一切也使孩子渐渐对自己产生怀疑,以至丧失应有的自信。

批评孩子千万不可用辱骂性的语言。家长是孩子的榜样,如果您不希望孩子学会不文明的话,最好您平时也不要说,即使是在情急之下也应注意自己的语言,应该知道,辱骂并不能使孩子改正缺点,只可能伤害孩子,甚至增加孩子的坏毛病。

怎样听孩子说话

李立今天可高兴了,在学校他被班里的同学评为“快乐学习小主人”,美术孙老师还选他代表学校参加艺术节上的画展,一放学他巴不得飞回家赶紧把这些好消息告诉爸爸、妈妈,李立越想越美。一进门,他大声嚷着:“妈妈,我有事跟您说!”看见妈妈正在厨房做饭,他马上跑到门口急匆匆地说起来,只听妈妈厉声说道“出去,别在这捣乱,有什么事待会儿再说!”李立扫兴地离开厨房,被爸爸看见了说道“什么事呀?”看到爸爸想听他说话,李立的精气神又来了,他开始滔滔不绝地说了起来,说了一会儿他发现爸爸手里拿着报纸专心地看着,直到他大声说“爸爸,你听见我说的了吗?”爸爸这才抬起头来问“什么?”李立伤心地叫道“我再也不跟你们说了!”便一头跑进自己的房间去了。

孩子虽小但也需要与他人交流、得到别人关注,许多家长在孩子上小学高年级或初中时,突然发现孩子的心里话不再向家长诉说,而是有事就与自己的同学商量,家长与孩子之间的隔膜已经很深,殊不知,这一切往往正是家长自己造成的。传统的家长作风专制、不民主,家长在与孩子交流时,并不把孩子当做一个有独立思想的人,而是当做一个被动接受教育的、能听家长话的工具,在家庭中,孩子的话从来不被重视,大人总是觉得他们幼稚,他们所认真的许多事在家长眼中觉得是那样的可笑……孩子的世界与成人的世界是不同的,要想了解孩子、进入孩子的内心世界就得学会听孩子说话。

听孩子说话要有耐心。低年级的孩子语言表达能力并不都很强,有时候一件简单的事情被他们绕来绕去,听得大人像雾里看花,摸不着头脑。

这时家长很容易急躁，甚至训斥孩子“想清楚了再说”。孩子与家长的谈话受挫，时间一长也就逐渐放弃了和父母交流的愿望。遇到前面所说的情况，家长可以抓住其中的几个问题进行提问，一方面可以弄清孩子到底要说的是什么，另一方面可以让孩子感到你对他所说的很重视，听得很认真，可以增加孩子对父母的信任感。听孩子说话要专心。专心听别人说话是对别人的尊重，孩子也需要这种尊重，当他感到受到了尊重时，说起话来会更加自信，并且从父母的身教中学会了如何尊重别人。听孩子说话要精心。孩子在与父母聊天时，常常代表着他们的一些思想，家长应从他们的话中，了解他们的思想动态，及时地与孩子交换意见，对孩子进行有针对性的教育。听孩子说话要用心。家长在听孩子说话时，一定要有所反应，孩子说到高兴的地方可以和他一起哈哈大笑，孩子说到伤心的地方时，可以表示自己的同情和理解，孩子谈起某些事时，家长可以和他一起分析、评论，这样可以让孩子感到自己的父母是最理解自己的人，使孩子养成与家长进行沟通的好习惯。

如何同孩子说话

星期天，小明的妈妈做了一桌子的菜，让大家改善一下生活，可这时小明正在做作业。爸爸不耐烦地催促着：“别写了，先吃饭，听见没有？”。小明听了理也没理。“嗨，你这小子，连爸爸的话都不听了，是不是又找打呢？”妈妈听不惯了，狠狠地打了小明爸爸一下，责怪地说：“连话都不会好好说，可别吓着孩子。”说完走到小明身边，搂着小明疼爱地说：“乖孩子，妈的心肝宝贝，先吃饭，妈还给你做了你最爱吃的丸子……”还没等她说完，小明已不耐烦地放下笔，皱着眉头来到桌前。

这两位家长对孩子说话的方式方法是截然不同的，爸爸的话是命令的口气，没有任何商量的余地，往往使孩子难以接受。孩子随着年龄的增长，渐渐有了自己的主见，他们需要大人们的理解和尊重。可大多数家长一般不太重视孩子的人格和自尊，往往认为孩子不懂事，认为大人的话不能违反，孩子只能听从。这样管教下的孩子将成为一个没有思想，只能听人摆布的小棋子。孩子不光不爱听爸爸的斥责怒吼，也不爱听妈妈那‘甜言蜜

语’。心肝、宝贝让孩子们感到自己被看成永远长不大的幼儿。他们想对妈妈说:“别这样叫我了,同学们都笑话我了,我都长大了。”

对孩子说话看似简单,其实很有学问。有的家庭和和美美,父母与孩子关系融洽;有的家庭由于家长与孩子说话没讲究方式方法,长期下来,孩子与家长之间形成一条代沟。因此与孩子说话要注意以下几点:

(1)了解孩子的不同年龄特点,不断改变说话方式。婴幼儿年龄小,世上的一切对他们来说都是陌生的,这时他们需要大人们的呵护和指点。这时孩子们正处在他律阶段,家长可利用他们的威望,用温柔浅显的语言同他们讲话。“乖,别动,很烫。”“宝贝,多吃菜,长高个。”孩子一天天长大,等他们成为小学生时,家长们会察觉到他们不那么听话了,命令的话他们不敢不照着办,对妈妈过多的关怀嘱咐也往往感觉腻烦。这时他们开始进入自律和独立意识开始滋长的阶段。父母们应改变说话的方式,如“你先来吃饭,吃饭后干起事来效率会更高”。

(2)以理服人,鼓励为主。孩子们上学后随着知识的增长,有了许多自己的想法,甚至觉得自己幼稚的想法是正确的高明的。这时家长们不如在对孩子们说话前先让他说说他的想法,在您聆听的过程中,抓住他想法中不当或错误的地方,用温和的态度说出它的利弊所在。当孩子明白事理后,您再说出您的看法,他会欣然接受的。因此和孩子说话时要以激励、表扬为主。孩子们有较强的自尊心,激励、表扬的话语使他们相信自我,有助于他们与困难做斗争。“孩子,我相信你能行。”“这次的数学考试计算部分虽然扣了5分,但是比以前有很大进步,我知道你不笨,只要这样坚持下去你一定会取得更大的进步”。

(3)批评要注意方式方法。人人都有自尊心,孩子也不例外,在孩子的成长中会做许多错事,这时家长的帮助十分重要。这就要讲究批评的艺术,在公共场所,在亲友中间不要当面批评孩子,揭他的短,单独讲效果会更好些。另外,批评可用旁敲侧击法。例如借助孩子爱看的故事、学过的课文、寓言或小笑话启发孩子思考,从而体会出自己的不足。批评时换成和缓的诱问句,例如孩子的作业,字写得潦草,“写得太乱了,重写!”不如换

成“这是什么时候写的，可不如你先前的字工整，来，我帮你擦了，妈妈还是喜欢你那工整清秀的字体。”这样的口气孩子易于接受。

与孩子说话的方式还很多，还有待各位家长根据自己孩子的特点去探索。总之，说话的艺术性是沟通家长与孩子心灵的桥梁。

一定要得100分吗

看着明明的成绩册，明明妈妈是又着急又生气。刚一年级各门功课就都只是八九十分，到了高年级可怎么办呀？她边走边想。一进家门，明明妈妈就大声对明明训斥道：“人家安伟平时成绩还不如你呢，这次考试都得了双百，你到底是怎么回事？”明明胆战心惊得站在那里，头垂得低低的。

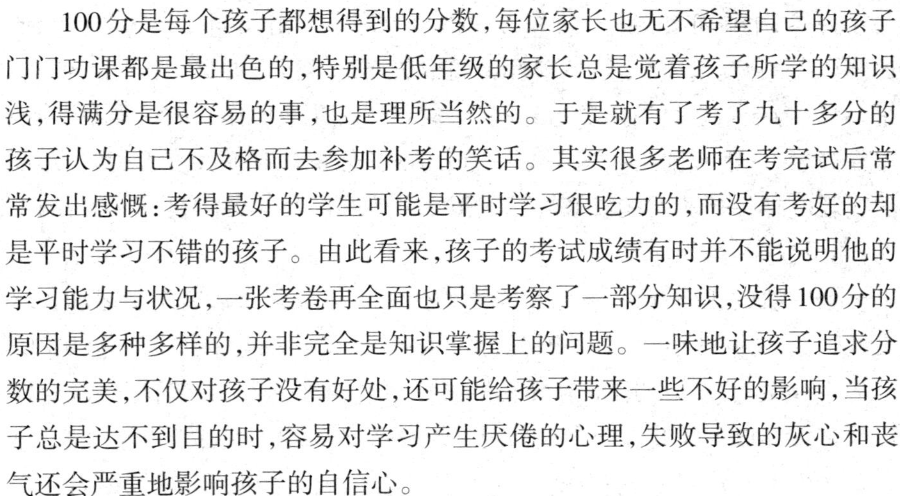

100分是每个孩子都想得到的分数，每位家长也无不希望自己的孩子门门功课都是最出色的，特别是低年级的家长总是觉着孩子所学的知识浅，得满分是很容易的事，也是理所当然的。于是就有了考了九十多分的孩子认为自己不及格而去参加补考的笑话。其实很多老师在考完试后常常发出感慨：考得最好的学生可能是平时学习很吃力的，而没有考好的却是平时学习不错的孩子。由此看来，孩子的考试成绩有时并不能说明他的学习能力与状况，一张考卷再全面也只是考察了一部分知识，没得100分的原因是多种多样的，并非完全是知识掌握上的问题。一味地让孩子追求分数的完美，不仅对孩子没有好处，还可能给孩子带来一些不好的影响，当孩子总是达不到目的时，容易对学习产生厌倦的心理，失败导致的灰心和丧气还会严重地影响孩子的自信心。

对待考试分数家长先要端正态度，不要把孩子的考试分数作为与他人攀比的材料，也不要单纯地从分数来衡量孩子的学习，孩子对知识的掌握远比分数重要得多！拿到孩子的卷子看到分数，不要急于批评或表扬，可以先看看题目的难度，再看看孩子做的情况，如果题目较难虽然没有全对，但多数题目做得不错，应对孩子加大表扬，这样可使孩子增强克服困难的勇气，在以后的学习中会更加努力。如果题目难度不大，孩子又有一些错题，家长应耐心地和孩子一起分析错误原因，是知识性的错误可以给孩子进行讲解或向老师寻求帮助；若是粗心大意导致的错误，可以抓住这个机

会对孩子进行教育(切忌:不是指责和说教!)。有的孩子把分数看得很重,没有得到100分就生气、哭泣、发脾气、觉着丢人,这就需要家长做孩子的工作了,首先应肯定孩子的上进心,然后要告诉孩子:妈妈、爸爸最关心的并不是你的考试分数,而是你是否掌握了所学的知识,只要是你尽了最大的努力,爸爸、妈妈都会高兴的。我们一起来看看问题出在哪,改正错误,下次还有取得好成绩的机会。

一定要送孩子“上班”吗

有一位父亲,自儿子三岁就逼他学艺,而且颇炫耀其教子经验:“我规定他每天必须干什么,不准干什么,不依,我就狠揍!”至十岁,儿子不仅弹一手好琴,书画亦略通一二,并有一幅画着许多自由飞翔的小鸟图在当地比赛中获头奖。一时令这位曾怀一腔抱负而终不得志的父亲很是自得、炫耀,自认为十年心血没白费。忽一日,父亲偶见儿子所作一画:一乖巧的小羊在弹琴,一大灰狼龇牙咧嘴站在琴旁,说:“你得一直弹我爱听的曲子,不然我就吃掉你!”聪明的父亲恍然大悟——乖巧的小羊,还有自己飞翔的小鸟,儿子在控诉啊!

据一项权威调查,一些教育发达的国家一年级儿童每周用于运动和玩乐的时间超过18小时,而中国儿童仅为9个小时多一点;中国约有80%的小学生课余时间主要用于学习或参加各种辅导班、培训班,而那些教育发达国家90%以上的儿童课余时间用于文体活动及自己感兴趣的游戏。

父母不合逻辑的期望,想让子女补偿自己当年的失落,无情地剥夺了孩子应有的娱乐的权力,侵占了孩子自由遐想的自由。很多孩子放学之后总是磨磨蹭蹭不愿回家,因为回家之后就得接受父母监督做作业,温习功课,或者画画、练琴。

父母说:“孩子,这一切都是为了你好啊!”

孩子说:“在学校,课间十分钟最短暂;回到家,厕所里面最温暖。”

对于中国父母,最大且最普遍的错误,或许就在于坚定地相信自己所做的都是出于爱孩子。自古流行的说法是天下哪有不爱子女的父母?然而,值得我们警惕的是:父母貌似围着孩子转,事实上则是孩子围着家长的

意志转。父母将孩子作为自己的私有财产和满足自己心理愿望的工具任意塑造。

现代文明已彻底否定了“龙生龙,凤生凤,老鼠生来会打洞”的遗传决定论。科学的结论表明,孩子的天赋能力并非是均衡的。按哈佛大学心理教授霍尔德·加德纳的观点认为,人主要有七种天赋能力:语言、数理逻辑、空间关系、音乐、身体动觉、人际交往和自知能力。每个人往往是一个或几个侧面比较突出,而超常的只占人群的30‰。如果父母按照自己的愿望,对孩子的智力资源进行掠夺性的挖掘,只能增加孩子的负担,制约孩子自我体现、自我发现以及独立性,创造性的发展。

孩子有孩子的特点,不能用大人的标准去要求孩子。家庭教育的效果取决于教育方式,而过于娇纵和专制都是不可取的,前者过分保护,剥夺了孩子自我能力的培养;后者过多干预,限制了孩子自主性、创造性的发展。

在教育过程中,首先,父母要尊重孩子的心理需要,要按孩子的求知兴趣因势利导,法国作家卢梭曾告诫我们:儿童教育不能由你告诉他应该学什么东西,而要由他自己决定学什么东西和研究什么东西,而你呢,则是设法使他了解那些东西,巧妙地使他产生学习的愿望,向他提供满足他愿望的方法。作为父母,切不可一发现孩子过早地在某些方面表现出特殊兴趣,就急不可待地把他安置在训练班中,企盼早日成名成家。几岁小儿,他的兴趣完全是自发的,只有巧妙地引导才能使其健康发展,而那种剥夺了幼儿其他一切活动的所谓正规训练,只能使其处于萌芽状态的兴趣过早枯萎。所以,此时不宜早“上班”,培养兴趣才是重要的,否则与其说是给孩子铺路,倒不如说是给孩子筑墙。

其次,不同年龄孩子的生理特征也决定着能不能“上班”,上什么样的班,上几个班……一般情况小学阶段孩子上课注意力时间为15~30分钟,过了这一时间,孩子就会感到疲惫,需要放松,只有休息5~10分钟才能恢复最佳状态,如果给孩子规定的训练时间超出所承受范围,不但事倍功半,而且还会使孩子产生厌恶心理。同样,有些父母期望过高,巴望孩子成为全才,就不顾孩子承受能力,琴棋书画舞……一上好几个班,剥夺了孩子的

自我时间不说，还使孩子身心疲惫，辜负了自己这个忠实“陪读”、“陪练”的一片良苦用心。再说许多成名成家者，并不一定就是小时参加了某某培训班，而成千上万参加了培训班的孩子又有几个长大后会从事此行业呢？大概只会成为自己的业余爱好而已吧，所以，要“上班”不但要合情，更要合理。

最后，说说那些连日常学习都感觉吃力的孩子，无论他学习吃力的原因是智力的还是非智力的，对于他们的“上班”，选择尤为重要，要根据他们的不同特点选择有助于他们智力开发或培养良好学习习惯的“班”。还有一些孩子，日常学习已经使他大伤脑筋，占了他大部分精力，这时选什么班都觉得是负担，就可以不选。

“上班”作为丰富知识，充实课余，发挥特长的一项内容，一定要使它合情、合理，才能促使孩子健康发展，不同情况时可慎选也可不选。

人的才华是通过个性表现和发挥产生出来的。鲁迅告诉青年们：能够大叫，是黄莺便黄莺般叫，是鸱鸮便鸱鸮般叫。

孩子说谎怎么办

点点上个礼拜就和奇奇约好了，今天放学后要到奇奇家玩电子游戏。一放学小哥俩一路小跑地向奇奇家奔去，奇奇新买的游戏卡可真棒，点点一边玩一边嘴里还随着情节的变化不停的嘟囔着，时间过得太快了，不一会两个小时已经过去了，天也渐渐地黑了。奇奇妈回家的开门声“惊醒”了点点，他匆匆忙忙地往家跑，心里暗道：不好，回家这么晚，爸爸肯定饶不了我，赶紧想个主意吧……一进家门，点点大声说道：“今天老师让我帮助班干部出板报，后来我们又做了一会儿值日，所以天黑了才回来。”只见爸爸铁青着脸向他吼道“你老实说，你到底干什么去了？别以为我还不知道呢！”

大多数家长都遇到过孩子说谎的问题，儿童的说谎与成人的说谎是有很大差别的，尽管说谎的原因多种多样，但他们的目的往往是很单纯的。孩子说谎原因有以下几种：①逃避伤害，保护自己。就像前文中的点点，他因为到同学家玩游戏而回家晚了，自己对这种行为可能造成的后果已经有

了充分的估计——爸爸决不会轻饶甚至棍棒伺候，于是他努力想出避免这一事实发生的方法使自己安全过关，这反映的是大多数儿童说谎的心理。②对同学或家人的模仿。当孩子与其他孩子同时犯错时，别的孩子可能由于说谎而免于被家长和老师批评，而自己说了实话，结果却恰好相反，因而觉得说谎是有好处的，也开始进行尝试。有的家长对自己的要求不严，潜意识中认为大人和孩子不一样，像有某些“特权”，答应孩子的事不办，与他人交往时也是真真假假、虚虚实实，孩子看在眼里，记在心中，在适当的时候也会牛刀小试。③为了得到正常情况下很难得到的表扬与关注。有的孩子由于能力有限，很少能把事情做得非常出色，因此受表扬的机会就少得多，为了能使老师、家长表扬自己、更喜欢自己，便采取了这种做法。比如：对家长说自己的作业被老师拿去展览，在全班是最好的；对老师说每天在家都坚持写日记、摘抄好词好句等（事实上根本就没有做）。

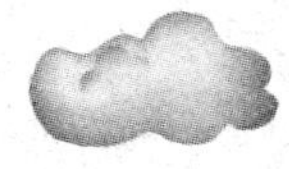

无论何种原因，说谎总是一种不良的行为，要纠正这一行为家长首先要以身作则。古有曾子杀猪不失信于子的故事，家长不妨也作为一种借鉴，对人说话，特别是对孩子说话要言行一致、实事求是，做孩子的榜样。对孩子犯错不要简单粗暴地惩治，使孩子因为怕惩罚而说谎，适当的批评教育是必需的，在孩子认识到了错误的情况下，对他们也应宽容一些，毕竟他们只是年龄幼小的孩子。如果孩子认为说谎有时是有好处的，就要对孩子讲清说谎的害处，孩子只有明辨了是非才会做出正确的行为。对于那些为了获得表扬与关注的孩子，家长应在感情上、生活上、学习上等各个方面多关心孩子，让他们感受到更多的爱。另外，在开始的时候不必戳穿他们的谎言，根据他们说谎的内容帮助他们完成一些可能达到的目标，使他们获得成功感的满足以及真正的表扬，使他们的说谎行为变得不必要而渐渐淡化直至消失。

孩子怕上学怎么办

霏霏是一个二年级的小学生，一年级的时候她是个老师同学都公认的好孩子。可是，二年级刚开学几个星期，她突然不愿去学校上学了。霏霏的爸爸妈妈想了很多办法，又是哄她，又是许诺她，实在不行还吓唬过她，

甚至一向舍不得动手打孩子的爸爸也忍不住打了她。起初,家长的这些做法还能稍微起些作用,到了后来,无论家长怎样的软硬兼施她都不愿上学了,这到底是怎么回事呢?

几乎所有的孩子在开始背上小书包时都是非常喜欢学校、喜欢上学的,可是随着年龄的增长,有很多孩子或多或少都有些惧怕上学了,有的孩子还表现的极为严重。孩子怕上学的原因是有很多种的,有来源于外在环境的,也有来源于自身因素的。在幼儿园,孩子们的学习没有负担,他们的学习以游戏为主,在游戏中学会一些浅显的知识,由于没有考试的要求,所学的知识是否掌握似乎并不像在学校那么重要。在学校中的学习非常正规,每个孩子在哪一年龄阶段、哪一年级应掌握哪些知识都有严格的规定,这就使得家长忽然转变了以往的态度,变得厉害起来,知识学不会轻则斥责,重则棍棒伺候,孩子把给他带来痛苦的这一切都记在了上学的账上。因此,有的孩子在提到上学时,所感受的只是一种痛苦,继而开始以各种方式逃避上学。有的孩子不愿上学是因为自己知道犯了某个错误可能会受到老师的批评,如:上学时迟到了想到老师的批评感到难堪,所以偷偷从学校门口向后转跑回家或其他的地方。有的孩子在校内或独自上学的路上受到一些品行不良的孩子的威胁、勒索,都会使他们产生一种恐惧感,而许多事情又不好跟家长、老师说,于是采取不上学的办法来解决问题。

孩子不愿上学,开始时一般不会直接表达出来,家长通过细心的观察可能发现孩子有如下表现:早上比往常更不愿起床,起床后又有意磨蹭,每天出门前或到达学校门口前的特定时间里突然说自己头痛或腹痛等,马上回家则立即好转,在上学路上情绪反常等等。

发现孩子怕上学,一定不要责怪孩子没出息、懒惰等,主观地认定是孩子不好去质询孩子,只会增加孩子的紧张与恐惧感,毕竟,孩子不愿上学是每个家长都不愿遇到的事。若是您的孩子出现这种问题,您最好先冷静地向孩子了解情况,可以对孩子说:“我知道你不愿去学校一定有你的原因,你愿意告诉我,让我帮帮你吗?”根据孩子所说找出问题出现的原因再决定解决的办法。如果孩子是因为怕吃苦或对所学的知识感到困难,就要深入

浅出地给孩子讲些道理，让最贴近孩子生活的事实说话，让孩子有所感悟并且能够自己教育自己。如果孩子是因为犯了错怕老师批评，家长可鼓励孩子勇敢地承担责任，告诉他：任何人都可能犯错误，是自己的错误就要自己承担，这并不是什么难堪的事情，真正的羞耻是不肯改错而让别人笑话。如果孩子是因为在学校或上学路上总是受到骚扰，家长一定要对此加以注意，这不仅关系到孩子可能受到伤害，还会影响孩子形成良好的性格。家长应交给孩子一些自我保护的方法，让孩子勇敢一些，对于一些品行不良的孩子的欺负、威胁要及时告诉老师，若是在校外，一发现问题尽快回学校或家里找老师和家长，不要怕他们。另外，家长在了解了情况以后还应找孩子的班主任谈一谈，请老师对自己孩子的情况加以注意，并可留下自己的详细的通讯方法，与老师密切联系，尽可能地改善孩子的外部环境，让他有安全感，这样才能真正缓解孩子的压力，从而改变怕上学的行为。

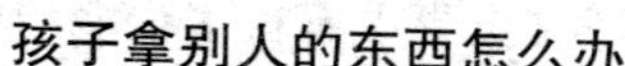

孩子拿别人的东西怎么办

小义今天放学被老师留下了，妈妈来了以后，老师向她反映了一个非常严重的问题：小义在课下偷偷拿了同桌小灵的油画棒，当老师问起的时候他还说不知道，最后还是同学告诉老师看见是小义拿的，他才不得不承认。小义妈妈听了老师的话不知该说什么好，一方面她从来没有发现小义有这方面的毛病，因而有些不敢相信；另一方面她觉着老师多半是不会冤枉孩子的。临走的时候，小义妈妈向老师表示：回家一定要弄清此事，配合老师对孩子进行教育。

低年级的孩子年龄小，对是非的分辨能力是有限的，虽然他们知道什么是小偷的行为，甚至在同学拿了别人的东西以后也会指责别人，但当事情发生在自己身上时，他们的看法又是另一样。多数孩子拿别人的东西是出于喜欢与好奇的心理，他们看到别人的“好”东西，自己也想拥有一个，看一看、玩一玩，有时他们只是“借用”一下，玩过以后也会悄悄归还，有时他们却由于忘了或实在太喜欢这东西而没有归还。这一年龄阶段的孩子虽然已经有了一些道德观念却还未内化为自己的需要，他们的行为目的是很单纯的，当别人指责他们是偷窃行为时，他们会极力反驳，甚至感到受到了

严重的伤害。也有少数孩子拿别人的东西是出于嫉妒心理,他们的家境往往并不差,但是当他们看到别人有比自己好的文具、学习用品时,十分嫉妒、不能容忍,他们拿别人的东西的目的常常不是据为己有,而是悄悄扔掉或毁坏。更有极少数的孩子是已经形成了拿别人的东西的坏习惯,他们从小在这方面没能得到家长较好的教育,或者受到了身边具有这种不良品质的人的影响。有这样一个孩子,从小由于父母工作很忙无暇顾及她,她一直是由保姆带起来的,恰好这个保姆手脚不太干净,孩子看在眼里渐渐地试着干,当家长发现时,孩子的这种行为已经存在好几年了。

在社会上无人不憎恨偷窃行为,没有哪个家长愿意自己的孩子成为那样的人,因此从小进行教育、从小事进行教育是十分必要的。首先家长要对这一问题有个正确的认识:既不要把这一问题看得过轻,认为孩子大了自然就会懂事了,而不对孩子加以教育;也不能把这一问题视为洪水猛兽,把孩子说成是小偷、贼等。家长应该告诉孩子:“世界上有很多很多的好东西,任何人都不可能全部拥有,别人的东西再好,只是别人的,如果你也想得到可以向家长提出,确实需要的爸爸妈妈可以给你买!如果你想向别人借用或看一看,必须经过别人的允许,这是一个懂礼貌的孩子肯定能做到的事。”在教育孩子时,可以采用情景想象法。比如让孩子想象自己最心爱的橡皮被别人拿走了,自己会有怎样的心情和想法?如果你拿走的正是别人最心爱的呢?通过设身处地的想象,让孩子明白别人丢了心爱的东西会和自己一样难过,拿别人的东西会给别人带来烦恼和痛苦。在孩子认识到自己的错误后,家长千万不可因顾及自己的面子对孩子说句到此为止,下不为例的话就算了,一定要带着孩子主动把东西还回去,并让孩子诚恳地向对方道歉,在此之后可以告诉孩子自己的感受:“本来妈妈(爸爸)对这件事觉着很难堪,但是一看到你能主动的承认错误并且真的想改正错误,真让人高兴!”对于极少数已经形成习惯的孩子,家长应加强对孩子的观察注意,发现不良影响源应及时处理,并且让孩子知道这种行为是让所有的人痛恨的,如果不改,后果是非常严重的。可以根据孩子的接受能力,讲一些通俗易懂的小故事,使孩子知道事情的严重性,产生恐惧唤醒效应以增强

其改正的决心。

孩子做作业时家长做什么

A:“七条、么鸡……哈，一条龙还是自摸，给钱，给钱！”宣宣使劲堵着耳朵，眼睛看着作业本上的题目，心理算着，“48÷2-5等于几”，“砰”的一声吓了宣宣一大跳，原来是爸爸打出了一张牌发出的声音，他不禁向牌桌上张望过去，“别东张西望，快写你的作业，用心一点，干自己的正事！”宣宣无奈，只得又开始做作业，忽然他看见了桌上的游戏机，就放下作业，开始玩了起来……

B:“快写呀，真笨，简直是个榆木脑袋，这道题给你讲几遍了，还不会！擦了重写。”

低年级的孩子作业不多，一般可在学校做完，很少的一些是在家中完成的。若家中事务繁杂，人来客往，孩子做作业时难免会分心，有的会放下作业参与到其他一些活动中，最后可能导致作业完不成；有的孩子感到心理不平衡：为什么大人就可以随心所欲，想玩就玩，而自己却不行，因此觉得委屈；严重者可能对学习产生抵触情绪，甚至厌学。有的家长则对孩子过度关注，孩子写作业他(她)坐在旁边，指指点了妈妈温柔的声音：“孩子，爸、妈相信你是最棒的，我们工作忙，不能陪你去比赛，这更会锻炼你的意志，你一定会战胜那些娇滴滴的‘公子’。”有了妈妈给的坚强后盾，孩子不再感到孤立无援，他奋勇拼搏，终于折桂而归。

其实，每个孩子都会成为最好的。关键在于看家长如何激发孩子身上的潜能。一名跳高运动员，可以轻易跃出2米的高度，但多半他却不敢跃出2米高的墙；一个跳远运动员可以轻易跳过7米远，但他却多半不敢跳过同等距离的河。原因何在，是因为他心底存在恐惧，没有安全感。孩子也是一样的。

当一个孩子涉世不深，初窥这个花花绿绿的世界时，他内心的好奇感中会不由得夹杂着一些恐惧，只有家长对孩子坚定的期望，信心和无私的帮助才是孩子成功的重要保证。

生活习惯

孩子要不要参加劳动

公共汽车上，两个妈妈聊了起来："昨天晚上，我儿子说他们老师让在家建立一个家庭劳动岗，要帮我刷碗、倒垃圾。你说我哪舍得用他呀，再说他才10多岁，哪干得好这些活儿。"

"也真是，现在不比从前那会儿，就这么一个宝贝疙瘩，爱都爱不过来，还让他们干活儿？咱们那会儿受够了苦，可得让咱们的孩子好好享享福了。"

父母爱孩子，天经地义。尤其现在又都是独生子女，父母更是捧在手里怕摔了，含在口里怕化了。这些孩子便成了家里的"小皇帝"、"小太阳"。于是，全家围着孩子转，真是"俯首甘为孺子牛"，帮孩子收拾书包，替孩子到学校做值日……孩子衣来伸手，饭来张口，更是要星星父母不敢摘月亮。表面上，孩子可算是幸福之极，但是这种父母包办代替的做法实际上却害了孩子。可以想象，我们的孩子将来四体不勤、五谷不分，当他们离开父母独立生活以后又将是什么样呢？一个连自己的事情都做不好的人，怎么谈得上为国家为人民办事做贡献呢？这样的孩子又怎么能成为跨世纪的主人？因此，家长不要用自己的千辛万苦，去换来孩子的懒惰与无能！

父母爱子女要有理智。作为父母都望子成龙，望女成凤，那么就应该教育孩子从小懂得劳动最光荣，是劳动创造了一切；就应该培养孩子的自理、自立能力，让孩子养成热爱劳动的好习惯，掌握最基本的生存能力。

家长应配合老师建立家庭劳动岗，分配给孩子适当的家务劳动。如：擦桌、刷碗、扫地、铺叠被褥等，由少到大，由少到多，由易到难。

孩子初做时，家长应当在旁边多指导，教给方法。当孩子遇到困难时，不要包办代替，应鼓励孩子自己多动脑筋想办法解决。若孩子解决了问题应及时表扬，不要怕孩子出错。即便在劳动过程中出现伤痛或打破家什，也不要责备孩子。要鼓励孩子分析原因，吸取教训。俗话说吃一堑长一智，做错了，改过来，这不就是孩子学习的过程吗？

当然，现在的孩子学习任务很重，作为家长要调配好二者关系。可以在学习间歇、双休日、节假日适当让孩子参加劳动，使脑力劳动和体力劳动相结合，并通过劳动，锻炼孩子的劳动意识，增强他们的独立性、自主性，并在劳动过程中获得知识和快乐，理解家长的辛苦，自动养成体贴老人、孝敬父母的良好心理品质。

怎样安排孩子的作息时间

桐桐就要成为一年级的小学生了，桐桐的妈妈最近常常向周围的几位姐妹请教有关孩子上学的问题。今天午休时间的话题是“怎样安排孩子的作息时间”。

一个说：“孩子早晨上学，晚上放学回家，吃饭、睡觉，有什么好安排的。”一个说：“话不能这么说。孩子上学以后，作息时间，生活内容发生了很大变化，必须安排好孩子的作息时间，让孩子尽快适应小学生活。”一个说：“孩子的好习惯，坏习惯都是从小养成的。合理的作息时间有利于孩子养成良好的生活、学习习惯，有利于孩子的身心健康和学习。很快，大家统一了认识——应该为孩子安排一个科学的作息时间。

然然已经上四年级了，是个品学兼优的学生。然然的妈妈应大家之邀介绍了帮孩子安排作息时间的经验：一树立、三注意。

首先要树立孩子的时间观念，培养孩子做事专一，抓紧时间的习惯。

三注意：①注意让孩子早睡早起，让孩子有充分的睡眠，保证孩子的身体好。②注意让孩子能精力充沛地学习，保证孩子的学习好。③注意孩子的年龄特点、兴趣爱好，安排好孩子的业余生活，保证孩子的心情好。

孩子上学以后有了学习任务，活动也增加了，比上幼儿园时能量消耗得多，中午没有午睡了。因此必须让孩子有充足的睡眠时间。早晨要给孩子安排好吃早饭的时间。现在一般学校都安排了下午课后管理班，由老师辅导孩子完成作业。放学回家以后，要问问孩子是否完成作业，让孩子洗洗手，喝点水，少量吃点水果，稍加放松。如果孩子还有没完成的作业，让他首先完成作业。如果孩子已经写完作业，让孩子再认真地检查一遍。在家长做饭的时间可安排孩子看看动画片；看课外读物；室内外游戏……晚

饭后，家长可检查一下孩子的学习情况。如：听听孩子读书，听写一些语文字词，练一些数学口算题。等孩子上中、高年级以后再让他们学会预习第二天的课程。最后要让孩子看课程表、记事本，再回忆一下老师还有什么要求，准备好第二天的学习用具，洗漱后就可睡觉了。

桐桐的妈妈听了这宝贵的经验，很受启发，根据自己家的情况为孩子制定了一个作息时间表。

早6:30起床，洗漱完毕吃早饭。

7:20出家门。

晚5:20到家稍加休息。

5:30～6:30写、查作业；看电视；读课外书等。

6:30吃晚饭。

7:00～7:30家长检查孩子的学习情况。

7:30～8:30弹钢琴。

9:00睡觉。

第二天，桐桐的妈妈把这一时间表给姐妹们看。大家都说不错，但必须通过实践才能知道安排是否科学可行，然后根据实际情况再进行调整。有了这个框架，孩子在家的学习，生活也就有“法”可依了。

孩子上学后的第一次生病怎么办

邻居的孩子生病了，我去看那孩子的时候，他正躺在床上，他母亲正在床边坐着，一边看书，一边轻拍着孩子。孩子得的是轻度感冒，已经三四天了，一直在家里，耽误着课程。我问：“孩子好些了吧？”孩子的母亲说：“其实没什么大不了的，昨天就全好了，可以去上学了，可他硬是赖着不去，你说怎么办？”以前，一个同事的孩子生病，同事那几天很忙，很少照看孩子，而孩子却一天课都没有耽误，硬是挺了下来。

两件事，大致可以反映出现今孩子入学后第一次生病的心情。入学后，孩子的压力比起以前来说要大得多，无论是学习压力还是心理压力。尤其是初入学的一段时期，被称之为过渡时期，这一时期内，生活与心理都处于相对微弱期，所以患病的机率要比平时大一些，家长在这段时期内，应

多关注一下孩子的起居、饮食及心理状态的调整，做好预防工作。

但孩子万一生了病，家长又该怎么办呢？一般来说，每位家长都有自己独到的见解以及从各种途径得到的丰富经验。不过，下面的方法也许会给您提供一些帮助。

孩子生病，是家长极不情愿看到的事，但事情既已发生，就应该帮助孩子早日康复。对于家长来说，应该尽量多抽出一点时间陪伴孩子，给他讲一些故事什么的。另外，要注意学校中的事，把老师布置的作业转告于孩子，让其尽力去做一下。在实在不能到校上课的情况下把功课继续下来，有必要时，可以请老师到家或同学到家，帮助孩子复习功课。另外，要分析孩子的病因，给孩子讲一些卫生常识，以防下次再因此而得病。

前文提到过两件事，其实都存在一定的误区。有的孩子有这样一种心理：好不容易生病了，可以多在家待几天，舒服一下，甚至可以错过考试。这种孩子，多是因对学校生活不适应或学校生活极不得意者。那么，家长可以帮助孩子分析造成其在校现状的原因，帮他去掉心中的那片阴云，恢复其信心，让孩子感到：你是十分信任他的。他也有信心在以后的学习生活中取得进步。一味的纵容孩子，是断不可行的。第二种孩子则是个性较强，极具毅力的孩子，他们不能耽误学业是十分正确的，但一味地硬撑着去上学，一来学习效果不会太好，二来身体容易被搞垮。而他的父母的做法也是极其错误的，他们再忙，也应该抽出陪孩子的时间，孩子很要强，但他们也应该全面把握，在孩子病情较重时，一定要让孩子在家休息。

总之，孩子入学后第一次生病，家长要从两个方面来把握，一是孩子的身体，二是孩子的学习。既要帮助孩子及早康复，又要保证其学习的进步。

我的孩子是不是有多动症

凯凯妈妈今天又被老师请到学校去了，这是自凯凯上学半年以来的第几次，凯凯妈都记不得了，至于老师请家长的原因，她想都不用想就知道一定和前几回一样，宝贝儿子总是乱动，一分钟也闲不下来，上课不专心听讲，在课上捣乱——以前她总觉着孩子小，大一点就会好了，可谁知，都上学了，这个问题越来越突出了，老师还几次拐弯抹角地跟她说孩子大概有

多动症，最好带凯凯去查查。现在她自己也开始怀疑：凯凯真的有多动症吗？

多动症一词一传入中国就开始引起了家长、老师的注意，当孩子好动很少安静下来时，往往被扣上多动症的帽子，似乎只要好动就一定是多动症，事实上这种认识是极不科学的。多动症实际上是一种注意缺失障碍，多动只是其中的一种症状，世界卫生组织对多动症所列举的症状为：

(1)难于在教室里静坐；

(2)容易兴奋冲动；

(3)常干扰其他同学；

(4)做事会丢三落四，有始无终；

(5)难于集中听课，边做作业边玩；

(6)一旦有要求必须马上满足，不满足情绪马上发生变化；

(7)话多、大声嚷、爱插嘴；

(8)难于遵守集体纪律；

(9)学习困难(非智力原因)；

(10)动作笨拙(系鞋带、解扣子等精细活动)不协调。

如果一个孩子具有以上情况的四点，并持续半年以上的可以考虑是否患有多动症，并及时找儿童心理医生进行进一步的检查、鉴定、咨询和矫治。

真正患有多动症的孩子并不很多，我国的专家学者也就这一问题进行了我国儿童多动症发病率的统计，结果表明患病率在3%，且男孩多于女孩。由此可见，我们身边并没有那么多患多动症的孩子，所谓某个孩子有多动症只是家长老师仅从字面上理解它的含义而造成的“冤假错案”。好动是孩子的天性，俗话说：“七岁、八岁狗也嫌。”低年级的孩子正处于这一年龄阶段，因此，在成人眼中的好动、不安静对于大多数孩子来说是正常的。

如果怀疑自己的孩子患了多动症，不妨用一种简单的方法对孩子进行观察，即注意孩子有没有感兴趣的活动，如：看动画片、做游戏等，若孩子在

看动画片时专心致志、做游戏能遵守游戏的规则或表现得与其他孩子无异，那么可以肯定地说您的孩子根本就没有多动症，他只是一个非常活泼的孩子。注意：千万不要轻易地给孩子下结论说他们有多动症，对孩子们来说“你有多动症”这句话不仅带有大人的指责，而且还会深深地伤害他们幼小的心灵。有的孩子会由此产生严重的自卑感，觉着自己有“病”，即使再怎么努力也没有用，有的孩子甚至因此更加放纵自己的行为。对于比较好动的孩子需要加强的是遵守纪律的教育，培养他们良好的行为习惯，并且根据孩子的实际情况分析他所存在的问题，采取各种有效措施来帮助孩子。比如说孩子经常在父母面前吵吵闹闹、乱蹦乱跳，这也许是孩子想引起家长注意的一种方式，家长可以多花些时间和精力关心孩子、了解孩子，使孩子的情绪得以稳定。

孩子总爱咬手指怎么办

小加有一个坏毛病，经常把手指放在嘴边用牙齿咬手指，每天晚上他的手指都是白白的一片，严重的时候还脱皮甚至流血，令人奇怪的是小加似乎一点也感觉不到疼痛，即使刚刚被家长责骂完，用不了几分钟他可能又在咬了，小加的爸爸妈妈没有更好的办法，只能在他咬手的时候使劲地拍打他的手，使他马上把手放下来，开始的时候好像还有些用，但后来，小加还是管不住自己，索性就变成了咬手挨打，挨打后又咬的恶性循环。

据专家统计约在90%的正常儿童都在小时候有咬指甲、吃手、咬衣服角、咬被角等现象。这种现象一般会延长到5~6岁，但也有部分儿童直到小学阶段这种现象依然存在。如果家长注意观察孩子会发现孩子并不是无时无刻地在咬手指，这一行为往往在孩子情绪发生变化时频率增高，这是因为孩子在利用咬手指这种行为来缓解他们的心理冲突。当孩子对环境产生了紧张与焦虑时（如：马上要被老师批评了；作业又写不完了；好朋友不再和自己玩了……），他们用这一方式来表达他们内心的反抗。有一个孩子每被老师批评以后马上会出现咬手指的行为，当问他咬手指会不会感到疼时，他说：“也疼，不过咬着手指我心里就舒服多了，也就不觉得疼了。”有时家长和老师过高和过严的要求也是强化孩子不良行为的原因之

一。有的家长把全部的希望都寄托在孩子身上,恨不得让孩子无所不能、无所不知,当孩子做得让他们满意时还好说,一旦孩子在某件事上出了差错就会不依不饶,孩子所做的每一件事似乎都是为了讨好父母,他们被自己父母视为骄傲的成果架在了“空中”,每一次新的努力都伴随着对失败的恐惧,在这种心态下,咬手指的毛病更是变本加厉了。另外,当孩子不愿做某事,而又不得不做时,内心的反抗通过咬手指可能会表现得淋漓尽致。

孩子的行为问题总是有它隐藏的含义,因此纠正他们的毛病不能只治标而不治本,对待这类问题的孩子不能歧视,讽刺挖苦。要找到孩子出现问题的真正原因,给孩子以适当的要求;给他们创设一个相对宽松的环境;注意孩子的情绪变化,发现他们紧张焦虑及时帮助他们调整。孩子在咬手指时,家长不要反复强调“不要咬手指!”,或者是大声的斥责,而应耐心地告诉他“这是小孩子才做的事,你都这么大了,这样做会让人笑话你的!”孩子是有自尊心的,家长的轻声细语对他来说也是一种约束。另外,在了解孩子可能出现问题的情景后,可以提前转移他们的注意力,比如:让孩子帮忙拿东西,进行一些需要动手的有意思的活动等。对那些问题特别严重的孩子可以在他们的手指上涂上一些紫药水(不要用红药水)或辣椒水,帮助孩子强制性地改掉这一不良习惯。

三、中年级孩子的教育

孩子在进入中年级后，家长要注意孩子的心理活动，思想变化，要给予更多的指导帮助，绝对不要因为觉得孩子大了能"自理"了而放松指引，尤其是要特别重视孩子的纪律教育，教育孩子遵守校纪校规以及公共秩序规范，使学生形成良好的行为习惯，这对于中年级孩子来说是至关重要的。

学习方法与能力

怎样培养孩子的口头表达能力

有些同学课下与同学开个玩笑，聊聊天挺自然，但在课堂或开会发言就不行了，不是张口结舌，就是哼、啊结结巴巴；还有的同学就怕见生人，家里来客人赶忙躲到屋里不敢露面，怕见人说话……

说话是人与人交流的重要工具，当众发言是社会生活、工作交际不可缺少的行为。能言善辩表示一个人思维敏捷、思路清晰，展示一个人的形象光彩度与能力素质的高低，从心理学的意义上讲，语言又是思维活动的外在表现。

因此培养孩子的口头表达能力，适应时代的需要，已被许多家长重视，那么怎样培养孩子的口头表达能力呢？要注意以下五要：

(1)要言之有序，不要语无伦次。"言之有序"就是指说话要有条理，有一定顺序。我们说话的目的是让人听清楚，听明白，如果语无伦次，东一句西一句，别人怎么能听懂呢？怎样有顺序呢？一般说可按一件事发展顺序说，比如说家里发生的一件事，可以先说在什么时间，什么地点发生了一件

什么事,再按开始怎样,后来怎样,结果怎样的顺序说。如果说自己做的一件事,可以按我先做什么,接着做什么,然后又做什么,最后做成了什么的顺序说。还可以按方位、空间位置转换顺序说,也可以按先总述再分述的顺序说。

(2)要言之有物,不要空洞说教。"言之有物"就是指说话要具体生动。少说空泛无味的话。怎样具体生动呢?说话时要适当加以描述。例如:"月亮挂在天空,躲进云层。"就不如加上一些形容词语,比如"月亮有时高高地挂在天空,有时悄悄地躲进云层。"再如:"我今天高兴极了。"不如加上原因,成为"我数学得了100分,全班第一,心里有说不出的高兴。"或"高兴得跳了起来!"所谓具体就是写清楚景物的形状大小样子,写出人物真实感受的样子。

(3)要言之有理,不要说无根据的话。"言之有理"就是指说话要有中心,有自己的见解,主张和依据。说话前要想好自己说话的目的,围绕什么意思和重点说清楚、说明白。不要不分主次,乱说一气。例如:说我爱妈妈,就要想好我喜爱妈妈的什么优点?为什么爱妈妈?怎么爱妈妈?

如果是与别人辩论,就要听明白对方的观点,抓住要点予以反驳。要在关键地方阐明自己的看法。如果是回答别人问题,要听请问的是什么,回答时,语言要简练,答案要清晰,不能所答非所问,糊里糊涂说不清。

(4)要练习当众发言,不要畏惧发憷。当众发言是指在众人面前讲话。这里众人也许是全家,也许是小组,也许是全班,也许是全校或更多的人。学会当众发言是提高自身能力的需要。

当众发言首先需要胆量,要勇敢面对听众,不怕说错。最重要的是要能清晰准确地表达自己的思想感情,这就需要有好的口才。说话要字正腔圆,声音洪亮,吐字清晰,速度不快不慢,语调要有抑扬顿挫,有一个节奏。当众发言还要注意仪表大方,神态自然。说话时要与听众有情感和眼神交流,不要死盯一处,而且要避免小动作和多余的口头语。

(5)说话要注意文明礼貌,不要说粗话脏话。讲究文明礼貌是中国传统美德,我国是礼仪之邦,最讲文明。说话要尊重他人,平等待人,不能强

加于人；说话要注意文明用语，要如春风送暖不能恶语伤人；说话要自然得体，不说过头语；说话声音要柔和，不要过高过低。

家长注意从以上五个方面去训练孩子，要求孩子在方法上，可以灵活多样创造一些好的方法。比如：让孩子多读一些课文、优秀作文，多背一些优秀诗歌；鼓励孩子课上多举手发言，不要怕说错，在家里与孩子多交流，多带孩子参加一些社交活动，与外人多交流，不断培养孩子的自信心，日久天长孩子的口头表达能力就会得到提高。

孩子不会划分课文段落怎么办

“爸，这篇课文怎么分段呀？您帮帮忙！”王明文一边抱着书，一边央求着爸爸。王明文的爸爸是工厂厂长又是大学毕业，但总帮不好儿子的忙。特别是给课文分段，归纳段意这些语文学习上的问题，不知从何处下手，即使分了也拿不准，讲不清楚，一时又犯了难。有不少的同学和家长也遇到过类似的困难，怎样解决呢？我们在这里介绍一些划分段落的方法，供家长辅导孩子参考。

给一篇文章或一篇课文划分段落要抓住三个关键的问题。

第一，要把文章读懂，读明白。要把文章的每一句话，每一段落读明白。摸清文章的脉络，了解事情的前因后果。

第二，要抓住文章的中心。每篇文章都围绕一个中心去写，要抓住、抓准作者写文章的目的，要表达什么情感，说明什么问题。

第三，要理清文章段与段、层与层之间的内在联系。一篇文章的中心都分有几个段落或者几个层次。段与段的内在联系是多种多样的，给课文分段就要通过读文、分析、思考理解段与段之间的内在联系，了解作者布局谋篇，安排层次、结构的方法，抓住了这些结构特征，分段就准确了。

那么，文章的结构安排有哪些特征呢？

一般说有以下几种常用的布局谋篇方法：

(1)按时间先后顺序组织材料；

(2)按方位的转换组织材料；

(3)按事件发展前后顺序组织安排材料；

(4)按不同内容或不同类别组织安排材料;

(5)按先总述后分述的方法或先分述后总述的方法,先总述后分述再总结的方法组织材料。

以上五种有特点的组织材料方法,就是作者布局谋篇的方法,也是我们划分段落的重要参考依据。

如果遇到有些文章作者材料的组织方法并不像上面五种那么明显,还可以采用以下两种方法划分段落:①提取中心段法(提取重点段法)。提取中心段法就是指先确定文章的重点段落也称内中心段,然后再确定其文段落的起止。②小段归并法(同合异分法)。有些文间无明显结构特征,也无清晰突出的中心段落,就可以采用小段归并法。先把每小段意思归纳出来,然后把意思相同或相近的相邻段落归并在一起,不同的分开,这就叫同合异分。

以上七种分段方法可以单独使用,也可以综合运用。同时要掌握分段分层的步骤。

我们拿到一篇文章要按以下五步去做。

(1)粗读:通读全文。

(2)细读:仔细阅读每个自然段,了解内容。

(3)思考:认真思考各自然段之间的联系。

(4)划分:在想好的基础上动手分段。

(5)检查:分好之后,再通读全文,查一查划分得是否合情合理,是否准确,是否符合分段的依据。

怎样提高孩子听的能力

"肖肖,你在干什么呢?"妈妈问。

"我在听午间新闻。"肖肖一动不动地回答。

"噢,新闻讲了几件事?"妈妈追问了一句。

"不知道,乱七八糟一大堆,我也记不住。"肖肖不耐烦地回答。

像这样的情景,在许多小朋友家都出现过,孩子好像坐在那里"认真"地听,可是什么也没听明白。

社会在发展,信息量在不断扩大,提高孩子的听话能力是掌握知识,获取信息的重要途径。心理学研究证明,人们80%~90%的信息是通过视、听获得的。学习很重要的能力是靠听力。特别在实施素质教育工程,培养21世纪合格人才的教育中许多学校教师,家长都十分重视学生听力培养。

听的能力包括哪些内容呢?

听的能力高低的标准是能否听懂别人的讲话,能否听出别人讲话中的主旨和错误。听懂别人的讲话,包括听清、听准讲话的内容、讲话的重点;听懂讲话的中心(主旨)、表达的、叙述的方法等。听出别人讲话中的错误,包括讲话人观点正确与否,包括听出发音不正确,语句重复、不合情理、口头语等语病。

怎样才能提高孩子听的能力呢?

家长是孩子最直接的教师,应当不断提高自己教学能力,学会更多的教学方法,帮助孩子提高各种能力,那么如何提高孩子听的能力呢?

(1)集中精力,边听边记。一段话讲了哪些意思?有几个重点?每个重点讲了什么?听话时必须听清别人讲话的内容和重点。听话和阅读文章不同,阅读文章可以反复看,细细看,不受时间限制,而听说话靠声音传递,说话停止,声音消失,因此必须要集中全部精力。为了避免听前不听后,听后忘了前,必须学会一边听一边用脑子记。

(2)积极思考,边听边想。听别人讲话,不仅要听明白,还要听懂。要懂别人讲话表达了什么情感,说话的目的是什么,用什么方法说的,真正理解别人讲话的意思,这就要求用心思考、分析、领悟。也就是一边听一边思考,一边理解一边体会。

(3)创设条件,多听多练。家长可以创设多种条件,让学生多听多练。如:可以放录音磁带让孩子听;可以选择电台的专题节目让孩子听;可以给孩子讲成语故事,科学家的故事,科技信息,让孩子听;听后出一些题目检查一下看孩子听清了没有,听懂了没有。还可以录下家庭中不同人的讲话,让孩子分辨谁的声音,说话的毛病,练习孩子的听力。

在提高孩子听力时,还要注意两点:

(1)尊重别人讲话,别人讲话时不要打断,要把话听完整。

(2)要多种感官并用。在听话时,注意观察思考,看着讲话人,观察讲话人的神态举止及耳、眼、脑并用。

如何辅导孩子写作文提纲

一天,王刚在家修改自己的作文。他想,妈妈在学校里也教语文,并且是一名老教师,何不……于是,王刚打开本就叫:“妈妈,您快来呀,帮助我写一个作文提纲吧!”妈妈走过来,接过小刚的作文本一看,老师有这样的批语:“作文的要求是‘先列出提纲’你的提纲呢,怎么没写?”妈妈放下作文本追问道:“上星期,老师教你们‘怎样写作文提纲’你怎么不按照要求写作文呢?”小刚漫不经心地回答:“我没学会。再说,我会写作文就行了,干吗非要写作文提纲呢?”妈妈一听,立刻明白了症结所在:小刚不会写作文提纲根子在于思想不重视。

小刚的问题是有一定代表性的。有的同学认为写作文提纲多麻烦呀。有的同学习惯于作文之前打一个底稿,认为底稿比提纲可有用多了。有的同学所写的提纲“似是而非”。不知道提纲的内容是什么,不懂什么是提纲,应当怎样编写提纲。以上这些问题反映出同学们初学编写作文提纲时的通病。

那么,家长同志们如何辅导孩子写作文提纲呢?

1.让孩子明白为什么要写作文提纲

俗话说:宁和明白人吵顿架,不和糊涂人说句话。为什么?因为和糊涂人说不清楚。我们写作文也一定要力避语无伦次、杂乱无章,而应做到前后连贯,条理清楚,重点突出,言之有序。这样才能正确地反映出文章的中心思想。写作文的时候不仅要慎重选材,还要对它们加工,按照反映客观事物、表情达意的需要进行合理地剪裁,精心地安排。

怎样才能安排好作文的材料呢?那就是写好提纲。提纲是整篇文章的一个框架结构,是一篇作文的蓝图。提纲能反映出作者的思路,安排出内容的详略和文章怎样开头、结尾,以及文章的重点。因此,有了提纲下笔时才能心中有数。练习写提纲能从小培养孩子办事有计划的良好习惯。

写提纲绝不是给自己添麻烦，有了提纲就不必写成“草稿”，从而节省写作时间。

2. 让孩子知道怎样编写提纲

写提纲时要按以下步骤进行。首先，根据题目选定的材料和确定的中心，安排好写作的顺序，考虑好先写什么，后写什么。其次，根据中心思想确定好记叙的重点，安排好详略。再次，要考虑好如何开头，怎样结尾，各部分如何衔接照应。最后，将这些思考的结果用简明的文字写出来。

3. 让孩子明白作文提纲的内容

作文提纲的内容包括：题目；中心思想；段落安排。段落安排包括文章开头写什么；中间部分写什么，分几个部分写，重点部分分几个层次，每个层次写什么。还包括各部分之间的呼应等。如下面的作文提纲：

题目：我的愿望实现了。

中心：少先队员应该努力为祖国多做贡献。

段落安排：

开头部分：我的愿望是为祖国多做贡献。因此，积极参加“爱我中华，修我长城”的捐款活动。（自然性开头，略写）

中间部分：为了实现愿望，我攒零花钱。

（1）我决心改掉爱花零钱的毛病，攒钱捐款。（略写）

（2）攒钱也要有决心。举一个去商店买东西时克制自己花零钱的例子。（详写）

（3）我把卖废品的钱积攒起来。（略写）

（4）捐款仪式上，我把攒的钱交给了老师，心情无比激动。（稍详）

结尾部分：我的愿望实现了，为祖国做了一点贡献。（结尾点题，头尾呼应，略写）

总之，家长要让孩子们明白，初学写作文提纲时不妨把提纲写得详细些，然后向简略提纲过渡。如上面的作文提纲要写成简略提纲，只写出题目，中心和大段的段意就可以了。重点的中间部分只标出①②③④四个标号就可以了（标号也可以不写出来）。大段的段意也可以写成小标题的形

式。括号中的“详略”,什么样的“开头与结尾”都可不必写出来。当简略提纲写熟之后,家长还可以帮助孩子们练习打“腹稿”,即“思考提纲”,这样的提纲不必写出来,只在脑子里想好就可以了。这一能力很是符合将来的需要。

另外,家长还要让孩子知道,提纲和作文的段落一致,提纲和文章的中心一致,提纲的顺序和孩子写的文章内容的发展顺序一致。因为有的孩子把作文和提纲看成了“两张皮”,也有的孩子先写完了作文,后再加写一个提纲,往往出现文章的内容与临时加写的提纲相脱离。这是本末倒置的做法,与提纲的指导作用相背离。

孩子作文时没有可写的怎么办

今天是新学期的第一次作文课。王老师给同学们出了一篇作文题是:我喜欢……。不一会儿,“唰唰唰”教室里传来了落笔声。半节课过去了,小玉和有的同学显得与众不同。他们或只写了三言两语,或手摇铅笔杆儿,眼望天花板儿……他们恳求老师再给半天时间,第二天保证交出作文。小玉心里也清楚,他们的“保证”显得是那么软弱无力,因为他们只不过用了缓兵之计,到时交不出作文再想别的辙。小玉甚至天真地想,要是自己的爸爸或妈妈是一名语文老师那该有多好啊!让家长帮助写作文那有多省事啊!

事实上,小玉的想法很有代表性。她所遇到的问题带有普遍性。概括起来,她们所遇到的问题就是“作文时没有可写的”。这个问题既给孩子们带来了巨大的苦恼,也给家长带来了无尽的烦恼。

要想帮助孩子解除苦恼,家长应当怎样做呢?

1.帮助孩子明确学习目的

作文是一项重要的学习任务,也是一种重要的语文能力。家长要引导孩子树立起完成学习任务的责任心,要让孩子明白作文的用处很大。表扬信,倡议书,发言稿,留言条……哪一样不是和作文有密切的关系呢?当他们长大成人走向社会,要经常订计划,写总结,打报告……哪一样和上学时的作文没有关系呢?所以,家长要不断地告诫孩子“少壮不努力,老大徒伤

悲。”要从小努力学习，提高作文的水平，掌握好这一项为社会服务的本领。

2.帮助孩子树立信心，掌握基本方法

家长应当教育孩子勇于克服困难，写作文“害怕”是没有用的，要努力掌握写作文的基本方法。

首先，要引导孩子善于平时留心观察。因为观察是写作的基础。而孩子们恰恰是不会观察，不善于观察。他们只留心自己有兴趣的观察，他们只留意刺激性强的内容，他们只顾事情的大概……这是很不够的。要告诉孩子观察要有顺序，要抓住重点进行观察，观察时要进行分析比较，抓住事物的特点。如，观察一场雨。顺序当然是雨前、雨中、雨后；重点部分显然是“雨中”，要观察在雨中你听到了什么，你看到了什么(这一层又是重点的重点)，想到了什么；这场雨是春雨，秋雨还是夏天的雷雨？因为，家长要让孩子知道，雨和雨是不同的，这个“不同”正是事物的特点。如果家长坚持让孩子学习观察、学会观察，那么孩子在写作文时就可以按观察的顺序写出作文了。

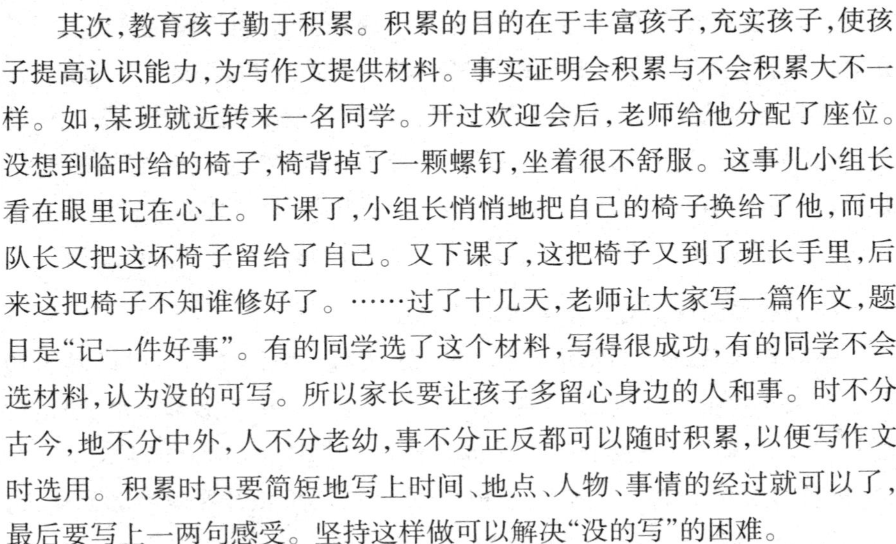

其次，教育孩子勤于积累。积累的目的在于丰富孩子，充实孩子，使孩子提高认识能力，为写作文提供材料。事实证明会积累与不会积累大不一样。如，某班就近转来一名同学。开过欢迎会后，老师给他分配了座位。没想到临时给的椅子，椅背掉了一颗螺钉，坐着很不舒服。这事儿小组长看在眼里记在心上。下课了，小组长悄悄地把自己的椅子换给了他，而中队长又把这坏椅子留给了自己。又下课了，这把椅子又到了班长手里，后来这把椅子不知谁修好了。……过了十几天，老师让大家写一篇作文，题目是“记一件好事”。有的同学选了这个材料，写得很成功，有的同学不会选材料，认为没的可写。所以家长要让孩子多留心身边的人和事。时不分古今，地不分中外，人不分老幼，事不分正反都可以随时积累，以便写作文时选用。积累时只要简短地写上时间、地点、人物、事情的经过就可以了，最后要写上一两句感受。坚持这样做可以解决“没的写”的困难。

再次，鼓励孩子多做有益的事情。在学校，要正确对待学习，正确对待集体，正确对待同学和老师；在家里，正确对待家长，正确对待家务劳动，正

确对待邻里；在社会，正确对待“公德”，正确对待美与丑的社会现象。要教育孩子以小学生行为规范约束自己，做一个讲文明有礼貌的好孩子。这样使孩子生活得有意义，很充实。还可以让孩子广交良师益友，虚心向别人学习，向他人求教。这样做使孩子多方受益，充实积累，从而可以有效地解决孩子“没的写”的困难。

最后，辅导孩子要“多看，多思”。看书，看报，看优秀作文选时让孩子想一想，人家的文章是以什么样的内容说明中心的，文章是怎样开头结尾的，怎样衔接过渡的，用了哪些好词佳句来表达思想感情的。经常这样做，孩子就能体会到：按照题目的要求，围绕一个中心，选择独有的材料，运用恰当的语言文字把自己听到的、看到的、想到的写出来，这就是作文。到那时，孩子就会写作文，愿意写作文了。

3. 重视平时的说话练习

家长要经常引导孩子把他们自己看到的，听到的，想到的用自己的话清楚、连贯、正确地说出来。有时家长可以说出前半截，让孩子接说后半部分；有时家长可以先说，再让孩子复述出来；有的家长可以围绕一个意思给出几个词语，让孩子用这些词语连贯地说一段话；有时家长可以让孩子做个小游戏然后复述过程；有时家长可以让孩子说出对客人的印象……总之，这样的机会很多，只要家长有目的有计划有重点地坚持这样训练孩子，那么，孩子不仅可以积累不少的“生活中的材料”还可以体验怎样组织和运用语言。这样做也能帮助孩子解除作文时“没的写和不会写”的苦恼了。

孩子在看图作文时审不清图意怎么办

平时作文成绩一向不错的李小梅，这次写看图作文《心意》只得了29分。原来小梅把图意搞错了，明明是两个学生在雨中给老师送伞，表达对老师的爱，小梅却写成老师给两个同学补课。图中女孩打一把伞又拿一把伞，男孩打一把伞拿一件雨衣，小梅全没看到，心里想补课就写上了补课。为什么李小梅没有正确地理解图意呢？

从表面上说李小梅是没认真看图，但更深一层地看，李小梅是不懂看图作文的特殊要求。

看图作文与其他形式作文不同。它是观察能力、思维能力、表达能力的综合训练。它包括“看图”与“作文”两个方面。看图是作文的前提和基础。图是文的依据，作文要依据画面进行，离开了图去写文，就不叫看图作文了。因此看图作文对图的观察，理解尤为重要。也就是说，看准画面是写文的关键。

李小梅此次作文的失利在于她只看了一遍图就凭想象写文，写的文再好，不是此题要求。小梅认为这么简单的图没什么好看的，也看不出什么。我们不少同学也有类似的问题，在看图作文时忽视看图、盲目看图、急于写文，这样不会写出符合要求的作文。孩子出现这些毛病在于还没弄懂看图作文中看图的方法。

那么怎样看图并能审准图意呢？一般要求教孩子掌握以下三个步骤。

(1)教会孩子全面观察，了解内容。全面观察指导先从整体看画面，了解图的大体意思，有个整体认识，再分几部分看局部画面，搞清各部分画面上的人物、景物、事件、时间、地点等，分清画面的主次；最后再回到整体，理解画面要说明或反映什么问题。

(2)教会孩子重点观察，理解中心。观察图的时候，一方面要看全，另一方面要抓住重点细致观察，切不要平均使用力量，要通过分析把握住画面的主要内容，主要人物细心思考，理解中心。

(3)教会孩子根据图意展开合理想象。观察图的时候，要一边看，一边想，一边思考分析，一边想象。图一般分为事件的“起始图”“经过图”和“结果图”，并不是每一幅图都反映事件的全过程。我们看图时可以根据“经过”去想象事件的发生和结果，也可以根据结果去想发生和经过。画面是死的，静态的，无声的，我们可以把它变活，如：树是怎样摇摆的，风是怎样刮的，雨是怎样下的，人物是怎样说的，怎样做的，可以依据画面适当联想，可以图内想象，扩充情节，也可以图外想象补充内容(要以图内为主，图外为辅)使画面静态变为“动态”、由无声变为“有声”。

审清图意还要注意三点：

(1)正确观察、理解、判断。要引导孩子对画面每一处景、物、人、事都

要看到，想它们之间的内在联系（人与人、人与物、人与景、物与物），要由景物正确判断事件发生的时间、地点、环境，要由人物神态、表情、动作正确判断人物思想，避免看错。

（2）注意区别单图与连图的观察方法。连图是指两幅以上的多图。观察时注意图的顺序和图与图的衔接。

（3）要注意图与题目的联系。有的图题是看图作文的题眼，比如：《关心》《奉献》；有的图题是看图作文的内容，比如：《补课》《送伞》。要引导孩子把画面与图题联系起来思考，这样有助于掌握图的重点或图的中心。

只要认真按上面讲的去做，审图能力定会提高。最后给家长提个建议，孩子观察图时可以在图上适当做些标记。

怎样辅导孩子写日记

我们先看下边两则日记：

例1：

2015年4月　星期三　天气晴

爬　山

今天，我们去西山春游——爬山，玩得真开心！

我最喜欢爬山了，来到山下，老师一声命令："开始！"我们个个就像离弦的箭沿着山道向上跑。到了半山腰，山道变成了羊肠小道，我们一个接一个向上攀登。有的用手抠住两旁的岩石，有的揪住树根艰难地向上爬。我开始劲挺足，一步步向上攀，爬着爬着，手臂酸痛，腿脚不听使唤，大口喘着气，后面的李冬大声喊："加油呀！英雄好汉不怕难呀！"这一喊我又来了精神，一使劲，踩空了一块石头，李冬在后面，用头顶住了我，真险！我和同学们终于爬上了山顶。

这次爬山活动不仅锻炼了意志，还增进了团结。

例2：星期三

今天我们去西山春游，早上七点钟集合出发，不到两个小时就到了。上午爬山，挺有趣，中午我们聚在一起午餐，下午又访问了守山林的王爷

爷,照了合影,五点半返回学校,一天虽然很累,但是玩得开心。

上面两篇日记,很显然第一篇写得好,格式正确,内容具体,表达形象生动。第二篇不仅格式不对,而且内容空泛,语意不明,像记流水账。

同学们升入中年级,开始进行作文训练。学习写日记可以积累材料,提高观察分析能力,是提高作文水平的良好途径练习写日记要了解日记的基本格式,内容和写法。

日记的格式十分简单。第一行写出日期、天气情况。有的可以加题目。如第一篇日记中的题目《爬山》。也可以不加题目。

日记的内容丰富广泛。凡是看到的、听到的、想到的有意义的事都可以写;凡是自己说的、做的、玩的有趣的事,新鲜新奇的事都可以写,其中也包括那些不愉快的事,烦恼的事,也可以写自己的秘密,那些不愿意让人知道的事;还可以写读后感、观后感、读书笔记、朋友往来,学习体会等等。

日记的写法没有过多的限制。可以像作文一样写一整篇,也可以写上一段话或几句话,字数不限,形式不限;可以叙述描写,也可以摘录摘抄,还可以写诗;可以一件事也可以几件事。但无论写什么都要真实,要有中心,清楚明白。

对于初学写日记的中年级小同学,家长还要注意引导学生入门。建议从以下几方面入手。

(1)引导学生写《观察日记》和《成长日记》。勤于观察、善于分析是写好日记的关键。《观察日记》就是把观察的人、事、物、景记录下来。对中年级同学来说,最好侧重于对景物的观察,包括家庭中、学校中、街道上的景物和自然现象。如:可观察家中的书柜、电冰箱、学校的教室、校园、大街上的立交桥、公园。自然景象,风、雨、树、花、草等。《成长日记》是把自己受教育最深的事记下来,把成长关键体会记下来。如:我学会了做菜,我学会了洗衣服,我懂事了,我会关心人了……

(2)引导学生走出家门到大自然中,去感受大自然的美。利用双休日、节假日可带领孩子到公园、郊外去活动,以及走访亲朋好友等。

(3)引导孩子多读书、读好书。给孩子建一个小书架,买些好书。为孩

子创设一个读书的良好氛围，让孩子记下读书的感想、收获、摘抄一些佳句佳篇，多积累、多吸收，不断丰富自己的知识领域。

(4)多鼓励、勤交流。当孩子初学写日记时，家长要多鼓励，多发现孩子的优点，及时肯定。多与孩子交流感想，让孩子谈自己的想法，多询问有什么困难，这样的鼓励与指导可以促进孩子持之以恒地坚持写日记。

孩子的记忆力不好，背不会课文怎么办

肖红是个四年级的学生，从她上三年级开始，家长就对她的背书很头疼。每次老师留了背诵的作业，她背半天也过不了关。肖红的家长也愁的不得了，肖红自己也失去了信心，怪自己记性不好。

背不会课文是不是完全因为记忆不好呢？恐怕不能这么说，脑科学研究证明小学生及四五岁的幼儿正是大脑发育的最佳期。孩子在记忆力表现方面并无明显差异，所谓记忆力不好，主要是孩子没有掌握良好的记忆方法，往往是边学边忘，平时不注意及时复习造成的。因此，家长应注意培养孩子良好的记忆品质。记忆在儿童的学习活动中起着重要的作用。儿童的学习活动不仅要学会当前老师讲授的内容，还需要将过去学过的知识记在脑子里，以便运用所学过的知识来理解新知识。可见，离开记忆，已有的知识、经验的积累和新知识的学习都无法运行。

那么怎样帮助孩子养成良好的记忆品质和习惯呢？

(1)培养孩子认真识记的品质。这是培养孩子记忆力的重要开端。记忆就是认识和记住事物的过程，也是事物在头脑中留下深刻印象的过程，印象越深刻对记忆力越有利。培养要首先从这里开始。如在背诵课文之前，要求孩子把课文先反复诵读数遍，理解课文内容(包括段意、层意和文章结构)，这样，课文就在孩子的头脑中留下深刻痕迹，像打上烙印一样，再背的时候，这些内容就会顺利再现出来，也就能熟练地背诵了。

(2)培养巩固知识的习惯。识记只是记忆的第一步，为了把记忆的知识长期保持下来，就必须经常学习巩固。这是培养记忆力的关键所在。最有效的方法就是养成经常学习和练习的习惯。

(3)培养回忆的品质。回忆是指经历过的事物不在眼前时，能把它重

新回想起来。学生在考试中取得好成绩就是对已学过的知识能较好地回忆的结果。其培养方法很简单,就是反复回忆以往的知识。应教育孩子学习、复习的方法:①及时学习,趁热打铁,不要等忘完了才去复习。②平时要加强练习,不要等考试时才去集中复习,这样往往事倍功半。③边复习边尝试背诵,背诵的难点上多花点时间,容易的少花时间,不要每一遍都平均使用力量。④平常学习时要注重理解,并把学过的知识融会贯通,不要死记硬背,这样的记忆很容易忘记。

当然,记忆的好方法不只是上面我们所介绍的,还有很多,如早晨和临睡前的记忆效果最好,心情愉快、空气清新时记忆效果较好。对材料进行归类,组块化也能加强记忆效果。此外,帮助孩子打消顾虑,加强自信心是培养记忆力重要的内部驱动力。

计算时怎样做不易出错

小张和小王是邻居,很巧他们的孩子是同校同年级同一班。最近,他俩有一项额外的任务:每天要去学校接孩子。有时,别的同学都回家了,他们的孩子才从学校走出来。一连几天都是这样,以至于成了家长的一块心病。经过了解并不是孩子违反了纪律,而是学习上有了麻烦:每天的数学作业都发生计算上的错误。做10道题,有8道题得出现错误。不是抄错了数字,就是写错了符号,不是顺序出现了问题,就是列式出现了错误。难怪他们的孩子每天放学都很晚。对此,老师和家长都很着急。今天,他们在一起共同商量怎样教育孩子提高计算能力。他们取得了下面的共识。

(1)培养孩子专注的精神。古代"学艺"的故事尽人皆知,它告诉我们"不专心致志则不得也。"大凡有所创造的人都是注意力很集中的人。大数学家高斯边专心致志地思考着数学问题,边走回到自己的家门,他敲门后居然忘记了自己主人的身份,路过家门而不入,足以证明他的注意力高度集中在数学问题上了。如果我们常常给孩子们讲些这样有代表性人物的典型故事,启发孩子们在做题时要专心,一定会有利于孩子们的学习。

(2)培养孩子认真的习惯。毛泽东同志说:"世界上怕就怕认真二字。"我国有句古语:涉浅水者见虾,其颇深者见鱼,其尤甚者见蛟龙。这就是讲

越认真越有真本事，成就与认真是成正比的，明代的李时珍为了弄清草药的性质与作用，亲自上山采药，遍尝百草。终于完成了《本草纲目》的编写。陈景润为了摘取哥德巴赫猜想这颗数学皇冠上的明珠，用了整屋子的草稿进行计算，终于创造了“陈氏定理”。没有认真的习惯，就不能适应未来的需要。现代高科技的发展更是需要那些工作人员不能有丝毫的马虎。为了孩子的将来，要培养孩子养成认真的习惯。

(3)帮助孩子学习得法。有时孩子在数学上出现计算上的错误，原因在于孩子没有掌握好学习方法。因此，家长要从三个方面培养孩子提高计算能力。①勤检查“一步一回头”。我们要引导孩子在做题的时候做到勤检查。抄题后，检查题目的数字、符号有没有差错。没有差错再往下做题。加、减、乘、除无论做完哪一步先别急着往下做，回头先看看这一步计算得是否正确，正确了再接着做下一步。往下脱式时，也要回头检查自己抄写的数字、符号是否有误，正确无误了再往下做。②公式、法则、算理要熟练掌握。平时，家长要教育孩子将所学的概念、公式、法则、算理牢记心中，正确应用，以保证计算的正确。如，“乘法是求相同加数和的简便算法。”根据这一概念列式，孩子就应当知道谁是乘数，谁是被乘数，要准确定位，口诀要熟，写题认真才能不出错误。③做完题后要验算。有时孩子们做完题后就认为大功告成了。若真是前边做到了一步一回头，没有出错，也还要最后把好关进行检查验算。可以从前往后验算，也可以从后往前验算，以确保计算上的正确。

(4)培养孩子提高计算能力。计算能力，指的是要使孩子达到计算得正确、迅速、方法合理、灵活。计算能力包括口算、笔算、珠算。在计算中，笔算的顺序是由低位算到高位，而口算则是由高位算到低位。笔算要写竖式，每一步计算的结果都保留在书面上，而口算则把每一步计算的结果暂时保留在记忆中，而只说出或写出最后的得数。笔算有严格的固定的计算顺序，而口算没有固定的计算方法，往往根据数的特点而改变。另外，在计算时，口算和笔算可以结合着使用，在四则计算中，笔算是重点，口算是笔算的基础。

珠算技能的形成除与口算、笔算有许多共同点外，还有自己的特点。珠算的口诀不是用于指导口算和笔算，而是用于指导拨珠。这种口诀既包括了计算的数，又包括了拨珠的方法。珠算的技能达到熟练的程度后，既不需要注意口诀，也不需要有意地注意拨珠，速度相当快。如果孩子的计算能力提高了，那么计算的正确率自然也就跟着提高了。

孩子考试没有考好，成绩不理想怎么办

我经常听到家长谈到自己孩子学习时，总是说："真是拿他没有办法，在班上老是第二十几名，考试成绩只有八十多分"。当孩子每次考试后，总急切地问自己的孩子"考得怎么样？得了多少分？在班上排多少名？"。如果孩子乐呵呵地说："考得不错，语文、数学得了双百分。"此时家长一定是乐得合不拢嘴，立即带孩子去吃"麦当劳"，还会依照孩子的愿望买些礼物进行"慰劳"。可是当孩子垂头丧气地告诉家长"没有考好，成绩不理想，在班上第二十几名。"那时，家长立即拉长阴沉的脸，冷冷地说："没有出息的东西，该！谁让你自己不努力。"家长给孩子的犒劳和奖赏自然也就无从谈起了。

当然也有的家长对孩子的学习不闻不问，听之任之，从不关心，现在可以说是少数了，但目前仍是不乏其人。此类家长还应在百忙中用一些时间来关心孩子的学习情况，以便使孩子在小学阶段在学习方面打下一个良好的基础。

上述两类家长，前者表现的家长关心孩子学习的心情是可以理解的。关心孩子的学习是应该的，但是只简单地从孩子考试的成绩和在班上的名次来判断他们的学习好坏，这样关心他们的学习，在一定程度上进入了误区。

孩子学习好坏的判断，学习成绩显示的优与劣，是一个重要的指标，但并不是唯一的标准。孩子的学习情况，通过考试反映出来的成绩不错时，家长给予一定的鼓励，无可非议。同时还应对孩子的学习态度、学习习惯，运用所学习知识灵活掌握的情况给予必要的关心；特别当孩子考试成绩出现不理想状态时，家长对孩子的所作所为应给予特别的关注和关心。

在这里，就孩子考试没有考好，成绩不理想时，家长应该怎么办？给家长一些提示：

首先，要看考试成绩不理想这种状况是偶尔出现，还是经常出现。如果没有考好只是偶尔出现一两次。那么，家长不应给予孩子过多的责备和批评，而是引导孩子自己找到没有考好的症结在哪里，是知识掌握不巩固，还是知识掌握有缺陷；是否因事、因病请假，有一部分知识没有学好；还是由于在考试时因为马虎看错题、审题时出现错误；还是因为考试时自己写字的动作慢没有答完题；还是答卷后没有认真检查和演算。以上这些易于出现的问题都会导致孩子考试成绩不理想。家长一定要心平气和地与孩子一起讨论，特别让孩子自己找到问题出现在哪里，并且还应引导孩子考虑今后如何克服上述出现的问题。这样，一次考试没有考好，实际是一次教训，应以此为戒。特别是孩子给自己制定的考试注意事项，对于今后的“应试”能力是一个提高。

如果孩子经常出现考试成绩不理想，家长不能急躁，不能对孩子失去信心，更不能挖苦和讽刺，甚至对孩子不予理睬、破罐破摔。孩子是有尊严的，他的内心是希望自己学习好，考试成绩理想，自己高兴、老师高兴、家长高兴。对于这样的孩子，家长应该注意观察他们的学习态度、学习习惯、学习兴趣等情况，特别睁大眼睛观察孩子一些好的表现和一点一滴的进步，用孩子表现好的一个方向和一点进步进行鼓励。这样做就能起到事半功倍的效果。如一次考试前用功了，一次考试成绩比以前有一点提高，一次放学回家认真完成作业了……家长应抓住时机给予孩子以热情的表扬和鼓励，用孩子自身不自觉的积极性调动其自觉的积极性。

这类孩子一种是聪明、好动、精力旺盛，但课堂学习精神不集中，平时对待学习不踏实，没有养成良好的学习习惯。家长应该针对孩子的实际，引导孩子多学习一些课外知识和技能，注重培养他们良好的学习习惯。端正学习态度是对待这类孩子纠正学习不良现象的重点。

还有一种孩子是少数属于不大聪明，对自己的学习缺乏信心。作为家长更应该对他们的学习给予极大的关注。这些孩子的内心需要是学习好，

但是他们自己感到自己不行，缺乏信心。因此家长对于这样的孩子一定要首先克服自己急躁的心情，帮助孩子树立信心。再有家长不能只是盯在孩子学习成绩上，要看到孩子是否在努力，学习方法是否得当，平时观察孩子时，特别应注意他们的一点点进步、学习成绩的一点点提高。发现一点就鼓励一点，让孩子在家长真诚地、热情地鼓励下一点一滴地进步。同时还要允许孩子的反复，所谓“不能一口吃成胖子”就是这个道理。要注意孩子的知识缺欠在什么地方，及时给予弥补。

再有，当孩子考试没有考好，成绩不理想时，特别注意观察孩子此时的心情是怎样的？如果孩子表现出心情沉重时，家长绝不能给予责备，应引导孩子下次再努力。如果孩子表现出无所谓，家长应及时地提醒孩子寻找此次考试失误的原因，及时思考弥补办法(今后如何办)。

孩子的学习情况，家长应在平时注意观察和了解，及时发现问题及时解决，不能让孩子学习问题成了堆，再着急解决，那时就晚了。在这里提醒家长注意，学习是孩子自己的事，家长不能包办代替，多引导、多鼓励是调动孩子学习不断提高的良方。

学习习惯

孩子学习时不能集中注意力怎么办

我们常常会遇到这样的情况：有的孩子学习时总是向窗外看，看到一点儿新鲜事就和其他的小朋友讲。有的孩子在学习时总爱在本子上乱写乱画。有的小朋友表面上坐得端端正正，目不斜视，但是心里却在想着其他事情。所以，他们对所学的知识，全然不知或只知一二，他们对老师所讲的内容一点儿也没有听进去。让我们再看一个小游戏：一天，爸爸让小军左右手各拿一支笔，同时在纸上左手画圆，右手画方。小军高兴地立刻照办。谁知，第一次画得方不方、圆不圆。于是小军又重新画了一次。可这一次圆倒是画得圆了些，可方却画成了半圆。

以上事例说明，有些孩子在学习时不能集中注意力是造成学习成绩不高、学习能力不强、学习方法不会的主要原因。怎么办呢？我们必须帮助

孩子培养和发展他们的注意力。具体来说:

(1)了解注意的作用和特点。俄国教育家乌申斯基把注意力比喻成"一座门",凡是外界进入心灵的东西都要通过它。任何智力活动都离不开注意力,注意是搞好学习、研究工作不可缺少的条件。

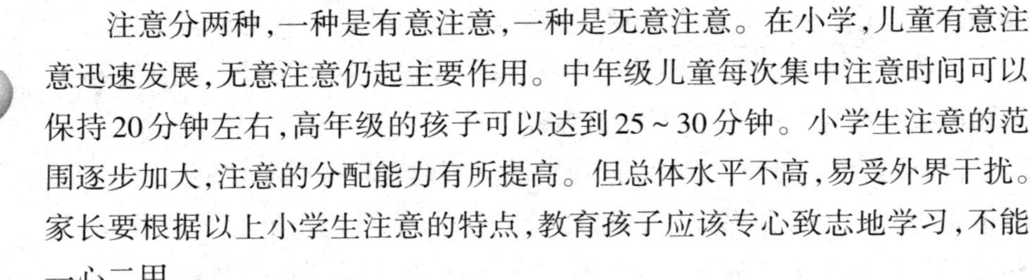

注意分两种,一种是有意注意,一种是无意注意。在小学,儿童有意注意迅速发展,无意注意仍起主要作用。中年级儿童每次集中注意时间可以保持20分钟左右,高年级的孩子可以达到25~30分钟。小学生注意的范围逐步加大,注意的分配能力有所提高。但总体水平不高,易受外界干扰。家长要根据以上小学生注意的特点,教育孩子应该专心致志地学习,不能一心二用。

(2)帮助孩子做到做事要有目的。家长要教育孩子不管干什么都要有明确的目的。比如学习,学习的任务是什么,学习这些知识的意义是什么。实践证明,目的越明确,意义越明确,孩子就越能自觉控制注意力。

(3)帮助孩子养成专心的习惯。家长要设法改善孩子的学习环境,尽量使孩子有一个相对安静、稳定的学习环境,排除干扰让孩子专心学习。如孩子进入学习状态,别人不要去打扰。孩子开始写作业了,家长不吩咐孩子去干杂活。孩子思考问题时,家长不要高谈阔论,不要开收音机、电视机。看到孩子在学习时边吃边玩边学要给予制止,帮助他们养成良好的学习习惯,提高注意力。

(4)帮助孩子提高自制能力。有意注意需要一定的意志努力,因此要发展孩子做有意注意,必须同时发展孩子的意志力。应通过言传身教使孩子懂得人类要生存,要发展,就需要干工作,包括无兴趣的工作。干事情不能光凭兴趣,而要有坚强的意志力,要能控制自己。家长应当有意地让孩子干一些枯燥无味的工作,锻炼他们的意志力,提高他们的注意力。因为在学习当中,并不是所有的东西都是有趣的,总会有一些枯燥无味的东西。应当教导儿童不仅去做有趣的事,而且要做一些为了完成自己的任务而必须做的没有趣味的事。

(5)培养孩子的组织性和纪律性。如果一个儿童有组织性和纪律性,

那么他一定能够专心学习。相反，无组织无纪律的儿童常常会分散注意力。这一点可以从小处着手纠正。家长要让孩子有严格的作息时间；动作要合乎要求，站有站相，坐有坐姿；说话先举手，说得清楚而不吞吞吐吐。久之，孩子就会形成这种外部行为的组织性纪律性，进而成为一种习惯，成为一种性格倾向，成为一种心理需求，这对儿童注意的发展极为重要。

(6)培养和利用孩子的学习兴趣。学习兴趣在引起和保持注意上有特殊意义。有些兴趣可以直接由学习本身引起；有些兴趣可以间接地由于对学习结果的追求引起；有些兴趣可以采用不同的刺激手段而引起。我们应当了解孩子已有的兴趣，根据孩子兴趣发展的年龄特征，来培养孩子的学习兴趣，从而培养和发展孩子在学习上的注意力。当然，我们还要注意孩子在学习中的情绪变化。特别是学习上的疲劳最容易引起孩子注意的分散。这样，我们就要随时进行调整，注意劳逸结合，并教育孩子学会控制自己，以利于培养和发展孩子的注意力。

孩子不善于发言怎么办

一次家长会后，林小娜的老师把她的家长留下来向家长反映了一个问题。老师说林小娜上课不爱发言，课下也很少和同学交谈。家长一听也很着急。并且反映小娜在家里也少言少语，即便要说话也是小声细气的。明年，孩子就该上三年级了，老是这样下去可怎么好呢……

其实，这种现象并不是个别的。即便是在中学生中，也有不少的孩子"发言不积极"。经过老师的调查发现。不善于发言的孩子主要有三类：一是孩子胆小，不敢发言；二是孩子性格内向，不爱发言；三是孩子缺少方法，不会发言。对于前两类孩子，家长要帮助他们克服心理上的障碍，让他们变得勇于发言、喜欢发言。对于后一类的孩子，家长要帮助他们学会发言，善于发言。

"孩子不善于发言"可不是个小问题。尤其我们现在所处的时代是信息化时代，信息量大，信息交往甚密。将来孩子们步入社会要经常与他人交往，甚至要自我介绍，自我推荐。孩子不爱说、不会说、不善说那怎么行呢？所以家长要注意从小抓起，培养孩子善于发言，提高他们口头语言的

表达能力。

1.鼓励孩子敢于发表自己的见解

针对孩子胆小的特点，家长可以经常给孩子讲一些英雄模范的故事。武松打虎、解放军叔叔打敌人、警察叔叔捉坏蛋、海迪大姐姐与病魔做斗争的故事等。孩子们是非常仰慕英雄的，愿意向英雄学习。家长便可以适时地向孩子提出学习英雄的勇敢无畏的精神，首先要落实到能勇敢地发言。这样，孩子是能够接受，愿意接受的。另外，对孩子的发言水平，不能操之过急，要求过高，注意循序渐进。在培养孩子敢于发言的过程中要注意采用灵活的方法。如，及时地表扬，适当的奖励小红花、小红旗等，效果很好。只要家长有计划有目的地这样坚持下去，孩子就会变得敢于发言了。

2.指导孩子要热情大方愿意发表自己的见解

性格内向的孩子一般不善于交往，喜欢安静，独处，沉默寡言。尽管他们稳重、善于克制自己，忍耐性强、谨慎，但也需要帮助他们进行心理调整，不然的话，很容易造成别人对他们的误解而远离他们。

家长要教育孩子处理好人际交往中的合作关系，在合作中发表自己的见解，同时鼓励孩子学习先进，赶超先进。一般而言，集体中的先进分子，大都活泼、热情、大方、成绩好。性格内向的孩子也愿意向他们学习。只要孩子能坚持这样做下去，心理调节就会有所成效，孩子也会变得活泼开朗起来。进而，孩子在人际交往中，在学习中也能做到积极发言，愿意袒露自己的心声。

家长还要注意给孩子创造一个宽松和谐的家庭氛围。对孩子不能采取“棍棒”教育，“挖苦”教育。要给孩子创设机会，让他发言。比如，家庭生日宴会，让孩子向生日的主人讲一段祝愿的话。平时可以让孩子向家长介绍“一日趣闻”，也可以让孩子向家长介绍一种“今日菜谱”的名称，做法、食法，感受等。总之，要使性格内向的孩子多一些快乐，多一些发言的机会，这对孩子“说话能力”的提高是大有裨益的。

3.帮助孩子学会发言

有的孩子很想发言，但又得不到要领，不是东拉西扯，就是空话连篇。

这是孩子不善于发言的另一种表现。所以，家长要帮助孩子做到“言之有理，言之有序，言之有物”。具体而言就是以下几点：

(1)言之有理。就是家长要辅导孩子在发言时要围绕一个中心，围绕一个主要意思来展开内容。在展开内容的同时，要抓住要点，和中心有关的内容就多说，具体说，和中心无关的内容要少说甚至不说。“言之有理”的理字，就是中心。孩子如果明白“发言要围绕一个中心”，才能把话说好。

(2)言之有序。就是家长要让孩子明白，发言时要有条理。说完一层意思，再说另一层意思，并且要注意各层意思之间的联系，使得说话的内容上下连贯。这样的发言才能清楚明白。

家长可以告诉孩子，说话、发言可以按照时间的变化顺序，空间位置(地点)的变化顺序，一件事情的变化顺序，先总说后分说的顺序来安排发言的内容。发言时如果能按照一种变化的顺序来展开内容，才能提高发言的质量。

(3)言之有物。就是家长在辅导孩子“说话”时，要做到用“事实”说话。这是很重要很有效的一个方法。家长要让孩子知道，介绍“物体”，要具体地指出它的颜色、形状、大小、声音、气味、质料、作用和自己的感受；介绍“事情”，要具体地说出事情的发展变化的过程；介绍“人物”时，要列举出具体的事例。有时，还要用打比方，列举数字来补充发言的内容。

(4)给孩子起示范作用。首先，家长平时说话要给孩子树立榜样。发言、说话努力做到“言之有理，言之有序，言之有物”。为了激发孩子的积极性，家长说了一段话后，可让孩子说说这段的题目，这段话的主要内容，这段话的顺序是什么，这段话的中心是什么。当然，家长说的这段话一定要清楚、明白、规范，孩子才能有收获。

家长平时要有意识地收集一些小故事。在晚报、日报、文摘报上常常刊登一些短小有趣，有意义的短文，如《小狗蟒口救主人》、《盲人入海救起溺水者》等。家长可以读给或讲给孩子听，然后要求孩子复述出来。复述时，要让孩子按发言的要求做。这样做有利于孩子的发言水平迅速提高。

家长更要严格要求，细心地辅导孩子，切实地帮助他们提高发言的水

平。如，平时只要一听孩子说话，就要用正确的标准衡量孩子的发言内容。好的及时表扬，不足的及时指出，让孩子重新发言进行纠正。要教育孩子，要想好了再说，发言时要消灭“嗯，啊”等口头语，从而提高发言的质量。

孩子经常写错别字怎么办

张彤中午回家看到桌上孩子留下的字条，哭笑不得。

妈妈：“我和王刚先去‘划’‘汉兵’，‘在’去‘旧’妈家接‘老老’。”

小虎一张20来字的便条，竟然有7个错别字。平时小虎就常写错别字，不是多笔少笔把字写错，就是张冠李戴写别字。为这，小虎没少挨批评，家长也没少着急，就是改不了。

出现错别字，是许多同学和家长十分头痛的事，单纯的埋怨指责和泛泛地批评学习不认真，是无济于事的。必须认真分析产生错别字的原因。针对不同类型的错别字，掌握纠正、减少和消灭错别字的方法。再加以训练，定会产生最佳效果。

学生为什么会写错别字呢？原因是多方面的。

首先，汉字的特点是形近字、同音字多，易混易错。汉字有四万之多，而汉字的音节却只有400多个，一个音节就可以有100多个不同形体字表示。这种一音多形的字就叫同音字。这种同音字给同学们学习掌握汉字造成了困难，常常出现同音代替错误。如：小虎便条中的7个错字全是这样：“滑”写成“划”；“旱”写成“汉”；“冰”写成“兵”；“舅”写成“旧”；“姥”写成“老”；“再”写成“在”。同样，汉字中形近字也很多。由于组字的笔画和部件有限，很多字中有相同的部件与笔画，造成字形状相似或相近，稍不细心就会写错。如：大与太、辨与辩、伴与拌、耍与要……

其次，有的同学不掌握科学正确的识字方法，只是一味地死记硬背，常常记混记错。

那么怎么纠正错别字呢？针对学生问题，建议从以下几方面入手。

(1)认真分析，根据错别字类型，准确判断错因。同学们可以根据错别字类型来判断错误原因。

一般说常见错别字有两种类型，一类是错字，一类是别字。

常见错字有以下几种情况:

①多笔少笔:如:把“进步”写成“进步”,把“武术”写成“或术”

②错用偏旁:如:把“福”“裕”写成“福”“裕”。

③借位换型:如:把“满座”写成“满坐”。

④生造简化字:如:把“白菜”写成“白芽”。

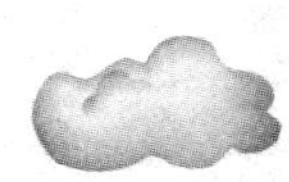

常见别字有以下几种情况:

①同音形近误用:如:把“练习”写成“炼习”,把“开垦”写成“开恳”。

②形近字误用:如:把“拆开”写成“析开”。

(2)抓住字义记字形。根据形声字形旁表义的特点,写字时要思考记住形符所表示的字义类别,可以减少或消灭错别字。如“捎信”与“树梢”,捎信表示人的传递,用“扌”,树梢表示树的尖端是树一部分所以是“木”。又如“川流不息”因为讲的是水应为“川”,不是穿衣服的穿。

(3)分析比较抓特点,编口诀。对于不完全属于形声字的形近字,可以比较抓住特点,编成口诀记忆就可以不写错字,如:“己巳已”三个易混的字,编成口诀:己开巳不开,已字半开开。

(4)分析笔画和部件。对独体字要分析记忆字的笔画特点,笔画数量不同:方与万,笔画长短不同:土士、申由,笔画位置不同:太与犬,笔画的形态不同:贝和见。对合体字要分析记忆部件特点,如:部件组成不同:幼和幻,部件结构不同:处外,位置不同:杏呆。

以上几种方法,最重要的是学习每个汉字时,要认真看,认真思考,创造多种记忆方法,在理解基础上记忆,要多查字典,多动笔写,正确掌握汉字字形。

孩子的学习跟不上怎么办

小林背着书包哼着歌跑进屋来。妈妈问道:“你们今天不是考算术吗?怎么样?”小林边把书包甩到沙发上边回答:“刚学乘法就考,有一道题不知对不对。”“什么题?”妈妈问。小林答:“‘3乘以7等于多少?’乘法口诀我会了,不管三七二十一,我就写上了15。”妈妈一听急得喊道:“你可真能胡诌(zhóu)!你怎么就不知道好好想想呢?”小林吓得一声不吭。

小强可不是个调皮的孩子。你看他上课时从来都是规规矩矩。回家做作业时,有多好的电视他也不看,总是坐在桌前写呀看呀。考试前,小强更紧张了,成天抱着课本和笔记本念呀,背呀。可也怪了,小强的学习成绩总不理想,分数总在及格边上转悠。小强自己着急不说,爸爸妈妈望子成龙,比他还急。

看来,孩子的学习跟不上趟,既不是个别现象,形成的原因也各不相同。所以我们要具体问题具体分析。一般我们可以从以下几方面帮助孩子解除烦恼。

1.调查研究,对症下药

孩子的学习跟不上,首先要调查研究,然后再对症下药,才能药到病除。我们要帮助孩子分析一下学习跟不上的原因在什么地方。

(1)认识上的不足。认识上的模糊往往会导致行动上的盲目。有的孩子不知道学习的重要性,不知道为什么要到学校学习。有的孩子把学习当成负担,有的孩子把学习看成"无所谓的事"。我们做家长的要帮助这样的孩子提高学习上的自觉性、主动性和积极性,帮助他们明确学习的目的,端正学习态度。在给孩子讲道理时,不能空讲大道理,要根据孩子的心理特点把道理融入一个故事、一个寓言或一个童话中,也可以给孩子讲先进人物、英雄、领袖等刻苦学习的故事,这样做,孩子才易于接受,才会明白家长所讲的道理。

(2)感情上的错位。有的孩子学习跟不上是因为情绪上的波动。凭兴趣爱好,喜欢的功课就学得好,不喜欢的功课就跟不上。对这样的孩子,我们要从培养孩子的学习兴趣入手,想方设法把孩子对学习的积极性调动起来,把孩子对待其他事情的兴趣转移到学习上来,千方百计地让孩子对不喜欢的功课也能感到成功的喜悦。只有这样做,家长才能收到预期的效果。

(3)意志上的动摇。有的孩子学习跟不上是由于意志薄弱,是缺乏自我控制的能力。有的孩子毅力不强,害怕学习上的困难,害怕学习上的吃苦,懒惰成性。对这种问题,家长要从锻炼孩子的意志入手,培养孩子敢于

吃苦的精神，让他们明白苦尽甜来，苦中有乐的道理。

(4)习惯上的不良。有的孩子学习跟不上是由于染上了不良习惯，无意识地一而再，再而三地影响了学习。因此，我们要帮助孩子矫正不良习惯，培养他们良好的学习习惯。如，勤学好思，专注认真，珍惜时间，虚心求教，学以致用等都是良好的学习习惯。

(5)环境上的干扰。有的孩子学习跟不上是由于外界环境的干扰造成的。缺少安静的学习环境，父母之间经常吵闹，班集体的风气等都能给孩子的学习带来负面影响。这一点，家长和学校要给予足够的重视，为孩子们创造一个良好的学习环境。

2.要用发展的眼光看待孩子的学习

有的家长把学习吃力的孩子看成是出窑的砖——定了型，这种看法是不对的。我们看待孩子的学习，不能用静止的观点去对待，要用发展的眼光看待孩子，相信孩子会吸取教训，总结成功或失败的经验，争取进步。这样，我们才能摒弃讽刺、挖苦、训斥、责打的教育方法，才能采取“动之以情，晓之以理，导之以行”的正确方法去引导孩子攀登学习上的一座又一座高峰。

3.帮助孩子化消极因素为积极因素

孩子的学习跟不上，我们要想办法化消极因素为积极因素，要着眼于发现孩子学习上的闪光点，及时给予鼓励。如，孩子的成绩尽管不尽如人意，但比以前有所提高；如，孩子的学习错误率降低，正确率提高，哪怕这种变化是很小的我们也要保护他的积极性，给以肯定。有时，我们可以引导孩子把自己的长处移到学习上也能产生良好的效果。如，有的孩子绘画好，体育好，若启发孩子把这方面的“专心、刻苦、用功”的劲头用在文化学习上，会取得意想不到的效果。

4.对孩子提出要求要适当

孩子的学习跟不上，家长一定会给孩子提出一些具体要求，这是应当的。但要注意，我们向孩子提出的要求不宜过低，也不宜过高。过低了，不用怎么努力就会实现，那么孩子的学习成绩会出现波动，出现反复，也可能

停滞不前。如果要求过高,孩子努力了也实现不了,则容易引起孩子的逆反心理。如破罐子破摔、逃避学习、甚至在家长面前撒谎。所以,我们对“学习跟不上”的孩子提要求要慎重,要提得合理、恰当、适度。

5.帮助孩子学会学习

对学习跟不上的孩子,要重视学习方法的辅导。学习方法不仅有助于理解知识,也有益于提高孩子的智力水平。智力水平提高了,当然就会促进孩子的学习,变“跟不上为跟得上”。家长可以把学习上的重点与难点编成口诀或顺口溜,深入浅出地讲给孩子听。孩子从所背的口诀、歌谣或顺口溜中体会到并掌握了具体的方法就会轻松地跟上大家的学习水平。如,给课文分段分层要注意“内容相同或相近就合在一起,不同就分开。”简称同合异分。这样的方法简明易记,有利于指导实践。家长也可以向老师讨教办法,给孩子以有效的指导。

怎样帮助孩子制订复习计划

有的孩子在学习中,对有些字、公式本来早已学过,但它再次出现在孩子面前时,他却不认识了,好像没有学过一样。有的孩子听老师和家长一说:“再好好复习复习。”就感到“真烦人,刚学完,复习什么。”待孩子再大一些,面对学习的科目增多,学习的任务加重而感到学习科目之间,学习任务与学习时间的冲突经常发生。因此造成学习起来不是单打一就是东鳞西爪十分被动。

解决上述矛盾的最有效的方法就是让孩子制订好学习计划。学习计划的内容包括预习、复习、课外知识的学习。在此,我们重点谈一谈怎样帮助孩子制订复习计划。

1.帮助孩子提高思想认识

家长要让孩子认识到复习分平时复习、阶段复习和总复习三类。平时复习,可以指导孩子把刚学过的知识加以巩固,趁热打铁,克服遗忘,效果极佳。这种复习还可以使孩子发现学过的知识有哪些还没掌握,以便及时补缺,避免在知识上出现漏洞造成欠账。同时,还可以使孩子在学习新知识上降低难度,变得轻松容易。古人说:“温故而知新”就是这个道理。总

复习，一般在期中或期末进行。由于这类复习时间紧，任务重，为了提高复习质量，家长应当让孩子明白有必要自己制订一个复习计划与老师的复习计划相辅相成，才能取得良好的效果。至于阶段复习，一般指的是单元复习。语文在学过几篇课文后，数学在学过一两个概念、公式或法则之后，要帮助孩子进行一下这个阶段的复习，以便使所学的内容牢固地掌握，正确地运用。

2. 帮助孩子明确复习内容

(1)刚学过的内容。如，同学们刚学过一首古诗，就可以复习一下生字是否掌握，译句的意思是否明白，古诗表达的感情是否理解，古诗是否能背诵下来。

(2)感到吃力的内容。在学习中，遇到一些难以掌握的知识，就应当及时向老师和同学请教，多进行比较和练习，分清问题的类型和方法。如，对较复杂的分数应用题，可用"画图法"进行分析，弄清解题原理。这样抓住自己的问题及时复习，可以弥补课上学习的不足。

(3)与新知识有关的内容。如，学习一则新的寓言，就应该提醒自己把以前学过的寓言复习一下。想想当初老师是怎样引导理解寓言的，这样在学习新课时就能很快地建立起新旧知识的联系，更好地学习新课。

(4)期中或期末的总复习内容家长可提醒孩子理清本学期(或近一阶段)都学过什么内容。如语文，学习了哪些语文基础知识，哪些阅读方法，作文方面有哪些要求等。如数学，学习了哪些数学概念，哪些公式、法则，哪些数学原理。如外语，学习了哪些单词，哪些词法，哪些句法，哪些句式等。

3. 帮助孩子抓准复习重点

复习时往往内容较多，平均使用力量既不符合实际，也收不到好的效果。这就要分清主次，抓住重点。确定复习重点，可以帮助孩子从两方面考虑。一个是教材的重点，这部分内容老师会在复习课上帮助孩子们进行重点复习。家长要督促孩子上好复习课，学会做笔记。另一个是个人复习的重点，也就是自己平时学习中感到困难、常出错误、容易遗忘的内容。在

孩子制订个人复习计划时，一定要让他抓住这些内容，认真复习，因为这些问题老师不可能一一照顾到。

4.帮助孩子合理安排时间

当明确了复习的范围和内容，明确了重点之后，就应该帮助孩子把时间合理地安排一下。一些要求掌握的相对比较死的内容(字词、单词、公式、背诵等)都放在一起解决不行，要让孩子化整为零，每天解决一部分，这就要具体地安排好时间。课文需要什么时间读？练习题需要什么时间做？一天，一周大约复习多少内容，都要合理地安排好。另外，自己学习中的难点有哪几个，哪段时间重点复习并解决什么问题，都要计划好。这样才能取得"事半功倍"的效果。

5.帮助孩子制定具体措施

好的方法常可以使孩子们在复习的时候，费时少，收获大。如果不讲方法，死用功，往往"事倍功半"。下面以语文复习为例说明。

从大的方面来说，复习有横向和纵向两种。横向，就是知识归类复习。如，拼音、字、词、句、段、阅读、写作。把复习内容按类归并起来复习，有利于掌握各类知识及方法，提高能力。纵向，就是按课文编排顺序，一课一课，一单元一单元地复习。这样复习，能更好地利用课本，熟悉课文内容。

从具体内容来说，可以按知识来归纳方法，用方法来复习知识，以练习来巩固方法，提高能力。如，复习"同义词"的知识，家长可以帮助孩子把老师平常教给的确定同义词和辨析同义词的方法归纳一下，看看有几种方法；然后，运用这些方法进行确定、辨析同义词的练习。这样知识复习了，方法巩固了，能力也会相应地提高。

另外，家长还可以帮助孩子制订填写复习计划表，总结知识关系图，其他几方面的知识，其他学科的知识可以让孩子们自己学习归纳，填写出来。

如何培养孩子自觉学习的习惯

王芳是小学五年级学生，妈妈为王芳的学习操尽了心，费尽了力。九月中旬一天晚上，王芳向妈妈问数学题，五道题就有四道不会做，王芳妈真急了。

她第二天请假到学校找数学老师了解情况。数学老师说:“我正想找您呢,王芳这孩子上课不注意听讲,玩东西说话,留的数学作业大多数同学都能在管理班上完成,她待着不抓紧做,她在家里怎样做的?”王芳的妈妈告诉老师,王芳每天回家都做作业,一遇到不会做的就问妈妈,妈妈就详细讲解,告诉她怎样做。王芳做完作业,妈妈帮助检查,发现错的地方,让王芳改正。还花钱在双休日参加了社会上办的数学辅导班学习,请家教辅导,尽管如此,她的学习成绩还是不好。数学老师听完后对她妈妈说:“这样看来,她学习不好的原因是上课不专心听讲,学习上产生了依赖思想,从而形成了恶性循环。这样吧,回家您不要给她讲题,只做文字疏通工作,也不要请家教,不懂的地方让她来找我,或问同学。”王芳妈也同意这样做。

王芳回家遇到不会做的数学题,她妈不再回答,让她问老师去,也不给她请家教了,要求独立完成作业,不许抄作业,家里“拐棍”没有了。因此,她上课注意听讲了,碰到不会的问题及时问老师或向同学请教。每天在学校抓紧时间做完作业。做完作业王芳的妈妈才允许她看电视。在期末家长会时,班主任李老师告诉王芳妈,王芳这学期进步很大,知道抓紧时间学习了,学习成绩也有很大提高,获得了学习进步奖。

王芳上课不注意听讲,不会听讲,听不懂,不敢问老师,怕挨批评,回家问家长,请家教,对家长、家教产生了依赖心理,认为上课听不懂没关系,我妈会给我讲,会请老师给我个别辅导,这样她就更不注意听讲,家长就更多地依赖家教,形成恶性循环。家长帮助王芳检查作业,王芳的学习问题老师不能及时发现,及时解决。造成了王芳数学成绩一直不好,根本原因是王芳没有养成自觉学习的习惯,没有掌握适合自己的学习方法,不会学习。要想孩子学习好,抓紧孩子的养成教育,培养自觉学习的习惯,培养学习能力,学会学习,将终身受益。

如何做?

首先,要培养孩子专心听讲,学会听讲,独立完成作业,遇到问题,掌握思考方法。例如掌握思考的线索,明确题目。问题是什么,已知条件有几个,已知条件之间的关系是什么?根据已知条件怎样解决问题。为什么这

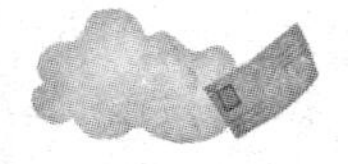

样解决？怎样解决更快更好？把培养自觉学习习惯，学会学习作为抓孩子学习的根本。

其次，要求孩子独立完成作业，回家家长不讲题不辅导，教会孩子自己检查作业，检查出对错，启发其找出错误的原因，不告诉具体答案，逼着孩子上课一定专心听讲，要想学习好必须靠自己努力，遇到难题去向老师请教，向同学学习。

再次，孩子自己能干的事，家长就要让孩子克服困难自己去干，家长不要包办代替。如让孩子扫地、擦桌子、搞卫生、倒垃圾、洗碗等。

最后，家长和老师保持经常联系，让老师了解孩子在家里的情况，家长了解孩子在学校里的表现，做到家庭教育和学校教育相一致。家长不知道怎样做的问题，向老师请教，相互配合，形成家教和学校教育的合力，就一定取得良好的教育效果，久而久之，孩子就会养成自觉学习的习惯，学会学习。

学习与成才

孩子对学习缺乏兴趣怎么办

筱健的妈妈又被老师请到了学校，要说的还是老问题——筱健的学习。其实，刚上小学的时候，筱健学习挺好的，还经常戴朵大红花回家，可慢慢地，筱健变了，作业变乱了，红花变小了，特别是上了四年级以后，他还经常因为学习问题被老师请家长，他妈妈说开始还耐心说教，急了也打两下，但他好了几天，又是老样子了，他妈妈也不知该怎么办好？

筱健的这种表现说明他对学习已失去了兴趣，开始厌学了。那么什么是兴趣呢？我们又如何培养呢？

兴趣是指人认识爱好的倾向性，常伴有倾向表现。如一个人对一件事物有兴趣，就会高兴地主动地去认识这一事物。有人说每个孩子都是一部巨大的学习机，孩子生来就有学习的欲望。在孩子成长的过程中他总是好奇地问这问那，对周围的世界充满了迷惑，表现出极高的学习兴趣。但你会发现，入学不久孩子渐渐地对学习失去了兴趣；成绩开始下降，不爱完成

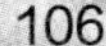

家庭作业，常常被请家长。有些家长束手无策，于是常常打骂孩子，然而收效甚微。

孩子失去学习兴趣，原因有很多，作为家长应从其自身寻找原因。

首先，有些家长只关心孩子的学习，为了孩子的前途，他们总是显得十分着急，在孩子面前指手画脚，一张嘴就是说教。要不就是在孩子身上高投入，请家庭教师，报各种培训班，弄得孩子手忙脚乱，失去自我。最终闹得家长事与愿违。因为这样只会给孩子更大的心理压力，从而烦躁不安，造成孩子厌学、弃学。

其次，有的家长把孩子看成宝贝儿，对孩子百般呵护。这样会使孩子在学习上变得退缩和依赖，遇到一点困难，就垂头丧气，学习也就变成了一件痛苦的事了。由此可引发孩子进一步厌学，那将对孩子将来的发展十分不利。

那么，在家庭生活中，如何注意培养和保护孩子的学习兴趣呢？

(1)使儿童产生“饥饿感”，也就是让孩子从各种参考书、各种培训班中解脱出来，使之感到某种精神上的需要。如通过孩子喜爱的课外活动使他们感到知识上的缺乏，从而产生学习的需要。

(2)使孩子体验到成功的喜悦，增强他们的自信心，再转移到学习上来，便成为学习的兴趣了。

(3)创设学习环境，与孩子一起学习。如父母爱学习，常谈学习的重要性，如给儿童买有益的书籍，也会影响孩子的学习热情，从而对学习产生兴趣。

学会“琴棋书画”就能成才吗

明明是个聪明可爱的孩子，不管干什么他都透着机灵劲，小朋友们也爱跟他一起玩。可是，随着年龄的增长，明明很少同小伙伴们一起玩了。原来，明明上学以后，妈妈给他买了一架钢琴；他每天都要在家练习钢琴曲。后来，妈妈又陆续给他报了美术班、围棋班……现在明明已经上四年级了，每天做完功课以后都要练习曲子，完成各种辅导班的作业，到双休日他就更忙了。慢慢地，明明变了，变得不爱说话。有一次，妈妈竟发现他为

了不上辅导班而撒谎生病。明明的家长为此不知该怎么办才好。

其实,明明妈妈的做法是可以理解的,天下父母无一例外都希望自己的孩子将来能有出息。能前途光明,生活幸福。而所谓的“琴棋书画”的早期培养,在许多父母的眼里,仍是一种让孩子今后成才的灵丹妙药。

在这种思想影响下,许多家长不惜血本的支持孩子学琴、学画、学电脑、学唱、学舞蹈。他们期望孩子能够掌握一技之长,并通过这些提高自身素质。然而,令人遗憾的是许多家长在攀比的心理作用下,给孩子施加了过多的压力,使孩子背上了沉重的心理负担。这就违背了儿童的生长规律,使孩子的个性不能得以发展。正如公益广告说的:“别忘了,他们还是个孩子。”心理学的实验表明:进行学习培养的必要前提是生理的成熟。如果不考虑儿童身心发展的规律及状况而过高地要求孩子,过早地教孩子学习都是抹杀孩子天性的做法。这样无益于孩子的健康成长。有时甚至毁了孩子一生。作为家长,为孩子的将来着想,是有远见的,是值得称赞的,但一定要遵循孩子的兴趣,对孩子进行科学的教育与引导,要顺应其个性,尊重保护孩子的天性,帮助和引导孩子度过一个快乐而充实的童年。具体做法如下:

(1)了解孩子的需要,给孩子正确的爱。作为父母,平时需多注意观察孩子的言行,多与孩子聊天、沟通,了解孩子的真正需要与兴趣。

(2)不要只致力于让孩子接受某种知识或进行某种技能训练。而是让孩子全面自由地发挥兴趣、特长和爱好。培养孩子对科学、艺术的热情,发展自己的个性特长。

(3)对于孩子表现出来的对某些艺术才能的萌芽,因势利导地为其创造发展的环境和条件,切不要将家长的意愿强加到孩子身上。希望家长们多多尊重孩子自己的选择。

智力水平与成才之间有什么关系

宋朝的王安石曾经写过一篇《伤仲永》的文章,说的是江西金豁县有个叫方仲永的人,五岁时就能写诗,可谓是“受之天”的天才。同县人都称赞他,并以宾客之礼相待,于是方仲永的父亲天天带他到处炫耀,又不让他学

习，结果使这位天才“混然众人矣”。而与之相反，清代的著名学者王闿运“幼好学，质愚，朝所习者不成诵不食，习所习者不得解不寝。于是年十五而明《训古》，二十而通《章句》”。伟大的发明家爱迪生说：“天才是百分之一的灵感，百分之九十九的汗水。”著名化学家门捷列夫说：“终身努力，便成天才。”

身为家长的父母们，看了上面一则故事，您就会明白了，智力并不是决定成就的唯一因素。因此，您不必为您的孩子智商比别的同学略低一筹而唉声叹气，也不必因为有个高智商的孩子便得意洋洋，忽视了对他的教育。

(1)家长首先要了解智力的差异是客观存在的，这是不容否认的事实。智力的高度发展便成为天才。但那种只要儿童智力超常，今后就一定会成才的想法是片面的。智力的高低并不能决定一个人成就的大小。事实上，良好的个性心理品质及许多非智力因素在其中起着十分重要的作用。智力超常的儿童，个性心理品质未必都出众，因此，不管是不是超常儿童，家长都要非常注意孩子非智力心理因素的培养，如意志力、坚持性、交往能力、与人合作的能力等。没有良好的非智力心理因素，就好比一只飞翔的雏鹰缺少了一支坚硬的翅膀，永远也飞不高飞不远。

(2)家长要正确对待智力测验的结果。国外有学者作过统计，在有作为的科学家、发明家中，小时候智力特别突出的只占5%，而表现一般的却占95%。所以，家长决不能被孩子的测验结果所左右，以致影响了孩子的发展。应该教育孩子，测验结果不好不要悲观失望，只要努力奋斗，一定会有成就。即使测验结果很好也不能放弃应有的努力，智力高并不意味着将来一定会取得成就。“宝剑锋从磨砺出，梅花香自苦寒来。”成就大与成就小的人相比较，最明显的差别并不是智力的高低，而是个性意志与品质。

性格与意志品质

孩子做事没长性怎么办

小刚的妈妈最近很烦恼，因为小刚这孩子从小就很聪明，什么都一学

就会。可就是有一个缺点——干什么都没长性。刚上学的时候，妈妈觉得他对音乐很有天赋，就给他买了架钢琴，小刚也真行，没多长时间就能弹几首简单的练习曲。可没过多久，他就对钢琴失去了兴趣，说曲子太长，不好练。后来，小刚妈妈又给他请了老师学美术，也是没学多久就扔在一边了。现在，小刚又想学下棋，妈妈怕他学几天又放弃，真不知该如何是好？

小刚的这种行为在许多孩子身上都出现过，孩子行为爱好的这种短期性，反映了儿童兴趣的多变性。一般来说，需要是产生兴趣的基础，当孩子需要发生变化时，他们的兴趣也会随之而变，再加上儿童意志力的薄弱，所以常常表现为做事没长性。

意志是人们在社会实践活动中自觉地克服困难来完成预定目标的心理过程。儿童意志品质的形成与行为的目的性和克服困难有密切联系：如果孩子自幼被保护过分，很少经受独立克服困难的训练，那么在这种家庭生长起来的孩子往往是意志力、自制力薄弱。比如，儿童入学后的学习任务是艰巨的，有些家长担心孩子承受能力差，就替孩子克服困难，为他们挡风遮雨，或者让孩子回避困难。这样在顺境与温室成长起来的孩子怎么经受得住挫折和失败呢？所以孩子常常表现为一遇困难就放弃，而转向另一个目标行为。久之，就会形成做事没长性的行为方式。

那么，如何帮助孩子克服做事没长性的毛病呢？

（1）要有意识地去培养孩子的抗挫折能力。人的一生总会遇到这样或那样的困难与挫折，生活的强者正是在困难与挫折的磨炼中成长起来的。因此，要培养孩子良好的抗挫折能力，应有意识地让孩子在生活中吃点苦头，自己能做的事一定要让孩子自己做。当他们克服困难时，及时给予鼓励与表扬。久而久之，孩子的意志力会得到加强。

（2）利用榜样的力量。帮助孩子克服畏难怕苦，光靠说是不够的，父母首先要为孩子做出榜样，因为孩子的模仿性强，良好的榜样会有力地激发他们行为的主动性、积极性，从而收到良好的教育效果。

（3）帮助孩子确定可行的奋斗目标。在制定目标时，一定要顺应儿童的特点，起点不要过高，但一经确立目标，就要鼓励孩子为实现目标不懈努

力，不达目标决不罢休，这种毅力的养成，将使孩子终生受益。

怎样教育孩子正确对待挫折

有一部在我国儿童中广为传阅的日本长篇连环画《圣斗士》，其中有一册题为《伤痕，男子汉的勋章》，看后很受感动，细细琢磨，其中蕴含着不少人生的哲理。一个人的一生中，如果没有受过一次伤，没有尝过人生的最基本感情痛苦的滋味，岂不是枉此一生了吗？有一些家长当孩子受到一点小挫折、小委屈时就坐立不安，那是没有明白挫折对一个孩子成长的积极意义。挫折对孩子成长的特殊意义主要体现在以下几个方面：

1.挫折有利于发展非智力心理因素

人的非智力因素主要指人的道德品质、情感、意志、性格、气质等因素。这些非智力心理因素在人才成长过程中，有着不可忽视的作用。古今中外，许多杰出的人物除了有过人的智慧外，非智力因素也相当好。而挫折是意志的磨刀石，孩子经受了挫折的磨炼，意志大都可以得到增强。例如：日本一位叫海迪的姑娘从小瘫痪，这可以说是人生的一大挫折了，然而正是这样的挫折，赋予了这位姑娘非凡的意志力，从而做出了惊人的贡献。

因此，家长应教育孩子对待挫折要有正确的认识，并将挫折看成是对自己的一大挑战，从而有意识地磨炼自己的非智力因素。

2.挫折有利于丰富经验，提高应付能力

俗语说得好，“吃一堑、长一智”。挫折可以丰富人生的经历，让人见识更广，能力更强。但是这里有一个前提，就是“吃堑”必须长智。如果不从失败中汲取经验教训，挫折教育也就失去了它的积极意义。

看来，家长应该充分利用挫折这一家庭教育的特别教材，挖掘其积极意义，为孩子上好挫折教育课。一般来说，孩子遇到挫折，往往产生消极的思想行为，家长应给予谅解、关心、帮助、等待，而不能听之任之，漠不关心，更不能“雪上加霜”，一味地批评。有位儿子的父亲在孩子高考落榜后，语重心长地劝慰儿子：“人活一辈子，不知会有多少次失败，你失败这一次算什么！爸爸从前就失败过好多次，只要失败后不灰心，坚持努力，就必定会有成功的那一天。”这位父亲不仅谅解了儿子的挫折，而且通过现身说法，

让孩子从失败中悟解了一些人生的哲理。

当然，面对孩子的挫折，仅仅关怀、谅解还远远不够，还应引导孩子积极适应挫折、正视挫折、战胜挫折。可以采用以下心理学的方法提高应挫能力：

(1)自我鼓励：鼓励自己拿出勇气再创成功。

(2)建立恰当的目标：为自己建立起一个恰当的目标并不断朝目标努力。

(3)精神释放：通过各种有益活动，消除不良心理压力。

(4)冷静总结：变失败为成功之母，有针对性地指导以后的工作学习。

孩子对待批评无所谓怎么办

子新的爸爸是个生意人，家里经常来客人。这天，家里又来了几个爸爸的朋友。吃过饭后，爸爸心情很好，非要子新在客人面前唱歌。结果，子新紧张得没唱好，爸爸当着众人面数落子新没出息，弄得子新下不了台，脸也红红的。后来，又有过几次相似的经历。慢慢地，子新被大人批评后不再脸红，反而变得无所谓，甚至在学校也不再听老师的了，伙伴们也笑他脸皮厚，而他呢，好像没听到。

子新为什么会变成这样呢？原因很简单，就是自尊心无情地被家长剥夺了。

自尊就是自己尊重自己，使自己的人格、权益不受他人的侵害。具有自尊心是健康人格的重要标志之一，它可以帮助孩子改正错误，看清自己。自尊心强的儿童有上进心，他可以不断地克服困难。当他受到批评时会感到羞愧，而有些儿童经常不寻求别人对他的注意，不在乎别人的表扬，受到批评时不羞愧等，这些就是缺乏自尊心的表现。

只有懂得自尊的孩子才会去尊重别人，才是一个大写的人。因此，我们要使自己的孩子具备自尊心。孩子的自尊心要从小培养。

怎样培养和保护孩子的自尊心呢？

第一，要尊重孩子。因为年龄阅历等关系，孩子的自我认识、自我评价往往依赖于家长对他们的评价。当成人尊重他们，赞许他们，他们才会有

良好的自我评价，找到自己的位置，从而尊重自己。而有些家长不懂得赏识孩子，常因为孩子不是很出色而指责、批评他们，使孩子产生自卑心理，严重的破罐破摔，也就缺乏了应有的自尊心。

第二，找机会让孩子明白“错误是难免的”。有很多孩子会因为失败而衍生出退却的心理，长期不敢尝试导致挨骂的结果，当然很容易丧失自尊心与自信心。

第三，对孩子还要严格要求，不要溺爱孩子。尊重不等于放纵，不是要孩子做事毫无原则，如果对孩子要求不严格，那么我们培养的就不是自尊，而是盲目行事，自以为是。所以孩子做错了事，也要给予一定的处罚。

第四，还可以经常一家人在一起，举办“家庭会议”，让孩子一吐心中的想法与不悦，然后再帮助他们找到解决的方法。否则，挫折越积越多，再建立良好的自尊心可就难了。

总之，家长应尊重孩子并严格要求孩子，让他们的自尊能够健康地发展。这样，他们既能学会尊重别人，也会形成良好的自尊，有利于自身的健康发展。

发现孩子自私怎么办

小红是个四年级的学生，她各门功课都很优秀，可就是得不到伙伴们的喜爱，原因吗，就是她太自私，小气鬼，什么事都只想自己，不想别人。有一次，新年联欢会，同学向她借服装参加全校大联唱，可她怎么也不肯借。所以在班上一个好朋友也没有。在家里，她也是一定要自己说了算，不管别人怎么想。面对任性，又有些自私的女儿，她的父母也不知该如何是好。

小红是个以自我为中心的孩子，但我们不能过多地去责备她，因为造成她的自私，或多或少有外界的因素，也与家庭的作用与影响有关。每一个做爸爸妈妈的，都希望自己的孩子智力超群，身体强壮，但有些家长错误的溺爱，不留意自己的言行以及不恰当的教育方式，都会使孩子误入歧途。根据有关资料表明，受大家欢迎的人的个性特点中首当其冲就是尊重他人，关心他人，富有同情心，而那些以自我为中心，不考虑他人利益，嫉妒心强的人则受到大家排斥。如果一个孩子没有爱心、同情心，是很难在事业

上获得成功的。因为成才不仅需要智力,更重要的是要具备丰富的情感和良好的人际交往能力。儿童心理学家指出,乐于助人,善于思考,善良和体贴是孩子遗传基因中具备的天性。但如果得不到良好的后天培养,这天性就会丧失。所以作为家长,我们要从小教育孩子关心、体贴别人,知道爱心无价。

(1)要创造良好的家庭气氛,采取正确的教育方式。心理学研究和生活实践表明,在平等、民主、和谐的气氛中,在讲道理、严与爱处理得恰当的环境中成长起来的孩子,很少形成任性、自私的人格问题。他们会关心周围的人,把爱心奉献给别人。

(2)家长不能我行我素,消除自身行为带给孩子的负面影响。有些家长不孝敬父母,不善待别人,又怎么能让孩子做到心中有他人呢?榜样的力量是无穷的,注意自己的言行举止,成为孩子学习的榜样比任何教育都见成效。

(3)应鼓励孩子多参加集体活动。孩子们是非常容易受感染的,在一个良好班级气氛中,受到集体的熏陶和感染。有利于养成良好的行为习惯。自私的孩子在集体活动中能受到道德、谦让、友爱的教育,会从别的伙伴那里受到感染、得到启发,从而增加对别人的爱心。

教育孩子同情他人,有爱心,所得到的回报是无限的。培养出一个具有爱心的孩子,他可能不是一个伟人,但他会是一个幸福的人。

孩子不听话怎么办

某校四(2)班有名同学叫苑雄飞,父母离异在家得不到温暖,造成了孩子经常离家出走,染上了许多不良习惯。在学校经常和同学打架,随便说脏话,影响课堂纪律,对老师的话,家长的话,谁的话他都听不进去。他连年蹲班,按他的年龄早该是初二年级的学生了。有一次,他故意撞了小同学,还大骂出口:“你怎么撞我呢?你想找打!你活得不自在了吗?”值周老师上前去制止,苑雄飞二目圆瞪,反而理直气壮地吼道:“你怎么光向着小同学?你拉我干什么?”说着,伸出拳头连向老师背上打了三拳。周围的小同学们吓的连连吐出舌头,纷纷地走开了。他一天到晚不知能惹上多少

事？老师们和同学都建议校长把他送到工读学校去算了。

现在的孩子，一般都是独生子女，他们在家长的溺爱下、娇惯下，都养成了任性、独来独往、唯我独尊的性格。在他们成长的过程中，主观努力固然重要，但家长、老师、外界对他们的帮助也是必不可少的。也可以这样说，这些客观的作用，在孩子们的成长过程中是起到很重要的作用的。这就必须让孩子们有个清醒的认识：必须听家长的话，必须听老师的话，因为老师和家长是孩子们的良师益友。但是在相当一大部分孩子当中，他们自以为是，骄横跋扈，自以为很聪明。在这些孩子当中有个性极强的；有多动的；有存有心理障碍的；有家庭环境差的……在他们身上存在着各种各样的问题和不同程度的缺点。那么怎样做好他们的转化工作呢？实践证明：关键是要摸清他们的心理，然后对症下药。

(1)爱子当先，给予温暖。首先要弄清他们心里想什么？从情感上要先互相沟通，让他们感受到温暖，感受到爱，感受到你的话是对的，愿意接受你的帮助，也就是愿意听你的话。换句话说，就是让他们相信你，尊敬你，你在他们的心目中要有威信，有了这种感情基础，他们才能听得进你说的话。

(2)注意方式，循循善诱。对于年龄较大的孩子，用摆事实，讲道理的方法为好。对于较小的孩子用讲故事的方法来说明一定的道理效果颇为显著。

例如：对于低年级的学生，讲治驼背的故事让他们明白上课为什么要坐端正坐直的道理；讲邱少云的事迹让他们明白为什么要遵守纪律；讲陈景润是为了让他们勤奋学习；讲狐狸与乌鸦的故事是启发孩子们要虚心听取别人的批评、劝告。不听话的孩子肯定做错事多，进行严厉的批评和帮助，也是非常必要的。但是在批评前，要和孩子们将心比心，在尊重孩子的基础上，选择批评的方式及时机，帮助他们认识错误，改正错误。实践证明，只有尊重孩子，爱护孩子，消除逆反情绪，孩子才会心服口服地接受批评，乐于改正错误。

(3)反复教育，监督进步。通过多种形式的思想教育，孩子听话了，思

想转变了，但要注意反复。如果核子出现了反复，要给予帮助，给予理解。不要一棒子打死，认为不可救药。初步期：多谈心，多表扬，多鼓励。波动期：多帮助他们辨别是非，改正错误。巩固期：多正面引导，倾注温暖。稳定期：多树典型，多找成绩，多肯定，使进步行为变为一贯的行动。

总之，十年树木，百年树人。做人的工作一定要讲艺术，才能收到良好的效果。

怎样帮助孩子克服胆子小的毛病

某小学四(2)班有位同学叫敖小冬，胆子特别小。上课不敢举手发言，就是老师把他叫起来，声音小的像蚊子声似的，说话时从脸到脖子一下子变得通红。家里来了客人，也不敢主动与陌生人说话，打招呼。更不敢晚上出门，走夜路，等等。父母、老师都对他很不满意。这样的孩子长大后怎么能担得起家庭的重担呢？又怎么能适应社会的需求呢！父母为此忧心忡忡。

社会的发展对人的素质提出了越来越高的要求。创造性、竞争性、合作性是现代化社会发展的显著特征。这一特征要求培养出的人才不仅有知识，而且有胆有识，要具备较高的道德修养和人格素质。高智能、低素质势必造成与现代社会发展所需人才的“错位”。因此，无论是学校还是家长，要重视孩子们的心理教育，让他们经风雨，见世面，以良好的心态迎接人生的各种考验和挑战。要养成藐视困难、勇于拼搏、自强不息的精神，做生活和事业的强者。对自己要充满自信，克服怯弱、自甘落后的消极东西。常言说得好，刀在石上磨，钢在火中炼。胆子，是练出来的。家长应让孩子自幼树立起信心和勇气。信心和勇气不是与生俱来的，而是在一次又一次战胜困难取得成功的体验中养成的。让孩子们树立起自信心，敢于说我行！那么，怎样克服孩子的胆怯心理呢？

(1)平时家长和自己的孩子多谈话，让他们多在外边参加一些有益的活动。开阔孩子们的眼界，多给孩子讲一些英雄故事，树立起心中的偶像。让他们知道，胆子小是怯弱的表现。像智取威虎山中的杨子荣，浑身都是胆，独闯虎穴，有勇有谋，智战群敌，传为佳话等等。

(2)现在的孩子都是独生子女，必须让他们和小伙伴们多接触，多游戏，消除孩子对外界的陌生感。

(3)有意识地让孩子独立去买东西，或办一些力所能及的事情。成功后，给予孩子表扬、鼓励，让孩子感到成功的喜悦。

(4)和学校老师配合好，鼓励孩子上课多发言，老师对这类胆小的孩子适当地给予照顾和鼓励，平时多给他们锻炼的机会。

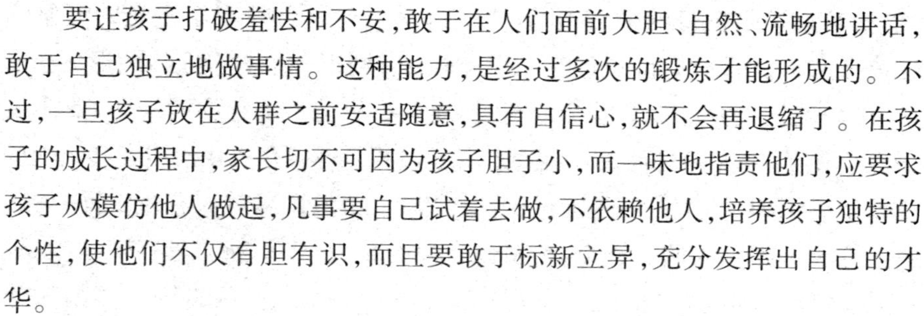

要让孩子打破羞怯和不安，敢于在人们面前大胆、自然、流畅地讲话，敢于自己独立地做事情。这种能力，是经过多次的锻炼才能形成的。不过，一旦孩子放在人群之前安适随意，具有自信心，就不会再退缩了。在孩子的成长过程中，家长切不可因为孩子胆子小，而一味地指责他们，应要求孩子从模仿他人做起，凡事要自己试着去做，不依赖他人，培养孩子独特的个性，使他们不仅有胆有识，而且要敢于标新立异，充分发挥出自己的才华。

教会孩子要谦虚，不骄不躁

有一次，学校组织活动，从每班挑出的都是大中队干部来参加。他们都是学生当中的佼佼者，张磊就是其中的一个。他思维敏捷，工作能力强，被老师同学推选为大队长。但是由于他骄傲自满，自以为是，在工作中，不走群众路线，也听不得不同意见，干群关系比较紧张。尽管在活动中很卖力气，也有吃苦精神，但在评选优秀干部中，他落选了。他伤心地哭了，家长也很苦恼，认为宝贝儿子怎么这么倒霉？了解情况的人都知道，这是他的家长平时不注意他的教育，导致他今天的状况。

现代心理学研究表明：人在幼年时记录在大脑中父母的意识(言行)将会长久不衰地停留在他们人格的“磁带”上，并且在适当时候会自动“播放”出来，具有贯穿整个人生的强大的影响力。事实也是这样，父母对子女幼时的良好教育影响，将会使子女终生受益，反之，则贻害无穷。从孩子懂事的那天起，我们就要重视对孩子们的性格教育，特别要教会他们学会谦虚，不骄不躁，为他们进步、成长、成才奠定坚实的基础。下面我们提供几种方法，以便共勉。

(1)家长对孩子的优点,成绩过头的夸耀,往往使孩子头脑发胀,容易造成孩子骄傲自大的性格。所以,家长平时准确适度的评价尤为重要。

(2)加强训练指导,克服孩子骄傲自满的心理,通过讲道理开阔思路是很重要的,使成绩好的同学知道“天外有天”。如让孩子每周观察一个同学,详细地表达这个同学的优点,以引导孩子虚心向他人学习。这样吸收同学们的优点多了,就会养成“自知之明”的好品质。

(3)家长用自身的胸怀坦荡、谦逊好学、严格自律、奋斗不息的形象感染孩子。家长的示范和家庭良好的氛围最有利于孩子健全人格的形成。

(4)家长在肯定孩子成绩的同时,还要指出他身上存在的问题,要让孩子在事实面前认识自己的不足,让孩子进行反思,不断找出自己的差距。让孩子认识到:骄傲自满是前进中的绊脚石,骄傲自满就像有色眼镜一样,使他们看不到别人的闪光点,使自己自以为是,止步不前。只有谦虚,不骄不躁,才能看到别人的长处、才能进步、才能和大家合群,否则只能是孤芳自赏。

(5)和老师密切配合,保持方法一致。在孩子成长过程中,给孩子创造改正错误的机会,要在生活中发现孩子的闪光点,不断肯定他们的点滴进步,及时纠正他们骄傲自满的情绪,使孩子健康成长。

生活习惯的养成和不良习惯的矫正

怎样培养孩子良好的生活习惯

据说有一个孩子已经上到四年级了,每天还是妈妈给他把鸡蛋剥好皮。一天,妈妈没剥鸡蛋皮,中午孩子看着鸡蛋左右为难,因为他居然不会剥去鸡蛋皮。当然,这属于个别现象,但却有十足的代表性。从中我们已看到家长对孩子包办、代替太多所造成的后果,久之,必然养成孩子的依赖思想与懒惰性,这样下去,一代人的素质必然降低,独立意识必然缺乏。不是曾发生过有些大学生将积攒一周的衣物拿回家让家长代洗的事吗?这样的孩子怎能成为艰苦奋斗、勇于创造的人才呢?

让我们看看另一个事例:一位在美国读书的留学生,在获得博士学位

后给他小时候的启蒙老师写来了一封信，信中有这样一段话："在我今天念完博士学位最高兴的时刻，我十分感谢我的生身父母及我的启蒙老师，是你们给我打下了坚实的基础，是你们培养了我良好的行为习惯，使我遇到的种种困难都能战而胜之并能够坚持下来……"。可见，良好的行为习惯在人的一生中作用是多么的重要！

俗话说习惯成自然。形成了习惯，既不用别人督促，又不需要努力。习惯不是某种行为的偶然表现，而是一个人习惯化了的行为方式。

习惯有好坏之分。家长要培养孩子们良好的生活习惯。这对孩子的一生都有好处。俄国教育家乌申斯基指出："良好的习惯乃是人在某神经系统中所存放的道德资本，这个资本不断地增殖，而人在其整个一生中就享受着它的利息。"我国著名教育家叶圣陶也说过："凡是好的态度和方法，都要使它化为习惯，只有熟练得成了习惯，好的态度才能随时随地表现，好的方法才能随时随地应用，好像出于本能，一辈子受用不尽。"

怎样培养孩子良好的生活习惯呢？

(1)培养孩子的独立生活能力。我们一定要从小培养孩子的动手习惯。最好的办法是鼓励孩子爱劳动，让他们从事力所能及的家务劳动，孩子自己的事情要自己做，家长不要包办代替。自幼培养孩子自己洗手绢，自己穿衣系带，自己整理衣物，用过的东西要放回原处并摆放整齐。孩子大点了，可以让他帮助家长扫地、洗碗、擦桌子、倒垃圾等，活儿不一定多，但要天天坚持。这样可以培养孩子的责任感、服务意识和动手的好习惯。自然，孩子的自理能力也会得到提高。

(2)培养孩子良好的作息习惯。良好的作息习惯对孩子的一生身心健康起着极为重要的作用。实践告诉我们，凡是那些能够按时睡觉，按时起床，按时就餐，按时学习，按时活动的儿童，大多是身体健壮，学习成绩优良，自理能力强的孩子。从另一个角度看，良好的作息习惯是具有"时间观念，效益观念"的具体体现。家长要让孩子从小认识到时间是最宝贵的财富，要使孩子们真正懂得时间与成才、效率与成功的关系。这一点是新型人才必备的基本素质之一。所以，良好的作息习惯的形成有利于孩子们适

应社会，适应时代的需求。

(3)培养孩子养成良好的卫生习惯。要让孩子保持个人的清洁卫生。要按时洗脸，按时刷牙，饭前便后洗手，饭后漱口，定期洗澡、理发、剪指甲、更换衣服等。学习时要注意保护视力。要让孩子们保证正确的阅读姿势，看书写字眼睛与书本保持一尺左右的距离，不在暗淡光线和强烈阳光下看书，不躺着或在行驶的车上看书。在饮食方面的卫生习惯有：要让孩子定时定量进餐，不暴饮暴食，不吃零食，不偏食，不喝生水。

(4)培养孩子勤俭朴素的生活作风。勤俭朴素是我国的优良传统。虽然现在我们的生活得到了改善，物质充裕了，但勤俭朴素的传统不能丢，因为它有助于净化人的灵魂，防止人们腐化变质。我们家长要引导孩子在吃穿用方面勤俭、大方、朴素，克服虚荣攀比心理。我们要注意，不要让孩子戴项链、耳环、戒指、穿时髦服装；不要让孩子比谁的手表昂贵，谁的发型漂亮。家长要引导孩子认清什么是美，怎样鉴别和欣赏美，尤其在衣着打扮上要让孩子们大方朴素。不然孩子们就会比吃比穿，讲排场，虚荣攀比的不健康心理就会毒化孩子们幼小的心灵。

孩子痴迷玩电脑游戏怎么办

随着电脑的普及，电脑进入家庭后，不少家长经常在一起抱怨自己的孩子“自从给孩子添置了家用电脑后，本来想让孩子用电脑促进学习，哪曾想孩子只是痴迷电脑游戏。有功夫他就玩电脑游戏，有时作业都不能按时完成，有了电脑反而成了孩子学习的祸害。”

有此议论的家长不乏其人。的确，为孩子添置电脑后，如不能正确引导和适当安排孩子学习电脑的有关知识和操作技能，孩子很容易被电脑内光彩夺目、紧张有趣的游戏所吸引。这里先向家长说明一个观点：孩子认识电脑，使用电脑外部构件、键盘、鼠标都是从操作电脑游戏开始进入电脑世界的。所以当家庭添置电脑后，孩子痴迷游戏，家长不要大惊小怪，如临大敌。孩子在玩电脑游戏的过程中会不断熟悉电脑、使用电脑。当然，过于痴迷，以致影响正常学习生活是不对的。那么应该如何引导和安排孩子学习好电脑知识和操作，通过使用电脑促进他们的学习呢？

(1)告诉孩子,电脑都有什么用处?请有经验的人给孩子做一些演示;安装一部分符合孩子知识程度的学习软件,由孩子自己摸索操作练习,提高孩子学习兴趣,让他们知道电脑的真正用途,引发孩子进一步开发电脑的广泛用途。

(2)家长与孩子共同学习操作,家长和孩子来一个学用电脑比赛。如果家长对电脑一窍不通,比赛的结果家长不一定会比孩子学习得更好。这样孩子学习的兴趣就会高涨,对于今后进一步学习电脑打下较好的基础。如果家长对电脑使用有一定的基础,一定要给孩子购买一些有关学习电脑的普及书籍,和孩子一步一步地学习,当孩子掌握一定程度的操作技巧后,他们会充分利用电脑来促进知识的学习。

(3)在孩子有一定操作能力后,应交给孩子完成一些家庭事务的电脑应用任务。如家庭财务管理、家庭有关档案管理、制作一张家用通讯录、物品存放安排表。让孩子用电脑练习写日记、周记、写信等等。特别帮助孩子用自己使用电脑的一技之长,为班集体,为少先队中、小队制作一些记录活动的日志。这样,孩子对自己的这一特长有了用武之地,孩子会增强自己的自信心,会增强今后学好电脑的动力。

如果孩子对绘画有一定基础,家长如能请内行的人给孩子一些指点,孩子会一步一步地步入深层使用电脑。当然,孩子利用寒、暑假期间参加一些电脑培训班学习,是孩子系统地学习和掌握电脑知识和操作的最好办法。

经过上述的方法一定会避免孩子痴迷游戏,使购买的电脑通过孩子的学练派上大用场。

孩子染上抽烟等不良嗜好怎么办

昇昇今年10岁了,在离家很近的一所小学上四年级。一天晚上,妈妈下班骑车回家,看到一群小男孩正在胡同的一角模仿大人抽烟,并互相嬉笑、取闹着。妈妈越骑越近,当她看清其中一个小男孩熟悉的脸庞时,头脑“嗡”的一声,就像要炸了一般,那就是他可亲可爱,她根本不会想到会“学坏”的儿子。

妈妈的气不打一处来，不管三七二十一地将昇昇拉回家，反锁上家门，不容儿子说一句话，将儿子打得鼻青脸肿。直到晚上，还能听到小昇昇断断续续的哭泣声……

小学中年级是孩子心理成长的关键期，在这个时期，孩子的独立、自我意识日趋强烈，他们会模仿或学习他们认为能体现出其男子汉气概的任何事情，但由于他们的世界观尚未形成，心理发展水平也较低，因此，非常容易染上所谓的不良“嗜好”，诸如抽烟、酗酒等。但实际上，其不良“嗜好”也仅仅能称之为“尝试”，而绝非真正意义的嗜好。所以，家长在处理诸如此类的问题时千万不可认为孩子已犯下了“滔天大罪”“不可饶恕”，而应具体地从孩子的年龄特点着手，耐心细致，晓之以理，动之以情地进行引导、说服及教育。

第一，要能够耐心地倾听孩子的诉说。孩子乐于学习或模仿某种行为往往有他自己的一套理由。或许是错的，或许是可笑的，或许是令父母失望的，但的确是他自己的理由。因此，家长一定要耐心地倾听孩子的诉说，以便了解事情的原因，为接下来的教育工作掌握线索。

第二，因势利导，做好说服教育工作。中年级的孩子可塑性比较强。因此，向孩子不断地“灌输”积极因素，巩固和发扬他们的长处，就可以不断地对孩子进行塑造性的教育，从而防微杜渐，把根子扎正。因此，家长可以先从肯定孩子的好奇心入手，一步一步地谈到问题的实质与根本。在这个过程中家长要注意从知、情、意、行四个方面入手教育，既要让孩子对自己行为的错误有深刻的认识及体会，又要能激发起孩子情感上的共鸣，既要从一点一滴的良好行为着手努力，又要能够持之以恒地坚持与不良诱因做斗争。中年级的孩子是领悟力很强，自尊心又比较脆弱的时期，从保护孩子的自尊心入手教育，一定会取得意想不到的效果。

孩子说谎怎么办

李想是个10岁的男孩。他最近很忙，除了抓紧时间复习功课迎接期末考试外，还要到少年宫练习手风琴，准备参加年底的手风琴考级。昨天，他放学后就和妈妈一起去了少年宫，到家时已晚上八点多了，回到家匆匆吃

了晚饭就马上拿出作业写起来，一直到十点多完成。李想这么一忙乎就把今天的语文测验给忘了，原来他考试成绩只得了70分，他怕妈妈知道了批评自己就让别人签了妈妈的名字，交给了老师，老师发现后请来了李想的妈妈，妈妈真是又急又气，她不明白平时这么乖的儿子，为什么也撒谎骗她。

李想这种说谎的现象在很多孩子身上出现过。他们都为了个人目的或是逃避惩罚，或是炫耀自己，或是栽赃他人，或是获取好处而编的谎言。因为孩子的理解以及道德规范的认识方面发展不平衡、不完善，所以常常会出现品德之外的所谓“撒谎”现象。

主要原因有以下几条：①为了逃避惩罚而进行自卫。就像文章开头提到的“李想”，他为了逃避妈妈的斥责，让别人替妈妈签字。②家庭的影响造成孩子说谎。有的家长不守信用，向孩子许下的诺言总不能兑现，时间长了，孩子也跟着学。再有，有些家长为了让孩子讲真话，向孩子担保一定不会惩罚他，可孩子一旦吐露真情，等待他们的仍是严厉的惩罚。还有些家长由于各种原因，在孩子面前撒谎。这些都给孩子造成了不好的影响。所谓“身不正则影斜”，就是这个道理。③为了炫耀自己而自夸自大。有些孩子为了抬高自身的地位，成为大家注意的中心，而自吹自擂。④害怕失去大人的信任。有些孩子犯了错误以后，生怕自己做错事而使得家长、老师不再喜欢他，故而撒谎掩盖。

了解儿童说谎的原因，就要采取措施加以防治。

(1)要让孩子知道撒谎是错误的，以及撒谎带来的后果。当你发现孩子有撒谎苗头的时候，不能当做玩笑一笑了之，要告诉孩子说谎是不对的，让她们知道你诚实对别人，别人才会信任你、尊重你。还可以通过“狼来了”的故事告诉孩子说谎的后果。

(2)在批评孩子说谎不对时，要顾及他的自尊心。不要当着众人或在公众场合当场揭穿他、斥责他。要在没有别人的情况下，单独与孩子交心。

(3)要给孩子改正错误的机会。一旦孩子承认了错误，说出了真相，就不要再追问下去。必要时还需给予鼓励，发现孩子改正了错误就不要再提

起这些。

(4)家长要以身作则。家长在家中不要以任何理由说谎话。不要给孩子带来不好的影响。

发现孩子拿别人东西怎么办

宋杰是个聪明的孩子,他总爱动手拆装一些东西,这不,最近他又迷上了现在流行的一种组合赛车。这几天,宋杰的爸爸发现家里有几个新的汽车零件,问宋杰,他说是买的,爸爸也没再多问。又过了几天,宋杰的爸爸被老师请到学校,被告之宋杰拿了同学的汽车零件。当问到宋杰为什么这样做时,他只说因为自己喜欢。宋杰的爸爸听了也不知该说什么好,回到家,把宋杰狠狠地打了一顿。

像宋杰这样小偷小摸行为在儿童早期颇为普遍,并于5~8岁时达到高峰,然后会逐渐消失,但如果持续到10岁以后还有这种行为,就必须引起家长的重视,必要时还要求助于有关心理卫生专家来帮助纠正。这个年龄的孩子尚未形成正确的道德观念。他们倾向于以自我为中心,希望自己的任何要求都要立刻得到满足。他们做事没有计划,不顾后果,也不懂得私有权,弄不清偷与借的区别,甚至拿了别人的东西也不感觉是犯错误,特别是独生子女尤为突出。偷窃行为最使孩子的父母担忧,因为这样从小发展下去是很危险的。但由于孩子还小,往往认识不到后果的严重性,这就需要家长从严要求,及早发现,坚决制止,并且指导孩子守法、用法。守法用法是一种观念,一种思维,一种意识形态,它的形成需要一个长期的过程,家长要从小培养。

(1)要找到孩子的偷窃原因,只有找出原因,因势利导,采取最恰当的方法和手段才能予以纠正。

(2)父母要善于、敢于进行限制孩子愿望的教育。很多儿童的不法行为是家长疏于管教,不约束孩子行为的结果,家长不限制孩子的冲动,使孩子的愿望都能得以实现。这样“恶果”便自然而然地产生了。因此,作为家长再也不要认为孩子还小,不懂事,管教也没有用,小孩子顽皮,任性没关系,长大了就好了,不能让孩子再随心所欲。

(3)要使孩子勇于承认错误。正视错误是改掉偷窃行为的前提。发现问题后及时将物品还给主人,不要让孩子怀有侥幸心理。

(4)做个细心的父母,关注孩子的日常生活。有些孩子在出现问题时,家长没有及时发现,错过了教育的时机,从而铸成大错。作为家长,我们要把孩子的不良行为扼制在萌芽状态,不能放任不管。

此外,家长还要加强自身修养,以身作则。“近朱者赤,近墨者黑”。家长是孩子最直接、最经常模仿的对象,家长的言谈举止是孩子模仿的榜样。有的家长爱占小便宜或者对孩子的顺手牵羊存在潜在的愉快感受,这些都会给孩子带来不良影响。

孩子花钱大手大脚怎么办

珊珊有一个幸福的家庭,爷爷奶奶都在工作岗位上忙碌,爸爸、妈妈也有一份不错的工作,一家五口人日子过得富裕幸福。由于家境好,珊珊养成花起钱来大手大脚的坏习惯。从不算计,更谈不上节约。去年9岁过生日的时候,珊珊在“麦当劳”请几个同学吃饭,一下就花了300多块钱。可自打爷爷奶奶退休,妈妈下岗后,珊珊家的生活每况愈下,连珊珊每天的零用钱都没有了。这可愁坏了珊珊,平时花钱花惯了,一下子没有那么多钱了,她还真不习惯。于是,珊珊每天都磨妈妈给自己零用钱,可妈妈实在没有太多的钱让珊珊去零用,急了就怪珊珊不懂事。她有什么办法来改变珊珊花钱大手大脚的坏毛病呢?

现在有很多孩子花钱大手大脚,不做计划,也不为家长考虑。但这也不能全怪孩子,小孩子的自制力、计划性相对差一些,多数孩子还没建立起劳动与金钱的关系,再加上父母从小娇生惯养,对孩子百依百顺,孩子当然不把花钱当回事。

孩子从小习惯在金钱方面大手大脚,习惯了花钱之后的满足感和愉悦感,其实孩子花钱的动机很简单,只知道钱是可以兑换物品的东西,并不太了解钱的真正意义及劳动辛苦,也不易养成储蓄的习惯。如果此时你硬要孩子如何如何做,效果也不会太好。我们应该在日常生活中,有意识地去引导和教育。

(1)不要随便给孩子零用钱,更不要以金钱作为对他们的赏识或奖励。刚才我们讲过10岁左右的孩子自制力、计划性相对较差,如果总是过多地给孩子零用钱,家长再不引导孩子如何消费,就极易使孩子养成乱花钱,花钱大手大脚的毛病。

(2)适当地给孩子一些零用钱,让他们学会自己去合理地支配。不给孩子零用钱的方法也是不可取的。可以每天给孩子少量的零用钱,并由家长来指导怎样让钱花得值,花得有意义,慢慢地,孩子就会自己合理支配零用钱了。

(3)让孩子养成"做账"的习惯。这里所讲的"做账"并不是让孩子一五、一十地交代金钱的来龙去脉,但最起码要让他们略微的说明一下,钱到底花到什么地方去了。这样就会慢慢地培养出他们花钱的计划性。

(4)让他们花钱"物有所值"。也就是说,告诉他们哪些玩具耐用不贵,哪家的文具物美价廉,让孩子知道花一笔钱就应该换回相同价值的东西。

除此之外,家长在日常生活中也要注意自己的言行。只有勤俭持家的家长才会影响孩子懂得节约。再有,我们还要具备允许孩子尝试错误的雅量,毕竟他们是孩子,绝不可能"一点就通"、"一学就会",您说不是吗?

交往与情感

孩子和同学搞不好团结怎么办

在一个班集体中总会经常发现有那么几个学生,在和同学的关系上,存在问题。平时总是和同学出现磕磕碰碰,你鼓着我瘪着,今天跟这个同学闹意见,明天和那个同学不说话。在同学中没有好朋友。孩子放学回到家里往往情绪不高,家长问起时,孩子表现出很委屈。孩子会说:"我真讨厌某某"、"某某我恨死他了"、"某某真没劲"……

不同的家长对此反应也就不同。有的无动于衷、不闻不问、坦然处之;有的会说"谁欺负你了,给他告老师"(这样的家长不乏其人),甚至"告诫"孩子"谁欺负你,你就打谁"(此类家长绝对是极少数);当然也有的家长非常重视孩子在学校与同学的关系,注意孩子能和同学搞好团结。

家长对自己孩子在和同学之间、小伙伴之间不团结的现象不可忽视，不可漠不关心。

团结同学，与人真诚交往，团结友爱，互敬互谅是小学生的优良品质和健康心理品格的具体表现和重要内容之一。未来对复合人才的需求，是多方面的素质，尤其是具备与人合作的意识更是尤为重要。孩子与人合作意识的产生，在于从小通过与同学之间的团结、与小伙伴的友好交往进行培养和锻炼。

因此，作为家长关心孩子身心健康的成长应特别重视孩子与同学之间的团结以及如何处理小伙伴之间交往中出现的问题。

如果孩子与同学之间总是经常发生影响团结的问题。例如与同学之间经常闹意见，孩子回家总是讲谁谁不好，谁谁让他生气；平时没有比较亲近的要好伙伴；或是孩子总是因为同学关系出现一些问题回家后闷闷不乐时，家长首先有必要与孩子做一次心平气和的谈话，通过与孩子交心，了解孩子在团结同学方面是否产生障碍了，是经常出现问题，还是偶尔出现问题。让孩子自己分析不能和同学之间搞好团结的原因在哪里？如果孩子能够分析出自己存在的问题，说明孩子在团结同学的问题中没有什么思想上的障碍，家长应给予一定的肯定和鼓励，告诉孩子既然分析出自己的问题，就应该改变自己和同学的关系，积极主动地团结好同学。如果通过与孩子谈话，孩子说出搞不好团结的原因都是同学的毛病，没有自己的责任时，家长就应分析孩子间发生影响团结的原因，自己的孩子存在什么问题。可以从以下几个方面进行分析并帮助孩子克服：

首先，看一看自己的孩子“独不独”，是否“拔尖”；是不是表现出自以为是，一切事情都要听从他的意愿，如果是听从则罢了，不听则生气，不爱搭理不听从自己意愿的同学，这是当前影响孩子之间团结的主要症结。现在，在校的学生都是独生子女，很容易产生由于独生子女在家庭生活中的“独”与“拔尖”，并运用到学校同学之间生活中去。如果孩子与同学之间出现团结问题的原因在于此，就应给孩子讲一讲，班集体是一个大家庭，同学之间应是兄弟姐妹，彼此互相关心、互相礼让，对于不是原则的问题，不必

过分追究。告诉孩子，能够倾听别人的意见是一个人的优良品质。告诉孩子能够虚心向别人学习，发现别人的优点都是与别人搞好团结的思想基础。

其次，如果通过谈话了解到自己的孩子出于对别人的嫉妒而产生不能和同学团结好，应对孩子进行善意的、和风细雨般地讲道理。指出不能正视别人的优点、长处并虚心向人家学习，自己就不能进步。同时还应知晓自己的优势、长处，运用自己的优势和长处为集体、为同学做出应做的贡献。告诉孩子与别人共同为集体、为别人作出努力，为集体增添光和热，一定会赢得大家的认可和爱戴，那是一个人最愉快的事情。

最后，还有一种影响和同学团结的原因是彼此产生误解。此时家长应通过谈话捕捉误解点在什么地方，如果对同学的误解是由于自己孩子，应劝导他主动找同学承认自己对同学的误解，消除不团结的因素。如果是对方对自己孩子的误解，属于一般性没有原则性的误解，应开导孩子不要介意别人的小误解，平时待人处事要宽宏大量，不要小肚鸡肠，对于误解的同学不要有隔阂。就是原则的事情也应规劝孩子热情地找对方，用摆事实的方法说明什么地方被误解了，与同学在感情上不能产生疙瘩。

综合上述，家长通过孩子如何对待同学团结的事情，来培养今后如何与人交往、如何与人接触，从小培养孩子与人合作意识与习惯，将来成为一个“善于团结别人、善于理解别人、善于交往、善于合作”的人。

孩子被人欺负了应教他怎样处理

10岁的彬彬是个性格内向的孩子，他胆子很小，从不招惹是非。有一天放学回家后，妈妈发现彬彬满身是土，眼里还噙着泪水。妈妈问他是怎么回事，他支吾了半天才道出原因。原来，在放学回家的路上，几个高年级的孩子抢他的水壶玩，他在追他们的时候，被他们推了一个跟头。他伤心地坐在地上哭了起来，也不敢再去追他们了。

像彬彬这样被人捉弄、欺负的同学也不算少数。这是为什么呢？攻击行为是儿童中较为常见的行为问题。不当的家庭教育方式促使孩子以自我为中心的倾向，影视报刊等大众传媒对孩子的影响也是造成孩子攻击行

为的原因。在被攻击的对象中，大部分是那些胆子小的低年级的孩子。他们的害怕、胆小和眼泪让欺负他们的人感到快感。

心理学家说，害怕是由于感到不安全，受到威胁或没有能力对付可能出现的危险和造成伤害的人物而产生的一种情感。一般儿童都会有这种害怕心理，长期处于这种心理状态，会使儿童身心受到伤害。他们会变得胆怯、懦弱、退缩，对外界充满敌意。时间长了，还会严重地伤及自信心，直至长大成人，这一阴影还可能存在，并且影响他们正常的工作、学习和交友。这对孩子以后的发展十分不利。由此可见，引导孩子学习、掌握一些自我保护的方法是十分必要的。想想看，如果彬彬不是以退缩、眼泪来面对欺负他的人，而是运用一些正确的方法保护自己，结果就不会像文章开头所讲的了。那么我们该如何教孩子面对被欺负的场面呢？

(1)不要有太多的情绪反应。作为家长要告诉孩子，当他被捉弄、欺负时，不要以泪水相对，这样就会正中坏人的下怀。要学会镇定自若，对他们的嘲笑、捉弄不加理睬。那些人自讨没趣后，就会停止恶作剧。

(2)让孩子变得勇敢。如果你的孩子面对以强欺弱的人产生了退缩情绪，会使那些人对孩子纠缠不清。要告诉你的孩子勇敢地面对他们。

(3)教会孩子采取出其不意的行动。心理学家说过，帮助孩子练习果断行动可以增强他们的自信心。因此，我们可以以家庭剧的形式教会孩子如何呵斥欺负、捉弄他的人。

(4)在必要的时候，要通过学校来解决。不管是校内还是校外，您了解到发生的事发展到有必要通过学校来解决的时候，您就要将情况直接反映给校长或老师，来寻求学校的支持。但也不能鼓励孩子事事都与老师讲。这样会使孩子失去友谊，养成“打小报告”的习惯。

此外，值得一提的是，您在应用以上方法时一定要先了解到发生在孩子身上的事是属于被人捉弄、欺负，还是同学之间发生的争吵、矛盾、冲突。如果是小朋友之间发生争执，就要用其他的办法来解决。

怎样增加孩子的集体荣誉感

苑雄飞是某小学的一名有名的调皮学生。提起他，老师和同学真是对

他头痛，家长更是拿他没办法。整天不是打这个，就是骂那个，要不然就是半路上劫了哪位小同学的钱？受害者不是上学校告状就是找家长，老师烦心，家长无可奈何！由于班上苑雄飞等同学经常惹事，破坏纪律，学校在行为规范评比中，一个学期下来，很少被评为行为规范班。为此，老师经常把他的家长请到学校，他家长真是无脸见老师，为此很苦恼。

现在孩子都是独生子女，他们身上存在着这样、那样的缺点和坏习惯。但是每一个好的习惯的养成，每一种思想的转变都不是一朝一夕的，也不是光凭一时的说教所能奏效的。必须根据孩子的年龄特点，循循善诱，千万不能粗暴地对待孩子，否则很容易走向反面。人们常说，一把钥匙开一把锁，也就是说，要因人而异，不能一律对待。让我们共同冷静下来，认真地做好自己子女的教育工作。

(1)首先给孩子们讲清什么是集体？集体又是怎么形成的呢？那么个人和集体又是什么关系？让孩子们了解并且认识到：每个人的言行都直接会影响到集体的荣誉，人人都要像爱护自己的眼睛一样爱护班集体的荣誉，没有集体，也就没有个人的荣誉。

(2)让孩子们清楚地知道哪些事该做？哪些事不该做？不应该因为自己的一时冲动给班集体的荣誉抹黑。为集体争光的事要多做，给集体荣誉抹黑的事坚决不做。

(3)有意识地培养孩子小主人翁意识，询问孩子在学校的表现，从大事着眼，从小事抓起。比如：询问孩子爱护公共财物怎么样？知道不知道人走关灯？水龙头没拧紧，应该主动去拧紧。你为班里作了几件好事？

(4)定期让孩子们向家长汇报心中有他人的想法和做法，及时鼓励、表扬孩子做出的成绩，让孩子在一次次活动中，向集体献爱心。同时又感到了集体大家庭的温暖。

(5)坚持用一分为二的观点，来看待孩子们的点滴进步。同时，给予孩子们热情的帮助。也要及时和学校老师取得联系，密切配合，共同教育，步调一致，形成教育的合力。

通过循序渐进的诱导，使孩子们知道了什么是集体的荣誉，从而人人

为集体去争荣誉。如果大部分孩子们都有了集体荣誉感，也就增强了集体的凝聚力，形成了好的班风，好的集体。孩子在这样好的环境里成长，就更激发了孩子们的上进心和进取心！

怎样培养孩子的主人翁意识

有人曾就“你在家庭中感到最不满意的是什么”为题征询孩子们的意见，多数孩子说最不满意的是“在家中无地位”。有的说：“什么都得听爸爸妈妈的，我们一点权利也没有。”有的说：“家长根本不把我们放在眼里，什么事都由他们做主。”也有的说：“我在家是小皇帝，我爸我妈都听我指挥。”看来，孩子在家中到底应处在什么地位，真应当引起每一个家长的重视，我们培养孩子作家庭小主人意义重大。它可以减少孩子的依赖性，增强孩子的责任感、义务感，锻炼孩子的能力，提高自主性。从小学会过民主生活，增强参与意识，培养主人翁精神，为将来做国家的主人打下基础。

那么，怎样培养孩子的主人翁精神呢？

(1)转变思想观念。做父母的都希望自己的孩子成才，国家也希望所有的孩子成为有理想、有道德、有文化、守纪律的一代新人。这关系到怎样教育后代，让他们茁壮成长的问题。诚然，教育孩子的方法固然很重要，但首要的是教育观念的问题。即，用什么样的教育思想去培养提高孩子，培养孩子朝什么方向发展，最后要把孩子培养成什么样的人，在这一点上必须符合社会的需要。孩子能否成为家庭的小主人，关键在家长。家长的观念不正确，把孩子当成附属品或小皇帝，孩子在家中就谈不上树立小主人的意识。家长要摒弃那种“溺爱、放纵”式的家庭教育，也要摒弃那种“父命子从”式的封建家庭教育。我们的时代要求孩子既不是奴才也不是霸主，而是小主人，孩子要有独立的人格，要有自立的精神，要有创造的能力，这些都必须是在民主和谐的家庭教育下才能形成。家长要与孩子平等相处，给孩子处理自己事务的权力，家长不能总当命令者，而应当是协商者、指导者、参谋者。要尊重孩子，给他们以平等的地位，使孩子成为家中的一个主人。这样孩子才能形成独立的人格。成为有朝气、敢作为、会创造的新型人才。家长对孩子要有理解、有指导，要解放孩子的思想，使孩子健康成

长。

(2)家庭关系民主。家庭关系是塑造孩子人格的重要条件。家庭有无民主空气,关键在家长。家长要和孩子平等相处,给孩子民主权利,创造条件让孩子发表自己的见解。这样做有利于孩子独立人格的形成。

值得一提的是,有的家长平时比较民主,一旦孩子犯了错误就不民主了,对孩子讽刺挖苦,非打即骂,不尊重孩子的人格。把"培养孩子主人翁"的观念抛到了九霄云外。这种做法必须纠正。否则,就会使孩子缩手缩脚,畏首畏尾。民主还包括宽容。做家长的要像爱迪生的母亲那样宽容孩子:在爱迪生被开除回家的时候,把地下室让给他做实验,使爱迪生成长为一个大发明家。要像利波老板那样宽容法拉第:法拉第在利波老板的铺子里作学徒,订书订得最慢,但是利波了解了他是一面订书一面读书时,宽容了他。终于让法拉第在电学上取得了辉煌的成绩。宽容意味着信任、尊重、期望。宽容能使孩子敢做敢当,家长只有理解孩子,才能做到宽容孩子,引导孩子,教育孩子。

(3)召开家庭会议。经常召开家庭生活会议,共同研讨家庭中的主要问题,大人和孩子轮流做会议主席。在会上,对于家庭的重要问题,不分大小长幼,人人都可以尽情发表意见。相互之间还可以展开批评与自我批评。家庭会议也可以讨论社会信息,进行知识探讨或制订家庭生活计划等。这样做,一方面使孩子体会到了做小主人的权利和义务,一方面对孩子的参与能力也是个很好的锻炼,有利于孩子身心的健康发展。

(4)放手锻炼孩子。家长要有计划、有目的地锻炼孩子做小主人的能力,培养他们的主人翁意识。让孩子成为家庭中的小主人,很重要的一点是培养他们的独立精神,放手让孩子实践,接受锻炼。家长要让孩子自己独立处理能够处理的事,自己支配自己的时间,而不要越俎代庖,过分干涉。比如让孩子收拾、布置自己的房间,他们要在家里召开生日庆祝会,家长应给予指导和支持,热情招待孩子请来的小客人。孩子稍大些,可让孩子过问家庭经济开支。这样既能教育他们学会计划开支,勤俭持家,又能使他们感受到在家庭中的主人翁地位。可以让孩子作"一周或一个月"的

理财人,让他们计划开支,让他们做支出预算,让他们学会和邻里和他人打交道。这对培养孩子具有主人翁的思想是很有好处的。

怎样激发孩子热爱大自然的情感

小刚是个三年级的小学生,他活泼好动。但有时却动的不是地方。你看,有时他在刚种的小树上打秋千;有时他则在草坪中踩来踩去;有时他将街心公园里的花摘下几朵,不是送给同学,就是把花撕碎……为这事儿,爸爸妈妈没少批评小刚,但是效果并不大。小刚依然我行我素。家长对小刚的行为很是头疼,正在这时,学校举办了家长课堂。小刚的妈妈参加了学习。其中有一项内容对小刚妈妈震动很大。即,要帮助孩子正确地对待美,欣赏美。小刚的妈妈想,对呀!小刚的行为反映了他缺乏对大自然的爱,他不懂得大自然中的花草树木是人类的朋友,是地球的卫士。看来,“治病要治根,教育要教心”。小刚的妈妈决心激发小刚对大自然的爱,以便从根本上医治小刚的毛病。

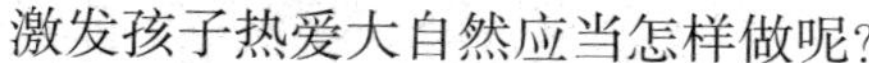

激发孩子热爱大自然应当怎样做呢?

(1)让孩子接触大自然,利用自然之美陶冶他们的情感。家长可以带领孩子游览大自然,拥抱大自然。孩子们在大自然中会亲身体验到大自然的美。孩子们会在这无拘无束的自然景观中感到别有一番情趣。当孩子们体验到这种美是那样的和谐自然,是那样的壮丽无比,他们会感到心情愉快,当然也就会加倍地去热爱去保护他们所热爱的大自然了。家长还可以带着孩子观看反映自然风光的影视片、画展;带他们采集植物标本,有条件的可以带孩子们亲手种草植树。这些活动往往能够激发起孩子们对大自然的热爱之情。

(2)让孩子们知道花草树木的巨大作用。要想让孩子喜爱某种事物,首先要帮助孩子了解它,特别是了解这种事物对人类对社会的好处。孩子们一旦了解了它的作用,那么对它的爱往往是专注的、深切的、自然的、由衷的。家长可以向孩子讲清楚,花草树木不仅可以供人们观赏,美化环境,还可以净化空气,制造出人们和动物一刻也不能离开的氧气。同时,花草树木可以调节气候,保持水土,防止土壤沙漠化。所以我们说花草树木是

人类的朋友,是地球的卫士。孩子们了解了这些知识和道理,热爱大自然的感情便会油然而生。

(3)让孩子们积极地参加“美化生活,美化环境”的劳动。如种花植树,给花草树木浇水,替小树捉虫,给小树穿衣。还可以让孩子们参加“热爱自然,保护环境”的宣传活动。这样,孩子们不仅会精心地热爱和保护自己的劳动成果,也可以让他们对大自然热爱的感情得以巩固,得以不断升华。

(4)让孩子们多学习有关描写自然之美的诗文,使他们感受到作者对大自然的热爱之情,以及诗文中所表现的美丽的画卷,并让他们体验那种身临其境的愉悦感,从而受到熏陶、感染和教育。家长也可以辅导孩子们把对大自然的热爱之情写成诗文进行表演或朗诵,从而使孩子们对大自然的热爱之情用语言的形式表达出来,使这种情感形象化、具体化。

(5)注意直接榜样的示范作用。直接榜样主要是指与学生朝夕相处,对其有深刻影响的个体,即家长和教师。所以我们做家长和教师的要注意“言传身教”的示范作用。我们自己要热爱生活,热爱大自然,才能以我们的热爱之情、热爱之语、热爱之行来感染孩子们,这样才有利于激发孩子们对大自然的爱。

总之,家长要通过各种形式的活动,让孩子们面对大自然、走进大自然、欣赏大自然,才能不断地激发起孩子们对大自然的热爱之情。

如何引导孩子学会仪表美

小辉的妈妈是个漂亮的女人,她不仅自己爱美,也经常把小辉打扮得像个小大人。这不,春节到了,妈妈让小辉烫了头发,化了妆,还给她买了一对大耳环。在妈妈的影响下,小辉也十分注意自己的衣着打扮,经常闹着要买新潮衣服,甚至还要名牌的。在学校里她也总跟同学们比谁穿得漂亮。但是对老师讲的学习知识,她却并不认真。记得有一次,大冷天,为了要穿一件裙子上学,她磨了妈妈半天,结果闹得上课迟到了,挨了老师的批评。现在,妈妈也拿她没有办法了。

人的仪表、服饰的确是一种美,但是像小辉这样一味地追求外表美,并不完全是一件好事。美是和谐,是真与善的统一。爱美是一种天性,是人

所特有的精神向往。的确,我们每一个人每天都通过着装来表达自己的思想和审美观。小学中、高年级阶段正是开始注意自我形象的时期。他们希望以此获得他人的关注,得到他人的肯定与赞扬。爱美之心人皆有之,孩子爱美应该说是一件好事,说明他们的自我意识已开始觉醒。他们开始关注自己,关注他人对自己的看法。但是,他们由于缺乏美学知识,对美的理解只在表面,或者是对真正的美认识的不正确,再加上家长错误地引导与影响,使他们往往盲目着装,有的是不符合自己的年龄,有的是不合时宜,有的只是一味追求名牌或昂贵的衣服,在觉得自己气派很美的时候,他们不知道自己失去了此年龄阶段所拥有的真正的美。

作为家长,我们要从小培养孩子的爱美观。告诉他们美不仅表现在外表上,更重要的是心灵美。要教给他们什么是美,如何体现美。打扮时髦,讲究名牌不是美,随地吐痰不讲公德也不是美,打扮朴素、整洁、大方、精神饱满、自自然然才是最美。对孩子要穿名牌,与同学攀比,打扮成人化的要求,家长要耐心地跟他们讲清楚,这不是真正的美。

家长不仅要引导孩子对外表美的认识,还要抓住孩子爱美、要美的心理,塑造孩子美的心灵,告诉他们讲文明、懂礼貌是美的;尊老爱幼、扶困济贫是美的;爱护树木,关注环保是美的……力求使自己的孩子做到仪表美、心灵美、语言美、行为美。具体做法如下:

(1)做到知美,提高对美的感受力。要想让孩子知道什么是美,就要提高孩子对美的感受力。审美感知并不是天生就有的,而是在有意无意地审美活动中发展起来的。经常带孩子投身大自然去寻找美,多参加社会艺术活动去感受美,体验美。

(2)家长要注意自己的身教作用。以自己得体的装束、文明的举止,模范的行为去告诉孩子,这样做才是美的。这就是所谓的“言教不如身教。”

(3)别把孩子当成宝贝,任意打扮。要让他们成为一个健康、快乐、有正确审美观的孩子。不要让他们失去本来应该拥有的美。

(4)可以适当向孩子讲一讲形式美的法则。如服饰的搭配,不同色彩给人不同的感情联想和心理感受等等。并试着去遵从,把握美的法则。

服饰是一种美，它能反映一个人的个性，也能体现一个人的审美情趣。让我们的孩子成为知美、爱美、会美的新一代儿童。

和谐的亲子关系

家庭教育中我们忽略了什么

小丽的妈妈是个严厉的妈妈，只要小丽一进家门，她就不许小丽再出家门，而且还约法三章：不许看电视，不许看连环画，不许……小丽没有一点自由活动的时间及空间。双休日小丽他们小队要到学校去过队日，小丽磨了半天妈妈，得到了妈妈的允许，但妈妈有一个条件，是与小丽一同前往；这件事就成了同学们的笑柄，小丽感到难过极了。

许多家长以为只有严格的家教才会使孩子有规矩、有出息。可他们却不知道这严格的家教中忽略了一个重要因素——孩子独立意识及自主精神的培养。

人的个性及其发展是社会环境的产物，社会环境因素构成了一个人教育影响的全部资源，作为社会环境中最重要的因素之一，家庭在人的教育和发展中占有十分重要的地位。家庭教育以缩影的形式包含着几乎所有的教育内容和教育功能。家庭教育在形成社会规范，培养道德情操方面起重要作用。作为一个现代人，要遵守一定的行为规范和道德准则。但这些不是人天生就有的，而是后天的学习得来的。一个人生下来首先接触的就是家庭，他们以家庭中的亲人为榜样，逐渐形成自己的生活方式、习惯和道德信念体系。

家庭还是形成个人性格特征以及社会适应能力不可替代的重要环境。由此可见，家庭教育在整个教育过程中，在儿童身心发展过程中的作用是十分重要的，那么在家庭教育过程中我们忽视了哪些重要因素呢？家长应该如何做呢？

(1)在家庭教育中，切记要尊重孩子的人格。不管什么样的儿童，多大年龄的孩子，他们都渴望得到别人的尊重和认可。有时，爸爸妈妈出于“爱心”，偷偷翻看孩子的日记本，撕开他的信件，当着众人不留余地地批评他

们……这些都给年幼的孩子，稚嫩的自尊，天真的心灵遮上一道阴影。许多年来，我们家长由于不了解，而对孩子的学业问题、身心发展、人际交往、个性横加干涉，最后导致孩子的逆反心理以及不健全的人格。

(2)把属于孩子的时间还给孩子。有些家长一讲到玩，讲到活动、游戏就说浪费时间。可他们却不知这些时间原本就是属于孩子自己的呀！我们为什么要剥夺孩子的时间呢？

(3)家庭教育中，我们忽略了家长的榜样作用。有些家长一味地要求孩子，殊不知，父母的美德才是子女最宝贵的财富。为人父母者该注重自身修养，使自己具备健康的人格，这样才能使孩子具有培养优秀个性的良好条件。

此外，在家庭教育中，让孩子承受挫折，迎接挫折，在孩子承受困难的过程中，给予鼓励是我们容易忽略的一个问题。

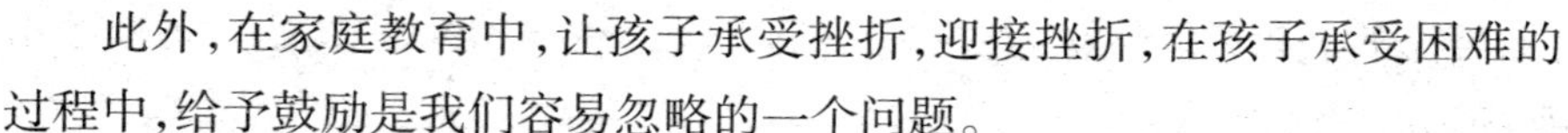

让我们抓住家庭教育中的每一个契机，把孩子培养成一个完整的人。

父母经常吵架会给儿童带来哪些不良的心理影响

家庭是儿童的第一所学校。

父母是儿童的第一任老师。

家庭教育的场所是家庭，家庭状况直接影响到儿童的心理健康水平。这几天，苗苗的班主任老师发现，一向成绩很不错的苗苗成绩大幅度下降，上课经常发呆、走神，下课也常常独自一人坐在教室的一角。为什么短短的时间内，苗苗会有反差如此之大的两种行为表现呢？

经过老师耐心细致的谈话及家访工作，终于找到了问题的症结。原来，最近一段日子苗苗的父母亲经常吵架，有时还动手摔盘子摔碗。是不良的家庭氛围，使儿童幼小的心灵受到如此巨大的伤害。一般来说，父母的吵架行为对孩子的影响是相当坏的，它不仅影响孩子的心理观念及思想，常常会影响到儿童个性的正常发展。

(1)使孩子心理上产生压抑等不良影响。父母吵架时往往不顾及说话和语言选择，加之双方的敌意，常常造成自身的沉闷，孤独烦躁和不正常情绪，这种不正常情绪会直接感染子女，使孩子的情绪低落、沮丧，使孩子心

理上受到刺激，心灵上受到伤害，久而久之就会出现孤僻、胆怯、冷漠的心理，甚至出现冒险、野蛮的行为。

(2)父母长期不和，经常吵架，孩子非常害怕小朋友或街坊邻居谈论自己的家庭，因而会逐渐脱离集体及他人，饱尝孤独、苦恼，长此以往，使孩子情感、性格受到不良影响，甚至产生心理疾病，形成变态心理。

(3)经常吵架家庭的儿童常常受到不科学的教育，导致发展受阻。吵架背后常隐藏着家长对生活的态度及对孩子教育方法及观念的不正确。良好的家教主要表现在父母自身的理智性，要善于调节和控制自己的情感，孩子在场时父母不要吵架，要相亲相爱，父母要与孩子保持亲密无间的关系等等。因此，经常吵架的父母在家教方式上多半是权威型或是溺爱型的，要么管教过严，要么姑息迁就，无论对孩子的思想水平还是心理健康水平的提高都无大益。

因此，经常吵架的父母首先要明白吵架的结果对孩子的严重影响，从而约束、调整自己的行为、感情。还要看清自己的家教方式，不断改进，培养出真正的栋梁之材。

父母离婚给孩子带来了什么

莘莘原来有个幸福和睦的家庭，他还记得以前爸爸妈妈经常带他一起出去玩。那时，小伙伴们都对他羡慕极了。可自从爸爸失去工作后，妈妈总是同他吵架。甚至到了摔盘子摔碗的地步。别说他们像以前那样带莘莘出去玩，就连双休日全家人一起在家，他们也总是不说话，再后来，他们离婚了。这事对莘莘打击很大。以前爱蹦爱跳，爱说爱笑的莘莘变得沉默寡言，整天心事重重，学习成绩也下降了许多，爸爸妈妈看到莘莘这样子很着急，可又都没有办法。

一般父母都认为家庭变化以后，孩子会变得更懂事，更服从父母，免得父母生气。这只是父母一厢情愿的想法。事实上，孩子经历家庭变故，他们的情绪会起伏不定，而且心乱如麻，受困扰的程度比成年人更甚。原因是他们处于被动地位，一切事情都不是他们造成的，他们也缺乏影响力改变现状，所以变得更无助和无辜。

那么，父母离婚给孩子到底会带来什么呢？

首先，孩子成为他们争执的对象，为了自己今后的生活，他们会相互推托孩子的抚养权，如法院违背当事人的心愿把孩子判给任何一方都会给孩子的成长带来隐患，这时孩子的身心影响就不言而喻了。

与之相反的就是父母离婚后往往过分娇惯溺爱孩子。家长本想以此来弥补孩子的心灵创伤。但是却事与愿违，养成了不良的生活习惯和不健康的心理状态。

此外父母离婚还会使孩子的学习下降，精神异常等。面对这些，离婚的父母应该怎样做呢？

(1)如果父母双方决定离婚了，也谈清楚了抚养权、探访权、抚养费等问题，就应该诚实地把消息告诉孩子。告诉孩子时，不妨简单述说离婚的理由，这样可以解决孩子心中的疑团。

(2)告诉孩子今后的计划。宣布了离婚的消息后，尽量把今后生活计划告诉孩子。并向他保证，爸爸(妈妈)会好好地照顾他们的。

(3)别向孩子说对方的缺点。夫妻离婚后总会或多或少地怨恨对方。为了发泄，也为了报复，他们总把对方的不是告诉孩子，这样孩子就会左右为难，也会更加恨自己的父母。

(4)离婚后夫妇还要为孩子着想，履行为人父、为人母的责任。离婚后夫妇关系虽不存在了，但父子、母子的血缘关系和亲情还在，抚养、教育孩子的义务还在。这时的父母也应尽量关心孩子的生活，积极主动地为孩子做应该做的事情。这样才能使孩子得到的爱不残缺，使他们能够快乐、健康地成长。

怎样在孩子心目中树立威信

已上四年级的小琳是个三好学生，她的学习成绩门门优秀，特别是作文还在区里拿过一等奖。可今天，语文老师留的作文题《我的爸爸》却难住了小琳。老师在上课时讲过，这个题目可以写爸爸乐于助人，文明礼貌，公而忘私，也可以写爸爸勤于学习，知识渊博……可小琳的爸爸每天不是抽烟喝酒，就是玩牌搓麻将。特别是下岗后，动不动就发脾气，小琳对爸爸的

情感是爱中有恨，恨中有爱，真不知从何处下笔。

我想家长朋友们如果看了上面的文字，一定为小琳的爸爸感到羞愧。可现实生活中的确存在着像小琳爸爸这样的家长。一般来说，这样的家长在孩子心目中的威信会大大降低。没威信的父母是很难教育好自己的孩子的。有威信的父母会对自己的子女产生一种感召力，使孩子在心理上对父母产生敬佩和信赖，在行为上会暗暗地模仿。由此可见，有威信的父母更容易教育好自己的孩子。

每一位父母都想在孩子心目中树立威信，但威信的确立并不是一朝一夕就可以做到的，要经过长时间的努力，要在平时的工作、学习、生活中使自己的理想、感情、兴趣、爱好、人际关系、道德水准等，都成为孩子心目中的榜样。这样，父母才会在孩子心目中树起威信，才会得到孩子的尊重。

那么，父母怎样才能使自己具有让孩子敬重的品质呢？

(1)要注意培养自己高尚的品德和人格风范。要对事业有孜孜不倦的追求，要注意自己的言行，以身作则。

(2)要勤于学习，不断地充实自己，争取做到知识渊博。要不断地发展自己，开拓视野，时代的落伍者，以至于跟孩子没有共同语言。不能被孩子一问三不知。

(3)要言行一致。对孩子许过的诺言，一定要努力实现，否则，不如不许诺。如果当着孩子的面是一套，背着孩子又是另外一套，会给孩子留下虚伪的印象。

(4)父母的威信还取决于他们夫妻之间、与老人之间、与邻居之间的关系。如果夫妻和谐，孝敬老人，与邻居和睦相处，孩子也会受感染，从而对父母及他人充满爱心。

总之，如果您经常帮助别人解决困难，如果您宽宏大度，如果您捡到重金而如数奉还失主，如果您……您就会从孩子的眼神里读到敬佩和尊重，更重要的是孩子的心灵也会在其中得到洗礼和净化，这就是生命的教育。

父母的过分溺爱对孩子有什么不好

兰兰是个人见人爱的漂亮女孩，她的爷爷奶奶就这么一个孙女，对她

更是宠爱有加。今天已经10岁的兰兰，别说做饭，收拾屋子，就连收拾书包，洗手绢、袜子这样她自己应该做的事情也都是由她的爷爷奶奶完成。她不仅不学习自己的事情自己做，在别人笑话她时，她还理直气壮：这是他们要做的呀，我想做他们也不让呀！结果，这学期在学校少先队开展的争戴雏鹰奖章的活动中，兰兰由于自理能力差，没有戴上雏鹰奖章。在老师的告诫下，她的家长也后悔了。

我想，兰兰家长对兰兰的做法，无疑是出自对兰兰的爱。爱是人类的天性，每个人都希望得到别人的爱，同时也向别人付出自己的爱，那么，父母对孩子的爱则是最自然，最牢固的。这种爱不仅会令孩子感到快乐、安全，也会使他们对别人抱有爱心。正因如此，他们才不会悲观、孤独、寂寞。他们将会比较快地适应社会、适应人际间的交往。但孩子需要的爱是真诚的爱、充分的爱、而不是溺爱。过分的、“无微不至”的爱会给孩子带来什么呢？

首先，家长的溺爱和放纵会损伤孩子的学习动机，从而求知欲受到压抑。人的一切活动都是由动机推动的，而这些动机又都是由需要引起的。如果父母太为孩子着想，满足了孩子的各方面需要，就抑制了孩子活动的内驱力，降低了孩子探索外界事物的主动性，也就限制了孩子的发展空间。

其次，溺爱还可造成儿童性格的不成熟。被溺爱的儿童，不能体验正常人际交往，而形成孤僻、依赖、抑郁的性格。

此外，溺爱，还可以促使孩子不良习惯的养成，如果家长不及时纠正孩子不良行为和不合理的要求，时间长了，就会使孩子形成了一些不良习惯，而且难辨是非。

那么什么是父母对孩子的真爱呢？我们又应该如何去做呢？

(1)要始终关心孩子的健康、情绪、精神，要注意孩子的表情、行为。及时地发现解答他们的困惑和疑虑。不要因为自己的失意、情绪波动而让孩子感觉不到你的关心与支持。

(2)在孩子遇到困难时，家长不能急于帮助，而应鼓励他们独立地克服困难。

(3)要让孩子适当地遭遇挫折,不要为他们创造过于优越的条件。

(4)要学会拒绝孩子,家长不能因为疼爱孩子而一味地在孩子面前说“是”,要适当地拒绝孩子的要求,特别是拒绝那些不合理的要求。这种“适当的拒绝”对儿童的心理健康是必不可少的。

(6)不要为孩子做过多的事情。让他们成为他自己,给他们锻炼自我、发展自我、创造自我的空间。

一个真正善于教育子女的父母,一定会把“爱”与“严”有效地结合起来,做到疼爱但不娇惯。让我们一起去努力吧!

如何与孩子沟通

今天小美可高兴了,因为她数学考试得了90分。虽然分数不是很高,可比起以前真是进步了一大截,再说这成绩是全班前五名。小美兴高采烈地跑回家,把考试卷子拿到爸爸面前刚要炫耀一番。不想爸爸看了成绩后,马上拉下脸来,问小美怎么才90分,为什么不是100分呢?“真没出息!”爸爸这么一说,小美的高兴劲一下没了。她再也没兴趣跟爸爸说自己的事情了。

每个孩子都希望自己取得的进步和成绩,能得到老师和家长的肯定和表扬。这将大大满足孩子的自尊、自豪的心理需要。这种需要一旦获得满足,就会激发他们的上进心和自信心,千万不可打击孩子显示光荣感的心理,不要把自己孩子的进步和100分的孩子横着比,那样只能使孩子越比越自卑,越失去信心。不能总用老眼光看人,像小美的爸爸没有细心询问、观察,反而对孩子的进步进行指责、批评。这样,只会打击孩子的积极性。以后孩子开心的时候不会再与你分享;悲伤的时候不会找你分忧;挫折的时候,不会依你停泊;在人生十字路口徘徊的时候,不会找你商量。这难道不是家长的悲哀吗?

那么,如何与孩子沟通呢?

(1)就是要学会察言观色。所谓察言观色,从心理的角度解释就叫做“敏感度”。这是与子女沟通的首要条件。只有在短时间内感觉到孩子喜怒哀乐的父母,才有机会与他们沟通。

(2)就是学会倾听。当孩子向你诉说时你要表现出十分关心他的话题。不要一边听孩子说话一边干自己的事情。而且听的时候还要能听出孩子的言外之意,让孩子有被接纳的感觉。

(3)要尊重孩子。相信孩子“句句实言”,不要讥笑孩子。孩子与大人的想法是不同的,不要轻蔑、取笑他们提出的天真幼稚的问题。这样孩子才会在毫无挫折的情况下与你畅所欲言。

(4)让孩子感觉出父母的关心和爱。父母发现孩子犯错误,要帮助他们去分析、去改正,千万不要人身攻击、讽刺挖苦。尤其不能和别的孩子攀比,这样,孩子易产生自卑心理,再与他们沟通就很难了。

(5)要给孩子一个和谐的家庭气氛,父母要多留些时间与孩子一起做事情,一起玩耍,不要总借口工作忙,而失去了与孩子沟通的机会。

其实,与孩子沟通方法很多,有时做父母的只要多听听他,看看他,赞同他,鼓励他,孩子就会主动说出心里话。

如果家里买不起电脑,孩子却哭喊着要,怎么办

随着电脑的普及,电脑已经成为广大中、小学生对高档文化学习用品的需求。特别看到自己的同学家中已有电脑,他们不考虑自己家庭的经济状况,没有什么顾忌,一味地恳求爸爸、妈妈尽快购买一台电脑,甚至成天又哭又闹,喊着要一台电脑。

当然孩子希望拥有一台电脑是不怎么过分的奢侈,本应满足孩子企盼。然而每个家庭生活的经济状况不一,一般家庭一次投资五六千元购买电脑绝非是件容易的事情。以上的状况不是少数家长所面临的情况,怎么对待孩子正当的要求呢?

(1)对孩子这种正当的要求不能讽刺和挖苦,应对孩子希望接触高科技的愿望给予积极的肯定。向孩子说:“你能希望拥有一台电脑,令爸爸、妈妈非常欣慰。目前是因为家庭经济原因没有能力满足你的要求。将来我们家庭经济条件好转后一定购买一台电脑,爸爸、妈妈和你一起学习操作,希望你能理解。”

(3)不能让孩子感到买与不买只是爸爸、妈妈的事,没有他自己的事。

一定让孩子认识到买台电脑自己也应做贡献，以此引发孩子勤俭持家、艰苦奋斗的精神，节省零花钱，能省下的零嘴就省下，能不买的东西就不买。如果平时有给孩子零用钱的，还是应该如数给孩子，让他进行储蓄。家长也可对孩子节省的行为给予必要的奖励。如孩子节省100元后，条件允许的情况下，再奖励孩子100元，一同存入添置费用内。也可以事先与孩子制定一个存钱指标，如存够3000元，家长再奖励2000元就可以购买电脑了。这样做完全可以调动孩子存钱的积极性，对于今后学习电脑就会更加珍惜，因为电脑的获得有孩子的努力。这种激励孩子的办法，既在一定的时期内能尽快添置电脑，又是对孩子进行良好思想品质教育的过程。

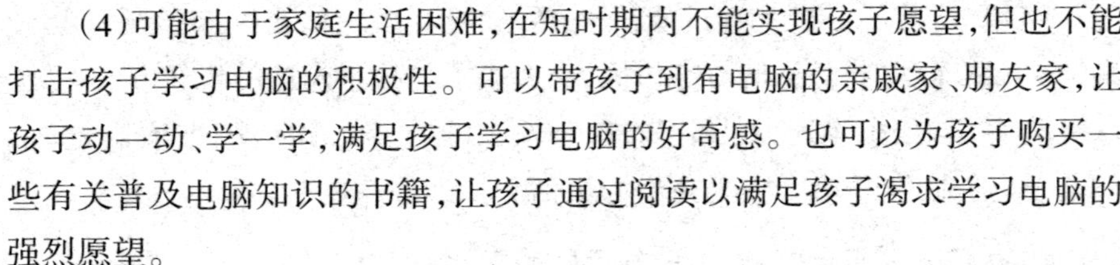

(4)可能由于家庭生活困难，在短时期内不能实现孩子愿望，但也不能打击孩子学习电脑的积极性。可以带孩子到有电脑的亲戚家、朋友家，让孩子动一动、学一学，满足孩子学习电脑的好奇感。也可以为孩子购买一些有关普及电脑知识的书籍，让孩子通过阅读以满足孩子渴求学习电脑的强烈愿望。

(5)提及家长购买电脑的配置不见得非要高档的，一般配置完全够用。目前花上4000元就可以满足孩子学习电脑的需要。其实，一般家庭是有实力可以买得起电脑，但由于有些家长对学电脑的认识不足，而不愿为孩子购买电脑。将来人才的基本技能是必须会操作电脑，从这个意义来讲，你给孩子添置电脑是值得的。

四、高年级孩子的教育

一般在10岁左右，孩子的自我意识开始崛起，他们强烈需要父母的的尊重，需要父母把他们当作大孩子。他们对事物有了自己的观点和看法，并且总是固执地认为：自己才是对的。但由于生活和社会经验的不足，孩子的观点和看法往往是不全面的，或是错误的，因此，理想与现实的差距也会让孩子的情绪、情感发生很大的变化。面对这一情况，家长们一定要理解：孩子不仅仅是单纯的不听话，其实背后隐藏着孩子渴望得到你的理解和尊重。

心理健康

为什么要重视孩子的心理健康

如果我们问一下孩子的家长“您的孩子健康吗？”可能会有80%以上的家长说：“健康，虎背熊腰，还能不健康吗？”

如果我们说XX家的孩子特别健康，浮现在人们脑海中的也一定是：吃嘛嘛香、牙齿好，胃口也好的大胖小子。有多少家长会联想到孩子的心理是不是健康呢？我们总是说“身心”健康，但从现在的实际状况来看，人们对孩子身体健康的重视程度远远胜于对心理健康的重视。

这种观念上的落伍使得现在的独生子女“染”上多种“心”病，如适应能力差、固执、任性、孤僻、意志力减退等等，极大地妨碍了孩子积极健康地成长。因此，我们呼吁家长们，在重视孩子生理成长的同时，一定要注意孩子

心理上的成长，达到身心的和谐与统一。

正是缘于这种认识，随着人体科学的发展，国内外的医疗卫生组织和部门为卫生保健赋予了新的含义，例如对于什么是健康，联合国世界卫生组织(WHO)就下定义为："健康不仅是没有身体缺陷和疾病，还要有完整的生理、心理状态和社会适应能力。即人的健康新概念不仅指身体方面，还包忧无虑时，就能比较充分地发挥其智力活动的积极性，易于在大脑皮层形成优势兴奋区，新知识易掌握，旧知识易回忆，有利于促进智力的发展，反之不良情绪则会抑制孩子的智力活动，压抑其积极主动性。因此，家长有责任、有义务指导孩子对心理状态进行自我调控，达到提高学习效率与促进身心健康的双重目标。

亲爱的家长朋友们，孩子就像是一棵幼苗，需要我们去培育去浇灌，在培育人的时候千万不要忘了培育孩子健康的心理。

如何帮助孩子克服胆怯、害羞的毛病

"妈妈，老师让我报名参加演讲比赛。"13岁的李强一回家就告诉妈妈。"太好了，你去报名了吗？""还没有。""为什么呢？"妈妈问。"我有点害怕，害怕自己讲不好，况且台下有那么多双眼睛看着我。"李强说得很激动，他在家里是个听话的孩子，在学校平时不爱多说话，但学习成绩很好。

妈妈了解自己的孩子，非常想让孩子把握这次机会，想了一会儿，对孩子说："首先，妈妈不强迫你参加演讲赛，这事最后要由你自己做决定，但我们可以谈谈参加竞赛的利弊。参加了竞赛可以锻炼自己的意志，锻炼自己的智力，增强自己的信心。赢了更好，没得名次，也无关紧要，爸爸妈妈不在乎。因为你在爸爸妈妈的心中是有能力的孩子，这点不需要用竞赛的名次来证明。"爸爸也说："老师打电话来说，他是很相信你的能力的。爸爸和妈妈还有你的老师，都不会以比赛结果来重新评价你。我们对你的比赛结果并不太关心。关心的是你是否利用了这次机会去锻炼自己。"

经过多次类似的开导工作，李强终于战胜了自己害羞、胆怯的心理，勇敢地报名参加了演讲比赛。

上述情况在独生子女中是很常见的。一般来说，胆小、害羞的孩子往

往缺乏自信心，他们格外需要父母的鼓励与赞赏。有些家长动辄斥责孩子，说出一些诸如："胆小鬼""白长十几岁"等刺伤孩子的言语，不仅不解决问题，反而使他们更加自卑、胆怯和害羞。因此，帮助孩子走出"胆怯、害羞"的阴影首先要了解孩子的心理，在此基础上，掌握一些交谈的技巧，有针对性地进行诱导。下面为家长们提供几点建议：

（1）父母在与孩子交谈过程中不要用强迫性的口气。有胆小、害羞心理的孩子往往容易受到父母过分的保护与溺爱，长此以往造成自信心差，不能独立做事、自卑、胆怯、害羞等毛病。要纠正这个毛病，家长首先要培养孩子的独立意识特别是独立思考的意识。父母可以帮助孩子分析情况、出主意、想办法，但决定权应由孩子自己做出。家长不要说："你必须参加"，"你不参加爸爸妈妈会不高兴。""你不参加就别想让妈妈带你去动物园"，而应该说："这是爸爸的想法，决定由你做出。""我们来共同分析分析"等等，要充分尊重孩子的选择，给孩子创造一个宽松的氛围并为他们独立思考提供机会从而培养其独立意识。

（2）在谈话过程中要淡化"结果"，重视"过程"。孩子不敢参与竞赛的原因之一是害怕失败，不敢面对失败的结果，因此要鼓励孩子克服害羞心理，家长就要采取一种重过程的态度，不要说"你一定能得奖"，"你一定会得名次"，因为这样会使孩子的注意力过分集中在结果上，会因为担心失败而过分焦虑，会愈发胆怯。而将注意力集中在过程中，让孩子感觉到参与就是胜利，从而变得轻松，压力减轻，进而达到克服心理障碍的目的。

（3）家长要从小事着手培养孩子的良好品质，要循序渐进地训练，一点点积累成功的经验。开始时，目标不妨设的低一点，让孩子比较容易做到，随着行为不断巩固，目标逐渐提高。这样做不仅有利于激发孩子的积极性，而且具有可行性。

我们相信，在您的努力下，您的孩子一定会变得自信、大胆。

孩子撒谎怎么办

一天，一个男孩把姑妈家里一只漂亮的花瓶打碎了。当姑妈问是谁打碎了花瓶的时候，这个男孩和其他孩子齐声喊到："不是我！"这个撒谎的孩

子就是童年时代的列宁。他还曾经因偷吃了苹果不承认被妈妈狠狠地批评了一顿。

列宁第二次撒谎令妈妈很伤心,但是这一回妈妈没有严厉地批评他,而是给他讲了许多故事,说明撒谎的危害并且启迪孩子的心扉。终于列宁哭了,并向妈妈承认了错误。以后列宁再也没有撒过谎。

孩子在小时候都会或多或少地"撒一些谎",撒谎的原因很多。童年早期会因为观察不准确,记忆不准确或所掌握的言语词汇有限以及将想象看成现实等原因撒谎。小学高年级的孩子撒谎常常由于以下两种原因:一是为掩盖自己的过失而撒谎;二是由于自卑心理或是为了维护自己的尊严而撒谎。

当家长明白了撒谎的原因后,再遇到孩子撒谎时便会冷静下来,找到恰当的处理方式。

(1)孩子撒谎后不能简单、粗暴地训斥。列宁的妈妈用了三个月的时间等待孩子自觉承认错误。因为妈妈知道简单粗暴的训斥甚至不分青红皂白地打孩子一顿只能使孩子更加卑怯,而积极的诱导才能打开孩子的心扉,教育才能有效,孩子最初撒谎毕竟不是严重的道德败坏。如果列宁在妈妈的斥责中交代了实情并且受了皮肉之苦,孩子就会感到说了真话也会遭到处罚,下一次便会更极力地掩盖实情以免受恐吓、责骂。因此,家长一定要记住:惩罚不能教育孩子诚实,只会导致孩子更严重地撒谎。

(2)家长要认真地分析孩子撒谎的原因、性质,有的放矢地进行教育。尽管孩子撒谎的原因多种多样,但不晓之以理会助长这种不良行为,久而久之形成习惯。因此,要耐心地晓之以理、动之以情。例如有一个孩子为了在班里逞强,撒谎说自己家有好几台电脑。这时父母就应该告诉孩子用谎言来维护尊严并不是真正的自尊心,而是虚荣心,是要不得的,诚实才是最大的自尊、自爱。

又如小学时的达尔文拾到了一枚硬币,一本正经地告诉姐姐这是古罗马制造的。他父亲从达尔文的谎言中发现了达尔文超常的好奇心,悉心爱护,精心诱导,使他最终成为有名的生物学家。假如一味责备甚至惩罚,不

仅压抑孩子的求知欲而且毁灭了智慧的火花。

因此，当孩子撒谎后万万不要动气，要冷静分析、耐心教。

怎样克服怯懦、自卑心理

在日常生活中，家长会经常向老师讨教“我的孩子不敢发言怎么办？”“我的孩子下课总是一个人待着，不敢与人交往怎么办？”“我的女儿为什么就不敢在生人面前表现自己？”等等。诸如此类的问题都是由于孩子的怯懦及自卑心理造成的。怯懦及自卑心理严重的孩子经常表现为胆小怕事，树叶掉下来害怕打破脑袋，怕别人讥笑、伤害自己，遇到陌生的环境及场合就会全身紧张、手足无措。

怯懦的真正根源在于自卑。自卑是指一个人由于生理缺陷、心理缺陷或其他原因而产生的自认为不如他人、自己轻视自己的心理。造成学生自卑和怯懦的原因是多方面的：有身体方面的因素，如生理缺陷、经常生病、身体不好等；有教育因素，如父母娇生惯养、溺爱袒护造成孩子的依赖性，遇事便缩手缩脚，遇到困难便畏惧发愁等；有的家长过分严厉，经常打骂、恐吓、羞辱，把孩子吓破了胆也易形成怯懦性格；还有个人因素，如智力缓慢、能力差、性格内向、失败体验过多、过强等，都会使孩子失去信心、胆小、自卑。针对以上原因，矫正的方法有以下几种：

(1)培养独立精神，丢掉依赖性。要让自卑、怯懦的孩子时刻提醒自己不要依赖，要独立思考，独立解决疑难问题。有了独立精神，解决问题就会大胆了。

(2)多接触人，多到陌生的环境中去锻炼。怯懦的孩子往往不敢接触人，那么就要有意识地多接触人，主动参加集体活动。多到集体场合活动，不仅可以激发孩子的交友欲望，接触的人多了自然而然就会胆大一些。

(3)锻炼能力。能力弱的孩子往往易自卑，要真正丢掉自卑就要提高能力，努力奋斗。要多给孩子设置困难，多尝尝战胜困难的滋味，成功的经验多了就能增强自信，对自我更有信心。

(4)自觉锻炼自己的意志，培养勇敢的品质。家长可以告诉孩子如果胆小怕夜黑，就可以在相对安全的条件下仗着胆子在黑路上走一走，同学

问玩耍、哄闹也可以去参加参加。意志强了，神经系统脆弱的毛病就没有了。在锻炼自己的意志时要向强者学习，胆怯时可以想想强者的形象，心理还可以暗示自己“他们行，我为什么不行?”，思想受到鼓舞，就会有勇气迎接挑战。

(5)锻炼身体。胆小、自卑的孩子往往身体素质也较差。因此要多锻炼身体，提高抗病能力，这也可以提高自信，提高胆量。

怎样保护孩子的自尊心

星期天，爸爸、妈妈和芳芳一家三口去爸爸的同事李叔叔家串门。李叔叔家有一个比芳芳大一岁的姐姐李雁。李雁在学校里是大队委、班长及语文科代表，学习特别出色。一进李叔叔家门，爸爸就不停地夸奖李雁，说什么“你养了一个好女儿，瞧，我们芳芳要像李雁一样就好了”等等，全然不顾芳芳的存在。结果，芳芳一天沉默无语，晚上回到家里还痛哭了一场，弄得爸爸妈妈丈二和尚摸不着头脑。

上面这对父母哪儿做的有失妥当呢?

我们说，任何人都有自尊心和上进心，包括孩子。小学高年级的孩子自尊的需要体现得特别明显，如果家长不能真正把孩子看成一个“人”，而仅仅是一个“小孩”，就很容易忽视孩子的感觉、压抑孩子的独立意识，造成孩子自卑、孤僻，对父母不信任等一系列不良心态。芳芳就是一个典型的例子。

尊重孩子，特别是尊重孩子的人格，这是成功的家庭教育中必须具备的。在国外，一些父母在与婴儿谈话时都会将他抱在桌子上以示平等，充分表达了爱及尊重孩子的良好意愿。尽管父母与儿女在知识、技能、经验上存在着差距，但在人格上是平等的。心理学的研究告诉我们，人格平等，情感才能相通，情通则理达。没有心灵的沟通，爱的打动，自尊心的激发，孩子就会关闭他的心灵大门，甚至永远对父母抱有怨气。那么如何做才算是尊重孩子，维护了孩子的自尊心呢?

(1)要了解孩子的感受。芳芳的父母如果在夸赞李雁之前设身处地地想想女儿的感受，恐怕就会采用另一种夸赞的方式了，一种既表扬了李雁

又激发了芳芳上进心的方式。因此,我们认为,保护孩子的自尊心首先要了解孩子的感受,在此基础上选择恰当的方法。

(2)要宽容孩子的缺点。一个人从出生到死亡,几十年的生命里程中不知要犯过多少次错误,有过多少缺点。孩子的生活阅历浅,思想、身心发育均不成熟,有缺点及错误是很自然的,也是难免的。既然每一个人都有缺点,对于孩子的缺点我们就要采取一种宽容的态度,主动帮助孩子找问题,在分析之后使之逐渐成熟、自觉起来。

(3)要抓住孩子的"闪光点",激发自尊心。孩子身上往往有许多优点,平时父母并不在意,久而久之,孩子便认为自己没有优点,自信心大受打击。因此,激发自尊心还需要父母有一双会观察的眼睛,及时、准确地看到孩子的每一个优点,加以表扬、鼓励,这时孩子的自尊心就会被极大地激发起来,克服缺点的勇气也会大大地增强。

(4)家长要允许孩子拥有自己的"心灵空间"。孩子有他自己的世界。有人曾对小学五年级的学生作过统计,问孩子:"心中的秘密告诉谁,"结果不与任何人说和装在心里的占64.9%,而且随着年龄的增长这种现象更为普遍。我们发现,五年级的少男少女就开始有了自己的秘密,甚至有的孩子抽屉还上了锁。对于这些孩子的神圣领地,家长万万不可轻易、随便开启、翻阅。要相信、尊重孩子,在这种互尊的气氛下,孩子会主动向家长倾诉。从而获得心灵上的成长。

如何引导孩子正确地对待失败与挫折

一位名叫庄细思·思克的科学家通过201次试验终于发现了小儿麻痹症的疫苗,他的这一伟大发现使许多人避免了小儿麻痹症的病痛折磨。有一天,别人问他:"你的最终发现是伟大的,那么你是怎么看待你前面的200次失败呢?"庄细思·思克回答令许多身为父母的人大为震惊和感慨。他回答说:"在我的生活中从来没有过200次的失败,在我的家庭里,我们从来不认为我们做过的任何事情是失败的,我们所关心的是,我们通过自己所做过的事情得到了什么样的经验?学到了什么知识?我在第201次试验中成功了,但如果没有前面200次的经验,就不会得到第201次的成功。"

英国首相丘吉尔也在充满鼓励的家庭氛围中长大，他从不认为错误是一个可怕的东西，如果在哪一方面做错了，他会仔细地把问题想一遍，以便做得更好。他曾经坦言："英国所需要的并不是聪明和智慧，而是在最困难的时期，能够坚持下去的勇气。"

亲爱的家长朋友们，如果我们毫不气馁地鼓励孩子汲取经验，重振精神，其实我们就已经在教给孩子如何正确对待挫折与失败了。

(1)要从小让孩子懂得生活中充满了挫折与失败，有成功的地方就有失败的地方。

没有失败就不会有成功，成功与失败就像是一对孪生兄弟，总是紧紧地相伴在一起。家长不要期望自己的孩子一帆风顺。摔几跤、碰几次壁正是长知识、长经验的好时候，甚至犯错误也是很好的学习机会，关键的问题是当孩子失败或遭受挫折时家长的态度与指导方式。如果家长此时不失时机地大加谴责，尽管出于希望孩子改进错误的良好意愿但却常常事与愿违。因为这样会使孩子因怕受责备而不敢去探索，没有了勇敢的热情，有的还会反其道而行之。家长应该以关心的态度教给孩子正确的做法，同时告诉孩子，失败并不可怕，关键是要能够从错误中积累经验与勇气。如果在家长的启发下，孩子能够悟出做事的真谛，对孩子来说不啻是一种难得的财富。

(2)要相信孩子的能力，坚信孩子依靠自己的力量能够战胜困难。

有的家长在孩子遭受挫折时会采取一种怜悯的态度并想方设法在物质上予以补偿。我们常听到有的父母对孩子说："别难过了，你说你想吃什么，妈妈一定给你买。"这种怜悯的态度会真的使孩子觉得自己可怜、无助，久而久之就会退缩到爸爸妈妈的身后。因此，孩子有了挫折既不可打骂、斥责，又不能同情、怜悯，而应该以一种平静的心态教会孩子学会接受失望的现实，调节自己的情绪，争取下一次做得更好。家长朋友们一定要记住一句话——要想培养一个能够正确对待挫折的孩子，家长必须首先学会面对挫折。

怎样消除孩子的逆反心理

最近,刘大夫跑到学校心理辅导老师那儿去咨询一个问题,为什么孩子总与自己顶嘴,为什么自己的好心得不到孩子的理解。

咨询老师耐心地了解了刘大夫家的情况。事情是这样的,刘大夫的儿子快上初中了,但每天的作业仍要在母亲的监督下完成。母亲常常因为孩子作业潦草而令其重做,但是越重做,效果就越差,越差,刘大夫就越来气,气极之下孩子免不了受皮肉之苦,对妈妈的抵触情绪也就越大。这几天家里的气氛很不对劲,原来和睦的家庭一下子变得死气沉沉、冷冰冰的。这是怎么回事呢?

我们说,这种情况的原因是父母不了解孩子的心理,没有针对孩子的具体问题采用合适的解决问题方法。

其实,刘大夫孩子表现出来的是较典型的逆反心理,也就是对家长的教育产生抵触的心理状态。逆反心理的特点是"你让我这样我偏那样"的心态。小学中高年级及青春期的孩子容易出现这种逆反心理,因为这个时期的孩子独立意识开始增强,对事物有了自己的看法和评价标准,并开始关注他人对自己的反映,因此,此时每个孩子都有自己的心目中的"好妈妈"、"好爸爸"及"好老师",而当实际生活中父母的形象与理想中的有差距,甚至大相径庭时,孩子就会本能地抗拒。俗话说:"情不通则理不达。逆反心理产生的最直接原因是家长与孩子双方情感的疏远及其对立,那么怎样消除孩子的逆反心理呢? 有以下几种方法。

(1)在与孩子出现矛盾或对抗时家长要冷静处理。遇到与自己顶牛或拌嘴时,家长一定要先冷静一下,抽身出来,拖一拖,给自己留一些思考的余地,这样的时间空白有利于双方的自我反省,还可以避免双方陷入僵局,不能自拔。一般来说,人们在情绪极度高涨时,理智常会或多或少地失去控制,举动也就很易偏激,而口出恶言,拳打脚踢不仅有损于家长的形象,还达不到教育孩子的目的。

(2)家长要尊重孩子,不能刺伤孩子的自尊心。批评的目的在于激起孩子的上进心,使孩子了解行为的后果及其影响,从而采取正当的行为方

式。如果达不到上述目的，批评也就失去了意义。因此，批评一定要得法，也就是说，批评要建立在尊重孩子的基础上，绝不能以刺伤其自尊心作为批评的代价。孩子正处在人格成长的关键时期，如果不尊重孩子甚至讽刺挖苦，一旦孩子的自尊受到伤害，就会破罐子破摔，失去前进的动力。

(3)家长要对孩子的行为“褒”而非“贬”。孩子在遇到困难时需要家长的鼓励，却常常会遭到一番批评指责，诸如“我看你就完不成任务”“我看你就只会说大话”等等，不仅损伤了孩子的自信心，还使孩子在今后遇到困难时打退堂鼓。因此，家长要及时肯定孩子，并鼓起孩子成功的信心及勇气，如经常对孩子说：“你能行！”“虽然这次失败了，但经过你自己的努力，终究会有一天能成功”等等。要深入到孩子的心灵深处去体验孩子的体验。教给孩子如何面对挫折，奋起直追。如果家长们能做到站在孩子的角度而非自己的角度上看问题，就能真正达到与孩子的心相连、心相通。逆反心理也就会自然而然地消失了。

(4)消除孩子的逆反心理要采用疏通的方法，而不是截和堵。有一位父亲面对孩子的不良学习习惯采用了这样一个激励式的教育方法：向孩子宣布良好学习习惯的几个具体表现，并在居室一角布置了“优秀作业展览台”定期向亲戚好友展览。以后孩子为了争取作业上层揽台，克服了许多不良习惯，不仅作业完成的工整、干净，学习成绩也稳步上升。

因此，面对逆反心理，家长要根据孩子的年龄特点，理解能力，采用有效的激励及疏导办法，这比简单地堵、截效果要好得多。有许多事情靠简单的禁止是收不到效果的，甚至会禁而不止，必须要依靠疏导。

学习心理

如何培养良好的学习习惯

一对年轻的夫妇有一个10岁的孩子，因为每天晚上回到家或多或少地都要做一些作业，所以孩子常会噘着小嘴嘟囔：“小孩真倒霉，放了学还得做作业，大人下班就没事了。”为了让孩子心理平衡，又不仅仅是在一旁简单地陪读，这对夫妇商定，关掉电视，进入美妙的四十分钟读书时间。

这每晚的四十分钟时间使孩子养成了良好的阅读习惯。他能够安静下来,耐心地读一本书,然后提出问题、思考问题,并和家长一起解决问题。这对孩子来说,无论是提高阅读能力,学习方法,还是对他的品德、毅力的培养都是非常有益的。

我们常常会听到一些家长反映孩子没有良好的读书习惯,做作业拖拖拉拉,更有甚者有些孩子上了高中还得由妈妈爸爸看管着才能完成作业,不少家长感叹:现在的孩子为什么越来越坐不住了呢?从这对夫妇的做法中我们大概会得到一些启示。

鲁迅先生曾经说过,想看好花,想种好树,必须有好土。同样,孩子要想取得好的学习效果,也必须有良好的学习习惯。怎样培养孩子良好的学习习惯呢?以下几种方法仅供参考。

(1)培养良好的学习习惯应从小开始,从小事着手。家长必须清楚小学高年级的孩子应该具有哪些良好的学习习惯,包括按时做作业、及时复习、预习,用眼卫生,劳逸结合等,从每一个小习惯开始着手培养。

(2)培养良好的学习习惯必须要不断地重复、巩固良好行为。前面那对夫妇培养孩子的成功经验之一就是坚持,始终如一地坚持便使不自觉的行为成了自然而然的事。所谓"习惯成自然"就是这个意思。家长可以采用定规则、创造良好的氛围、给良好的行为以强化等多种方式进行培养。

(3)培养良好的学习习惯需要为孩子创设良好的学习环境。有些孩子不能安心学习是因为家庭里没有适合孩子身心特点的、安静、整洁的环境。如有的家里没有孩子固定的学习地点,孩子做作业时父母在一旁看电视,即使有固定的学习地点也是乱七八糟等等,都为孩子不良习惯的滋生提供了条件。因此,家长一定要为孩子创设良好的读书氛围,就像上述夫妇所做的那样,鼓励孩子自觉、主动地学习。

另外,家长还要帮助孩子建立起自己的学习空间。不需要太大的地方,只要温馨、干净、整洁即可,墙上或书桌上可以贴上一些孩子喜欢的格言,不仅能起到美化作用还能够激励孩子的学习动机。

(4)要养成良好的学习习惯还应该教给孩子如何学习。如何学习是指

孩子学习应有良好的学习方法。画图表、做笔记、划重点都是集中精神的学习技巧,能使孩子高效地学习。

养成良好学习习惯的技巧及方法还有很多,在您的努力下,一定会找到适合自己孩子的最佳办法。

如何激发孩子的学习兴趣

明明的妈妈正在想办法让明明去参加一个课外数学趣味班,可是想来想去也没有想出什么好办法。

明明平日就不喜欢上数学课,一做数学题就头疼,妈妈也采用过很多办法让明明对数学感兴趣,如物质奖励啦,给明明讲学习数学的重要性啦,有时恨铁不成钢还采用过打骂、强制的手段,但均效果甚微,明明的妈妈真是烦恼极了。孩子对数学没兴趣该怎么办呢?

我想,这可能是许多家长在教育孩子过程中都会遇到的问题。

学习兴趣也称为求知欲。是一个孩子经常倾向于认识、掌握某种事物并力求参与该种活动的心理特点,良好的学习兴趣是学习活动的自觉动力。古今中外,许多杰出人物的成功都始于兴趣,正如爱因斯坦所说:兴趣、热爱是最好的老师。有了良好的学习兴趣,学习会产生无穷的动力。

一般来说,兴趣有直接兴趣和间接兴趣之分,直接兴趣是对学习活动本身的兴趣,它是由学习过程本身以及知识的特点引起的。间接兴趣是对学习后果的兴趣,有时孩子对某些具体活动或学习过程并不直接感兴趣,但对学习结果感兴趣,如得高分可以得到老师、家长的表扬啦等等,以此支配自己坚持学习,这便是间接兴趣。

我们说,这两种学习兴趣对孩子的学习、工作都是必要的。缺乏直接兴趣,会使学习成为枯燥无味的负担,缺乏间接兴趣又会使学生丧失学习的恒心和毅力,所以说,培养孩子的学习兴趣应将两者有机地结合起来,激发其主动积极地学习。

第一,家长要与孩子一起探讨学习中有趣的事情。孩子一开始学数学可能觉得很枯燥,但是如果这时妈妈爸爸与他一起探讨算术与日常生活及自然科学、社会科学的关系,并与孩子一起分析实例,数学就有可能变得越

来越有趣。

例如，有一位家长在孩子学习了分数后提出与孩子共同寻找日常生活中带有分数含义事物的建议，在共同探索中使孩子了解了数学，并对数学产生了浓厚的兴趣。

第二，提高成功的概率，帮助孩子获得成功的喜悦。孩子在某一件事上如果经常获得成功，心理就会产生极大的满足感，与此同时，孩子的自信心也会大大地增强，兴趣也会与日俱增，并产生进一步学习的愿望。相反，总是体验失败会使孩子产生不愉快的心情并丧失学习兴趣。因此，父母要不断地鼓励孩子的成就，哪怕有一点点小小的进步也不放过；同时，家长要及时帮助孩子清除学习上的拦路虎，培养孩子自信、自强的良好心理品质。

第三，鼓励孩子参加各种课外活动小组，面临实际任务。有时孩子有对学科内容社会意义的认识，但并不一定能产生学习的兴趣。如果让孩子到实践活动中去，承担一定的任务，那么不仅能使孩子在完成任务过程中进一步体会知识的实践意义，还会切身感到自己知识的不足，需要进一步学习。因此，如果孩子对数学缺乏兴趣，我们就鼓励他去参加数学兴趣小组，多做数学趣味题，激发其学习数学的兴趣及克服困难的勇气。

第四，利用兴趣转移。在孩子缺乏学习动力，没有明确学习目的的情况下，可以利用他对其他活动的兴趣，因势利导，转移到学习上。例如：有的孩子不喜欢数学，但喜欢做轮船等模型，妈妈就可以采用以下几步转移兴趣的方法：首先，要求孩子只有在完成作业后才能做模型，这个要求将数学学习与模型制作联系起来，孩子自然而然增加了对数学学科的关注；其次，当孩子做作业非常认真努力时以买新航模等作为奖赏物激发孩子对学习数学的间接兴趣；最后，妈妈爸爸可以与孩子一起做模型并不断启发、诱导，使孩子明白模型制作与学习数学的关系，当孩子明白了学习数学的现实意义，就会逐渐将对模型的兴趣转移到学习数学上，自然而然产生了学好数学的愿望。

孩子上课、做作业总分心怎么办

芳芳的老师最近到芳芳家进行了一次家访，主要和芳芳父母交流孩子

的一些反常表现。芳芳平时上课非常注意听讲,可最近上课总是摆弄文具或是东张西望,学习成绩明显下降。芳芳的父母也发现了这个问题,最近一段时间芳芳做作业总是拖拖拉拉,本来20分钟就能完成的作业要做上一个钟头甚至两个小时,这是怎么回事呢?如果您孩子身上也发生过类似情况,您会怎么处理呢?

我们说芳芳的表现是心理学上常讲的“分心”现象,即将自己的心理活动指向其他无关活动的心理。孩子一旦产生分心现象就会对教师讲授的内容及作业视而不见、听而不闻,严重影响学习效果。孩子出现了“分心”现象家长不要着急,可以参考以下几种方法:

1.要与孩子、教师一同探究产生“分心”现象的原因

引起孩子分心的原因很多,既有主观原因也有客观原因。家长首先要找到原因,因为只有找到原因才能提出相应的解决问题的方法。

一般来说,孩子产生分心现象不外乎以下几种原因:

(1)教师的原因:教师所讲授的内容枯燥无味;教师与孩子发生了情感冲突,孩子因厌烦老师而不能集中注意力等。

(2)孩子本身的原因。如孩子的注意稳定性差;身体不好、患病或睡眠不足,因此很难集中注意力。

(3)客观原因。上课前或因上课时被突然发生的事件所吸引,导致情绪波动;无关刺激引起学生的注意,如教师的服装新颖独特、发型奇怪、教室外不时有外人走动,别的班在上体育课等等。

另外因学习成绩不佳或其他原因屡遭挫折的学生,往往也会对学习产生厌烦情绪,从而不易集中注意力。家长与教师要认真分析这些问题的原因,找到问题的症结。

2.家长、教师要依据不同情况,采用有效的对策

家长可以从以下几方面做孩子的工作:

(1)培养孩子的学习兴趣和意志品质。只有孩子对所学课程感兴趣,课堂上及做作业时才可能保持注意的高度集中。平时家长要注意对孩子进行学习目的的教育,还可以根据具体情况提出较明确的学习任务。

(2)家长要注意孩子所学知识的连贯及连续性,帮助孩子对前面所学的知识进行温习及巩固,只有当前面知识达到90%以上的巩固时,学习新知识才不会费力,注意力才会得到有效的分配。

(3)要教育孩子有劳有逸,注意学习卫生。不要给孩子留过多的家庭作业,要督促孩子锻炼身体,只有身体健壮,学习时才能保证较持久的注意力。

(4)尽量避免和克服无关刺激的干扰。孩子的学习空间不要有过多的装饰,孩子学习时周围的环境尽量保持安静等等。

(5)要注意协调好孩子与教师之间的关系。很多厌学的孩子往往缘于对老师的不信任。如果出现这种现象,家长一定要进行一些疏导工作,做到师生心理相容。只要孩子意识到教师是爱自己、相信自己的,就会非常乐意接受老师传授的知识从而保持良好的注意状态。

怎样使孩子记得牢

傍晚,明明一家人吃过晚饭,各自去做自己的事。因为过几天要进行期末考试,明明请妈妈帮助自己复习一下需要背诵的课文、需记忆的公式等。当妈妈让明明背一则古诗时,明明怎么也想不起来。妈妈对明明说:"是不是将这则古诗漏背了?"明明委屈地回答说:"今天自习课我背了一节课,怎么又忘了呢?"

明明这种情况在许多小学高年级孩子的身上都出现过。孩子们上五六年级后,学习的内容增多,要记的东西也多了,这时如果不掌握记忆的方法,单凭死记硬背,记得不会牢固,而且要花费许多时间,就很难适应学习生活。其实,记忆中有规律可循,遵循了这些规律就可以减少遗忘。下面提供几点,不妨与孩子一起试一试。

(1)提高孩子的注意水平及记忆的兴趣。提高孩子的"注意力",是增强记忆能力的前提。俗话说:一心不能二用。要教育孩子在同一时间内将"注意"集中于一个对象。如果思想开小差,纵使是盯着书看,也没有记进脑子,怎么会有效率呢?

另外,提高孩子记忆的兴趣也是提高效率的一种手段。兴趣是一种带

情绪色彩的认识倾向。兴趣浓，情绪乐观，才能学得进，记得牢，如果孩子对记忆没有兴趣，甚至一拿起书就发愁、恼怒、厌烦或头痛，又怎么能记得住呢？

(2)要使孩子理解记忆的内容。有些记忆材料内容比较机械和枯燥，必须在理解的基础上记忆。理解越深，思维活动越积极，记忆效果愈显著。

(3)记忆要有目的性。目的愈明确，记忆就愈清晰而深刻，有目的的记忆往往比无目的的记忆效果要好得多，因此，要让孩子明确了解自己记忆的目的任务，要培养孩子学会独立地检查自己的记忆效果，这样才能提高记忆效率。

(4)要掌握一定的记忆方法，帮助孩子学会对记忆材料进行分类、分段、拟定小标题、比较和分析等方法，这样，不仅使孩子对所记的内容更深刻地理解，还可以使所记的内容重点突出。

(5)利用多种感官协调活动。即让耳、眼、嘴、手都参与到记忆活动中来，沟通大脑皮层各部之间的联系以加深痕迹。

(6)要及时复习。心理学家研究表明，人的任何识记都会发生遗忘，而遗忘的速度是先快后慢。刚记住的事情忘的非常快，50%的遗忘都是在记忆后马上发生的。所以要及时复习，巩固记忆效果，使记忆内容在头脑中留下深刻的痕迹。

如何培养孩子的观察能力

最近，语文特级教师王老师收到许多同学的来信，他们都反映一个问题并讨教有关方法，即怎样才能有一双会观察的眼睛。其中有一封来信是这样写的：王老师，您好！我向您请教一个问题，为什么每次老师都说我写的作文枯燥呢？为什么我去了公园仍然不会描写呢？

有一次，老师留了一篇《长城》的作文，我想了半天也不知怎样下笔，就是觉得长城特别长，于是我写了这样一句话："长城啊，很长很长！长城啊，真长。"同学们看后都哈哈大笑，当时我很尴尬。我常常为写作文而苦恼。您能给我一支马良的神笔，让我写出的文章令老师、同学们另眼相看吗？

上面这位同学的苦恼恐怕是许多孩子一致的苦恼。为什么去了公园

仍然不会描写呢？为什么同样去参观，有的孩子收获很大而有的却收获甚微呢？这是因为有的同学缺少一双会观察的眼睛。

有不少家长也来信反映自己的孩子不会做作文，动辄就让爸爸妈妈替写，有的家长反映孩子的作文语气生硬、用词不当、没有感情色彩等等。如何帮助孩子学会观察是首先要解决的一个问题。

1.要有明确的观察目的和浓厚的观察兴趣

要提高孩子的观察力，使观察有收获，首先要有明确的观察目的和浓厚的观察兴趣，愿意去看。

观察并不是我们平时所说的"随便看一看"、"瞅两眼"，而是一种有计划的、有目的的比较持久的看，要看的准确，看的完整。只有这样，孩子写出来的作文才会细腻、真挚，不但自己较为满意，别人也会非常欣赏。

家长可采用多种方式培养孩子的观察力，一开始最好与孩子一起做一些有趣的题目，如观察爸爸的一举一动，细心观察后为爸爸画一幅画并配上解说词等，互相比一比看谁画得像，从一点一滴开始培养观察的兴趣。

2.要集中注意力，并且积极地动脑思考

因为只有这样才能摸索到被观察对象的规律，观察得愈仔细，愈深入，愈会使孩子的笔下生花。家长可以随时与孩子探讨、交流观察的有关问题，以便及时掌握观察的技巧。

3.要掌握一些观察的技巧和方法

观察的技巧和方法有：

(1)要有观察目的、任务，并制订观察计划，同时做好观察前的准备。

(2)观察时，要有一定的顺序，如由远到近或由近及远，由简单到复杂或由局部到整体等。

(3)从不同角度观察。

(4)注意观察细节。

(5)要写观察笔记。

(6)要抓住特点观察。

如何培养一个大脑灵活的孩子

刘阿姨的儿子这次期末考试考得不太好，他很苦恼，正向刘阿姨诉说其中的原因——就拿数学来说吧，其实前面的题我做得很顺利，最后一道题剩下了足够的时间思考。可是，到了下课铃响时，我仍然没有想出来。走出教室听到同学们的议论，才恍然大悟。原来只需从另一个角度去想，问题就会迎刃而解，我怎么就没有想到呢？妈妈，我真的是死脑筋、脑子不会转弯吗？我的死脑筋怎样变活些呢？

这个孩子的境遇使很多家长有似曾相识之感。孩子考得不理想是常见的事，其中有相当一部分原因是知识学的死，脑筋不灵活。

随着应试教育向素质教育的转轨，教育界愈来愈重视知识的有效运用，只有灵活掌握的知识才更有运用的价值。因此要让孩子将知识学活、学透。能灵活运用知识，恐怕是未来社会对人才的必然要求，也就是说只有大脑灵活的孩子才更有利于个人发展并为社会创造财富。

那么，怎样使自己的孩子聪明能干，在学习及其他方面出类拔萃呢？我们说，最重要的是要发展孩子思维的智力品质。

(1)思维的灵活性。是指智力活动的灵活程度。家长要善于启发孩子的思维，即从不同程度、不同方面采用多种方法来着手思考问题、解决问题。刘阿姨的儿子未考好的原因就是大脑思维缺乏灵活性，不能变通地思考。

一般来说，我们在遇到问题时总是先想到那些比较常用的，曾经使用过的方法，因为这样常能使我们较快地解决同一类问题。但是世界上的事物是色彩缤纷的、多种多样的，我们遇到的问题不会是一个模式。原有的思维方式不能解决问题，就需要我们跳出原有思维的框框，转动脑筋，积极地从另一个角度，换一种方式去思考。如果一个同学具备了这种能力，就不会有人说他是死脑筋了。平时家长要启发孩子自如地运用各种法则、公理、定律，鼓励孩子一题多解等，训练孩子举一反三的能力。

(2)思维的敏捷性。敏捷性是指智力活动的速度。例如，做数学作业要有正确迅速的运算能力。家长一是要注意在孩子作业、练习中，提出速

度的要求与规定，注意纠正孩子磨磨蹭蹭的坏习惯；二是要向孩子讲解提高速度的要领，培养孩子讲究效率的良好习惯。

(3)思维的抽象性。家长要启发孩子对所学教材进行归纳、概括，复习时要将所学的知识系统化，在头脑中有一个清晰的网络，以便准确地提取运用。

(4)思维的独创性。思维的独创性是指智力活动的独创程度。家长不仅要启发孩子善于发现问题，提出问题，更重要的是独立思考，有独创性地解决问题。历史上的司马光砸缸就是这种思维品质与能力表现的例子。家长要鼓励孩子多动脑筋、勤思考，主动为自己出难题，创设新情境进行自我训练，如自编习题，动手制作等，培养孩子思维的独创性。

孩子考试总紧张怎么办

小艳的父母最近非常发愁，这是怎么回事呢？

原来，小艳就要进行升学考试了，爸爸妈妈和小艳自己都希望能发挥出最佳水平，考出好成绩来。然而小艳有一个毛病，一到考试的时候就紧张，吃不下饭，睡不着觉，有时还做噩梦。小艳期中期末的成绩总是不能反映出平时的学习水平。这该怎么办呢？

我们说，小艳的表现是典型的考试焦虑反映。考试焦虑多是在面对考试的压力时，孩子情绪上的一种烦躁不安、失助和紊乱的状态。它以担忧为主要特征，在生理上表现为心率加快、呼吸加剧、肠胃不适、多汗、尿频、头痛、失眠等，在行为上表现为考前及考试过程中的惶恐不安等。

过度的考试焦虑对学生的学习与身心发展具有较大的危害。它不仅会干扰人的注意、记忆、思维等认知活动，还会使人的意识范围变得狭窄，以致人格结构遭到损害，学生个人的社会适应能力也会因此而大大削弱。

帮助孩子消除考试焦虑要注意以下几方面的问题。

(1)家庭要创造和谐、适度的教育环境和学习气氛。孩子考试焦虑的形成既有来自学生自身的内部因素，也与学习生活的外部环境密切相关，而来自社会、家庭的压力更可能是孩子焦虑产生的强大的外部动因。因此，家长在分数上不应过分苛求，考前也不要说诸如：“一定要考出水平”之

类的话,而应鼓励孩子"只要努力去做,考好考坏都不是最重要的。"以减轻孩子的心理负担,否则使孩子幼小的心灵承受巨大的压力,导致情绪紊乱;认知失调,身心发展受到影响。家长应调整对孩子的期待水平,避免过高的、超出孩子实际能力的要求。

(2)家长平时应注重培养孩子良好的心理品质。家长要帮助孩子培养积极的学习兴趣,明确的学习动机,良好的情绪状态,开朗的性格特征,顽强的意志品质,这些既是对家长消除孩子考试焦虑的基本要求,也是全面提高孩子心理素质的重要措施。

(3)帮助孩子提高应试技巧。应试技巧包括记忆策略、复习策略、答题策略及自我心理暗示等诸多方面。除了必要的应试策略外,家长可教给孩子考试过程中消除焦虑的具体方法。可采用自我暗示法,轻声对自己说:"要冷静,不要紧张",也可以转移注意力,如闭目做深呼吸、默默数数,等等。考前还可用活动代替法放松情绪,如去打一场球、听一支乐曲或看一场电影,这些都可以在一定程度上缓解紧张情绪,发挥智力优势,考出真实水平。

家长如何培养孩子正确的学习方法

李环是一个非常刻苦努力的好孩子,可是成绩却总是平平。有一天,老师留了几道复习题,别的同学很快就完成了,可小环却只复习了两道。

老师仔细地与小环进行了交流并进行了家访,终于找到了问题的症结。原来,小环的成绩上不去有一个根本的原因,即学习方法不正确。

学习方法是影响孩子学习效率及成绩的重要因素。掌握良好的、适合其个人特点的学习方法是学生学习取得成功的重要途径,许多落后生都有学习方法失当的因素。因此,在当前家庭教育中,在强调重视知识的同时,非常重视帮助孩子"学会学习"。

家长怎样对孩子进行学习方法的培养呢?

(1)帮助孩子制订有效的学习计划。家长应帮助孩子制订包括复习时间、复习内容等详细具体的学习计划,有效地规划学习的进度,安排学习的时间。

(2)培养孩子的自我管理能力。许多孩子在学习上过分地依赖老师及家长,自觉性差且不能独立完成任务。对这一类孩子,家长在督促、帮助的同时要逐渐培养其独立性。当一个小孩自我管理能力增强的时候,学习的主动性、自觉性、计划性自然就会相应地提高。

(3)培养良好的学习习惯。有的孩子学习时注意力不能集中、易分心,甚至边学习,边看电视或边听音乐,学习拖拉,应付现象严重。家长要训练孩子注意的集中能力,教会孩子记忆及思维的方法,使孩子能够抓住重点,有的放矢地学习。

(4)密切与学校及班主任老师的联系。家长应密切与学校及班主任老师的联系,以便了解学校教学内容的进程及不同阶段儿童身心发展与知识学习的特点,了解孩子在学校中的学习习惯、学习方法以及学习环境,有针对性地进行辅导。

最后,需要指出的是,好的学习方法并不是一朝一夕就能养成的,需要不断地总结、摸索。只有坚持不懈地努力,适合您孩子自己的成功方法就一定会找到。

生活自理

家长怎样培养孩子的生活自理能力

北京电台的一次有关家教方面的节目,播音员向听众介绍一种"依傍现象",说的是一家祖孙三代(外婆、妈妈、女儿)的有趣现象。节目中说"外婆是一位勤劳、善于操持家务的人,家中的一切事情自己操劳,心疼自己的女儿,为了自己的女儿能安心学习,从来不让她做家务事,女儿的一切,这位老妈妈照顾的井井有条。结果形成她的依赖性,生活能力较差,而外孙女在生活能力较差的妈妈身边,好像自己的一切都要自己来做,家务事也能做得有条不紊,可以说这个女孩的生活能力很强。

"这就是"依傍现象"。

"依傍现象"说明了一个很深的道理。孩子生活的家庭中有没有发展他的自理能力的空间,如家长主动地为孩子创设促其自理的机会,那么,孩

子生活处理能力是有极大的发展的潜力的。这不是说,一切都推给孩子去干,而是让他们干、留给他们去干。为自己孩子服务是父母育儿的责任和义务,这正是为孩子服务"一阵子",却不能负责孩子的"一辈子"。所以注重培养孩子的生活能力、自理能力是为孩子的"一辈子"负责。

高年级孩子的生活能力和自理能力都包括哪些内容呢?

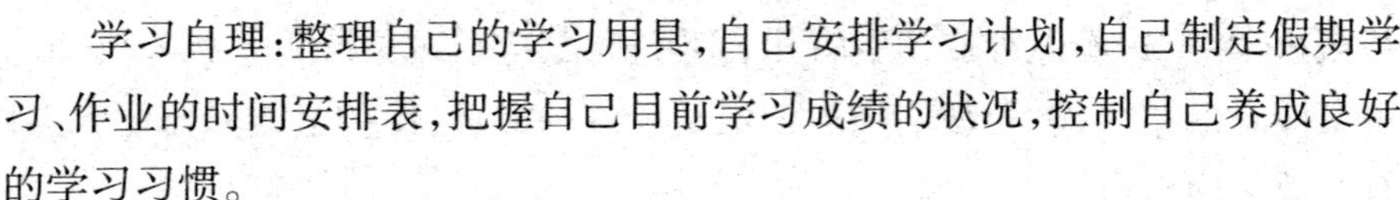

学习自理:整理自己的学习用具,自己安排学习计划,自己制定假期学习、作业的时间安排表,把握自己目前学习成绩的状况,控制自己养成良好的学习习惯。

生活自立:自己的事情自己做,整理自己的卧室、自己的衣物自己洗涤、收拾、整理,自己计划使用自己的零用钱。

家务劳动岗位:负责一项家庭事务,学会烹饪几样饭菜,练练"当家",关心、照顾父母和老人。

选择适合高年级孩子的培养方法:

(1)孩子进入高年级以后独立意识增强,可以和孩子做一次谈话,启发他自己申请自己可以完成什么任务,如孩子愿望强烈,应与孩子协商量力而行。在孩子的自我要求下,可以签订一个"协议书",自立"军令状",用以激励孩子认真锻炼自己。

(2)家长应采用"教、扶、放"的程序帮助孩子完成任务。

(3)多鼓励、少批评。孩子刚开始可能积极性很高,应通过鼓励的办法促其坚持下去。也可以采取和家长比赛的办法提高孩子的积极性。当孩子没有把事做好,应帮助分析原因,辅导他做好。

培养孩子的生活能力与自理能力关系到他们一生的成长,一定会促进孩子各方面素质的全面发展。

如何给孩子划定生活空间

一次家长会上,老师提示家长在自己的家里划拨给孩子一处空间。绝大部分的家长,能够遵照老师的提示去做,孩子、家长反映此做法很好。有的家长讲:"我的孩子非常喜欢属于他的空间,只要有时间就整理自己的'地盘',布置和美化自己的'空间'。"有的家长说:"自从把家中的书桌分配

给孩子以后，好像他长大了一样。每天都能端坐在书桌前，大模大样地学习，好似学者一样。那认真的学习劲头，令我们很高兴。”还有一位家长说：“自从把小屋划分给孩子以后，她自己在墙壁上，无拘无束地张贴了好多自己的图画。虽然我们刚刚装修了房屋，看到孩子喜欢‘空间’，陶醉她的‘空间’，我们感觉到给孩子一块‘空间’对孩子的成长会起到极好的教育作用。”

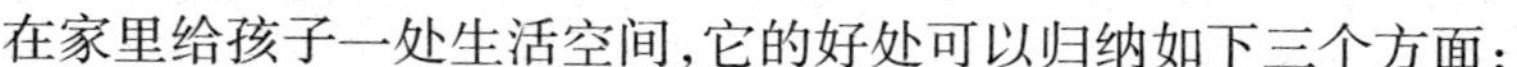

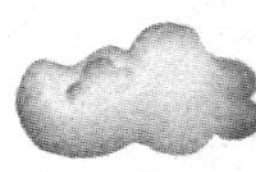

在家里给孩子一处生活空间，它的好处可以归纳如下三个方面：

(1)强化孩子的独立意识。孩子进入小学高年级以后，感到自己长大了，不满足只在父母的看护下生活、学习。有条件的家庭让孩子自己有一间居室，这本身就是向孩子宣布“你长大了，应该独立了”，让孩子自己有布置自己居室的权力和想法，更应该自己整理房间，自己的事情自己应做好，自己的生活用品、学习用具自己收拾妥当，整齐美观。”孩子在完成以上事物过程中，不正是锻炼自己的过程吗？独立地思考，独立的完成，不正是培养孩子独立意识和独立能力的过程吗？

(2)环境可以促使孩子踏踏实实地学习。孩子自己有自己的空间，在独立意识的支配下，一定会珍惜自己的空间，一定会产生一种特别愿意学习的心理，孩子就会在自己书桌前认认真真地学习和读书。这其中，家长不只是给孩子一个空间，而是创造一个家庭学习的良好氛围。有了空间、有了学习氛围，孩子会自觉地坐在书桌前努力学习了。

(3)培养孩子生活有条理、干净整洁的好习惯。当孩子有了自己的居室后，不能忽略教育孩子自己整理自己的学习用具和环境，整理自己的生活物品。只有这样孩子就会在自己的范围内注意干净整洁，物品摆放有条理。孩子长期生活在自己的空间，在家长不断地培养过程中，一定会锻炼、培养孩子生活有条理、干净整洁的好习惯。

家庭条件好的可以如此，条件不允许的家庭怎么办呢？我看道理是一致的。不能给一间房子，可以给一张桌子，或是给两个抽屉也可以。这样一来，孩子的空间自己去占领。独立意识就会得到充分的发展，对于孩子今后的责任感的培养有极大的益处。让我们为孩子创设他们自主的“空

间”吧。

如何引导孩子建立自己的各种“档案”

为了从小养成孩子做事有条理，用自己的成功和失败激励自己的进步，树立孩子的自信心，是自我教育的一种体现。帮助和指导已具备整理自己的小“档案”能力的高年级孩子完成此举，将为孩子创设一个记录自己成长历史、铭记父母对自己养育之恩、牢记学校老师对自己的教诲、笔录同学朋友之情的“档案”库。

当孩子空暇之时，翻开自己的一本本记录自己成长的影集，打开从小学一开始保存的评价手册(北京市教委已推行《小学生综合质量评价手册》多年)、翻看少先队《雏鹰奖章达标手册》、阅读保存的作业本和教科书、欣赏自己曾获得过的各种奖状等等，会给孩子带来美好的回忆，发挥自我能动性，暗暗下定决心续写自己不断进步的记录。

那么，帮助和指导高年级孩子可以建立哪些小“档案”呢？如何通过建立、整理小“档案”对孩子进行教育呢？

(1)家庭生活档案。把孩子从出生时一直到现在的照片收集起来，按照年龄的进度排列起来，插入影册。可以指导孩子为每一张照片设计、编写有意义而又幽默的一句话或一个题目，以此强化孩子对照片的印象。家长要把每一张照片当时的情景向孩子叙说，让孩子了解自己成长过程中父辈、祖辈们的期望和辛劳，唤起孩子对父母养育的感激之情。特别是能反映孩子的一切“第一次”照片，都应视为珍品照片，可另放一集收存。

在家长帮助完成一二集以后，可以放手让孩子自己编辑成册。可建立多项名目的影集。如“我加入少先队了”“漫游北京”“学校生活”“小大人”、“我懂事了”“我的成功”。

(2)纪念物品的收藏档案。把孩子使用过的“第一件”收集起来，记录孩子的成长。如“我的第一支笔”“我的第一张画”“我的第一篇作文”“我的第一张奖状”“我的第一个‘优’”……这些物品的收集存在一定的困难，也可以变通，也可以从建立“档案”之时开始有心收集。

这种收集目的在于教育孩子，有心地对待自己的过去，更注重现在的

努力，也激起孩子对未来美好前景的向往。

(3)指导、支持孩子写日记，写自己的“大事记”(也可以把家庭的大事迹，交给自己孩子写)。这是一种非常有价值的举措，养成这种良好的习惯，对孩子一生中的成长会起到督促的作用。

以上介绍指导孩子建立自己的各种“档案”的目的是在于对孩子的“唤起”，以过去激励现在，从小做一个有心人，不断记录自己的一切。让自己的进步激励自己再进步，不断进步、永远进步。

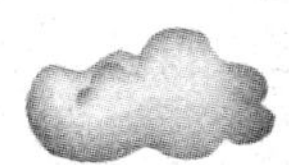

如何引导孩子的良好“还原”习惯

“还原”习惯是一个人必备的良好生活、工作习惯，良好的“还原”习惯必须从小培养。

可是，由于家长百般细致地照顾孩子，没有重视培养孩子的“还原”习惯，致使现在很多孩子，共同存在一种对待自己的物品非常随意的坏毛病。有时需要一种经常使用的东西，总是东找西找，翻这翻那，弄得家长和孩子一起忙活半天，孩子着急，大人生气，搞得一塌糊涂。耽误了很多宝贵时间，东西还是没有找到。等到不需要时，这东西又在孩子身边拨来拨去。当然，也有这样的大人，办公室的同事是不是也能遇到过这样的人和事？最明显的地方算是孩子的书包，孩子回到家里做作业时，先是把所有的书本、用具散摊在床上或书桌上，乱翻一气，等把书、作业本翻齐了，半个小时已经流失。等把作业完成后，又胡乱地把乱摊在床上或书桌上的书、本、用具一股脑儿的收装在书包里，在学校教室里又是如此这般，回到家里仍是照旧循环往复。这样的孩子生活没有条理、没有认真整理自己的物品的良好习惯，一天到晚毛躁得很。虽然怎样收拾自己的用品不是什么大事，但是，人生漫长的岁月总是这样忙忙乱乱的吗？因此不能小看这些生活中的琐碎事情，人的基本素质应该是生活有条理，把日常生活小事摆弄得有条不紊，井井有条。这样的人做大事的一定是井井有条、忙而不乱、蒸蒸日上、不断壮大。

为了孩子的未来和事业，培养他们良好的“还原”习惯吧！

培养孩子“还原”的习惯，首先从他的衣兜开始，哪个兜放什么，自己应

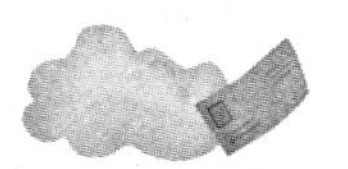

根据使用方便和卫生要求有个设想安排，坚持不随意改变自己的设想安排。然后训练孩子收拾书包、书本和用具，做到有序列，不任意插放。

高年级孩子，应该自己收拾自己的衣物，自己设计自己衣物存放的位置。内衣、秋衣秋裤、小件用品分类存放整齐，并持之以恒。

孩子的书橱，最能体现他们的个性。让孩子自己设计图书的分类(可以到图书馆、书店去观摩学习)，然后坚持分类摆放，使用后坚持放回原处。

孩子的抽屉也是一个“万宝囊”“杂货铺”，这里大有文章可做，仍是应分类。可以按照手头用、经常用、必须用分类。还可以从纪念品、小玩具、小电器……分类。

计划分类并分装好，关键在于坚持不懈地“还原”过程。家长定期给予孩子热情讲评和鼓励，同时还应引导孩子体会有“还原”的习惯有什么好处?

培养孩子的“还原”习惯，最有效果的方法是，您所使用的家庭物品是否有“还原”习惯？家长与孩子共同遵守“还原”规则，互相促进、互相提醒，这样一来“还原”的积极性就高，效果会明显。家长的榜样作用是无穷的，用家长的有序、条理的生活方式培养出具有生活有序、条理的一代新人。

孩子做事毛手毛脚、慌慌张张、丢三落四怎么办

我听到不少家长说过“我们的孩子一天到晚总是忙忙乱乱的、做事毛手毛脚、慌慌张张、丢三落四的”、“每天上学总要把一些学习用具遗落在家里”、“平时挺聪明的，一到考试也是因为马虎，错好多题”、“在家做些事也是摔坏这个，碰坏那个”、“真是让我们着急，怎么说他也不管事，可怎么办呢?”

是呀，碰着这样的孩子真是着急。但是在有人群的地方，这样的人的确大有人在。我邻居有一位初中二年级的女孩，一天削苹果皮，不小心把手划破。立即找创可贴贴上，第二天创伤的地方仍然很疼，一看原来创可贴贴在伤口的旁边，根本没有贴在伤口上。女孩的妈妈知道后，笑得前仰后合，乐着说：“我的好女儿，你的这件事作为幽默故事编都编不出来呀!”

上述孩子的这些令家长着急的日常毛病，的确需要家长帮助孩子克

服。

1. 毛病产生的原因

应该分析孩子平时马虎、毛躁、毛手毛脚、慌慌张张、丢三落四的毛病产生的原因是什么?

这样的孩子往往是待人热情、奔放、外向的孩子,喜欢结交朋友,喜欢帮助别人。然而他却过高地估计自己,任何事情都愿意张罗。可是总是由于自己的毛病不能把帮助别人的事情办好。平时自己的事情计划性不强,做事没有常性,坚持性差,注意力容易转移。再有,这样的孩子生活的条理性较差,自己使用的物品存放没有规律,随意性太强。另外与家庭的生活环境影响有很大关系。一种情况是家长生活条理性很强,孩子的各种事情家长亲自帮助安排的很细致,甚至怕孩子的事情做不好,就经常代替孩子完成。这样孩子从小养成依赖的习惯,事事经常不能独立完成;另一种情况是可能家庭条理性较差,家庭成员们做事都存在上述的毛病,家里的物品存放零乱没有规律,也就没有从小养成孩子良好的习惯。

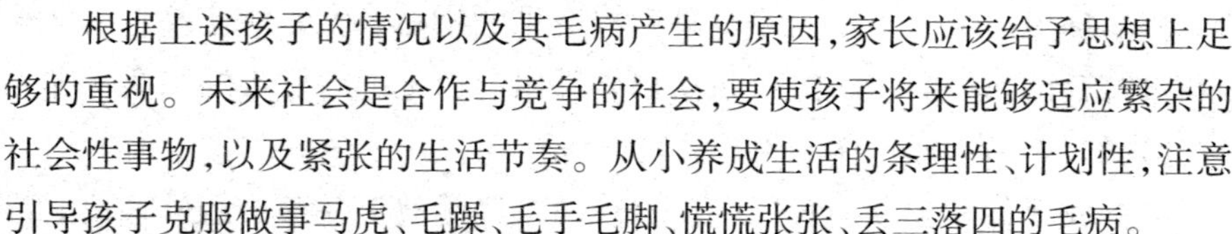

根据上述孩子的情况以及其毛病产生的原因,家长应该给予思想上足够的重视。未来社会是合作与竞争的社会,要使孩子将来能够适应繁杂的社会性事物,以及紧张的生活节奏。从小养成生活的条理性、计划性,注意引导孩子克服做事马虎、毛躁、毛手毛脚、慌慌张张、丢三落四的毛病。

2. 改掉毛病的方法

怎样帮助孩子改掉平时做事马虎、毛躁、毛手毛脚、慌慌张张、丢三落四的毛病呢?建议有以下5点:

(1)扬长避短或取长补短。10岁左右的孩子,他们喜欢大人对优点加以肯定和赞扬。当孩子对新鲜事物产生新奇感,有强烈的热情时,有意愿要进行探究时;当孩子对别人的一些事情表示要给予热情帮助时;当孩子对自己感兴趣的事情,急忙要去做时,家长不要放弃对其正确的引导。此时的孩子正处于兴奋时,家长在表示给予热情支持的同时,提示和引导孩子如何才能把事做好,如他所做的事情可能做不好的原因在什么地方?由于马虎会造成什么损失?还应给孩子通俗易懂讲一讲“动机与效果”的道

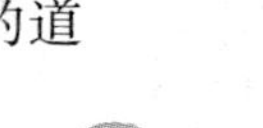

理。以上的引导在于使孩子养成在做任何事物时，都应认真地、细致地思考在前，然后再行动，这样成功的可能性就强。同时，由于思考在前，就会使孩子在思想上重视自己要做事的成功率。由于事前的思考和重视结果，就会调动孩子自身的内在潜能克服他做事马虎、毛躁、毛手毛脚、慌慌张张、丢三落四的毛病。

(2)引导孩子自己克服毛手毛脚、慌慌张张、丢三落四的强烈愿望，事事养成计划性。家长应给孩子讲，一个人不管做什么事，都应有一个周密的计划，先做什么、后做什么、事前做哪些准备、如何开始等等。也可以告诉孩子做事之前用一小纸条写上自己要用的物品及时间安排等。这样做会对克服做事马虎、毛躁、毛手毛脚、慌慌张张、丢三落四的毛病，产生事半功倍的良好效果。

有个孩子四年级时开始住校，周末回家。他有一个很好的习惯，就是在自己的铅笔盒里放上一张小纸条，记上想把自己在学校的什么东西周末带回家，学校需要什么东西要从家里带。每次回家前按纸条记录的内容整理物品，回家后第一件事就是整理回校应带的物品。多年的住校生活从来没有遗落什么东西。工作后，每次出差外出前也是把需要带的东西一样一样计划好，然后一样一样的收拾装箱准备停当。

(3)放手促其独立，自己的钉子自己碰，经验教育并存。经过家长的帮助和引导后，家长还应辅导孩子自己去完成，然后让孩子去做。这叫培养孩子良好习惯的“教、扶、放”的三个有效步骤。其中的“放”一定要放的干净，让孩子独立地去做事，他可能会碰钉子，就让孩子自己去碰，自己的教训是最好的教训，自己长的经验是最好的经验。

(4)家长不能急于求成，对于孩子克服这方面毛病的点滴进步给予充分的鼓励。

(5)家长的以身作则是克服孩子做事马虎、毛躁、毛手毛脚、慌慌张张、丢三落四毛病的一方良药。随着现代生活快节奏的出现，每一人都应克服做事马虎、毛躁、毛手毛脚、慌慌张张、丢三落四的毛病。家长如能和孩子一起进行训练和克服，也是培养孩子良好习惯的最好办法之一。

非智力因素的培养

孩子的意志力薄弱怎么办

《中国教育报》上曾经登载一篇题为《夏令营中的较量》的文章，在社会上引起很大反响。文中反映的是中国儿童和日本儿童在困难面前表现的巨大反差：中国的孩子病了就回大本营睡觉，日本的孩子病了硬挺着坚持走到底；日本孩子的背包鼓鼓囊囊，装满了食品和野营用具，中国孩子的背包只背点吃的，后来还争先恐后扔进马车里；野炊的时候，日本的孩子亲自动手，而中国的孩子则多在一旁指手画脚，袖手旁观，这一切反映了中国孩子缺乏坚韧不拔、战胜困难的勇气及艰苦奋斗的精神，也从一个侧面说明了孩子意志力的薄弱。

家长们都希望孩子长大能成为栋梁之材，殊不知要成才首先要有坚强的意志及克服困难的勇气及信心。有人曾把"意志力"比作身体中的钙质，一个孩子如果在精神上缺少"勇敢的意志钙质"，在未来激烈竞争的社会中就无法站住脚。古往今来，无数杰出人物都是在困难重重的逆境中成长起来的，他们没有一位不是意志坚强的人。司马迁遭遇宫刑而巨著《史记》，张海迪高位截瘫而精通数门外语，陈景润在六平方米斗室内刻苦攻克难题，摘下了哥德巴赫猜想这颗诱人的宝珠等等，闪烁着多少拼搏与坚韧的意志光芒。

意志力的培养对孩子一生具有如此重要的意义，那么如何加强孩子意志的磨炼与培养呢？

首先，要给孩子创设克服困难，磨炼意志品质的机会和环境。鲁迅先生曾经说："生活太安逸了，工作就为生活所累了。"俄国科学家列别捷夫也说："平静的湖面，炼不出精悍的水手，安逸的环境，造不出时代的伟人。"如果家长本身对孩子过于溺爱，事事包办代替，那么孩子在温室中长大自然就会缺少意志力，因此家长要为孩子创设克服困难的环境和机会，鼓励孩子勇往直前，自觉磨炼自己的意志。不要害怕孩子摔跟头，摔了跟头能够很快地爬起来，总结经验，继续前进，正是意志力火花在闪烁，家长们可以

记住一句话：孩子学走路，如果摔得不是很厉害就让它摔吧，孩子学游泳，如果呛不坏就让它呛几回吧，唯此，孩子才能真正学会走路与游泳。意志品质的培养也如此，只有在困难的环境中锻炼才能最终变得坚韧、勇敢。

其次，要为孩子树立坚强意志的榜样。儿童是非常善于模仿的，在他感到畏惧、发愁，不能正视困难，没有勇气、信心的时候，要为孩子设立坚强意志的榜样。可以向意志坚强的英雄人物学习，如刘胡兰、黄继光、雷锋等，学习他们热爱祖国的情感，追求真理、坚持真理而英勇不屈斗争的精神；可以向同辈孩子学习，头脑中可以经常浮现同辈优秀少年的形象，如赖宁等，并不断地对自己说："别人能做到的，我也能做到，只要努力就一定会成功"，增强克服困难的动力。

最后，要从小事着手，注重实际锻炼。俗话说"百炼成钢"，坚强的意志是在与困难作斗争的过程中，经过反复的锻炼；坚强的意志要从平凡日常生活中的点滴小事着手培养。

如要求孩子坚持做完作业再玩，打扫好教室再回家，按时完成作业等等。在日常生活中，只要是孩子能够努力做到的，就让他自己去做，大人们可以教给孩子方法，但绝不能包办代替，使孩子从克服困难达到目的中得到乐趣，树立克服困难的信心。小学高年级学生即将升入中学，需要孩子独立处理的事情将会越来越多，家长应该大胆地让他们去闯、去探，激励他们跃跃欲试地向新事物挑战，并逐渐脱离家庭保护的外壳走向自主、自立与成功。

怎样教会孩子与人合作

有一篇题为《这些老鼠为什么会有这么多怪毛病》的文章。文中提及了一个实验：将出生一个月左右的老鼠分成两组，一为群居组，另一组是独居组，没有同伴交往。几个月后，将两组中的老鼠都放入群居的环境中发现，群居组的小老鼠能够与伙伴们和平地交往，而独居组的小老鼠则攻击对方，不能与伙伴们正常友好地交往，日常生活也全都乱了套。

我们不妨将这个实验推及到人类。现在的独生子女由于各种条件的限制，在某些方面不正像这些独居的小老鼠吗？独生子女的任性、孤僻、合

作精神差是大家有目共睹的，而未来社会需要竞争更需要合作，学习的基本任务之一就是“学会合作”，这是未来人才的培养方向。如何培养一个善于与人合作的孩子是现代父母所必须面对、探讨的问题。

(1)家长要注意自己的言语、行为，为孩子树立良好的榜样。一些家长在工作中，待人接物方面过分顾及自己，以自己为中心，对别人缺少爱与同情，言语表露出的多是个人主义，孩子便会无形中受到影响，会自私霸道，小肚鸡肠，斤斤计较，对孩子的发展极不利。因此，培养一个善于合作的孩子，家长首先要以身作则，为孩子树立良好的榜样。

(2)为孩子创造社会交往的环境。很多家长害怕孩子出去乱闯学坏，对孩子的行为常常限制，不允许孩子玩耍，使孩子天天生活在两点一线中，大大地影响了孩子交往能力的发展。小学高年级的孩子由于生理、心理的发展，有了交友的强烈需要，他们往往会主动结交朋友，因此“堵”、“限”绝不是好办法，而是要因势利导，为孩子选择、创造一定的社会交往环境，如将小伙伴请到自己家中来等，既可以教会孩子交往，又便于指导交往。

(3)教育孩子形成正确的交往“理念”。我们常说一句话，思想指导行动。一个孩子如果在头脑中只有“以我为中心”的交往观念，即使为他创设了诸多交往机会，也不会学会交往，因为他的思想使他处处有拔尖、独霸的念头。而我们提倡合作式的人际关系氛围是团结友爱、互相帮助、关心他人，所以首先要让孩子在人际交往中树立“心中有他人”的正确思想。要教育孩子关心长辈、关心同学，从日常的生活小事中培养孩子高尚的道德情操。

(4)教育孩子处理好人际交往中竞争与合作的关系。人与人之间有合作又有竞争，竞争是为了更好地合作，在合作的基础上才能使竞争不迷失方向，要教育孩子主动与人合作，严于律己，宽以待人，不能排挤、使坏、踩人家。为了搞好合作，有时受些委屈是常见的，要教给孩子在非原则问题上求同存异，顾全大局。

另外，还要鼓励孩子参加竞争，要鼓励孩子向先进分广学习、挑战、较量，努力攀高峰，这样的孩子才会既不失进取心，勇于探索，又能协调彼此

关系,顾及集体利益。

与同学交往中要注意哪些问题

有一个五年级的男孩子,因为在家里与家长闹了矛盾,感到家里不温暖,非常渴望从朋友那儿得到慰藉。有一天,在大街上遇到一个人,两个人聊起天来,他感到那个人对自己特别关心,便交了朋友。以后这个朋友又给他介绍了另一个朋友。就这样他结识了不少朋友。这些朋友和他天天在一起,他的确尝到了甜头,今天这个朋友请吃一顿饭,明天那个朋友送他一盒烟。一步步地他变得不能自拔,最后走上了犯罪的道路。

孩子是单纯无邪的,而社会则是复杂的。我们提倡孩子广交朋友,但孩子涉世不深,交友必须要有所选择,家长在孩子与同学交往中需要进行哪些方面的指导呢?

(1)告诉孩子交往的目的及意义。同哪些同学交朋友要有所选择,家长要帮助孩子弄清为什么要同他们交朋友,要了解交友的目的及意义。交友是相互学习、互相帮助、共同进步的过程。相交甚好就要相互督促、相互爱护、共同进步,千万不能交一些酒肉朋友,更不能在小团体内讲哥们义气,只有这样,友谊关系才能维持长久,并结出灿烂的友谊之花。

(2)要告诉孩子注意掌握交往的广度。一般来说,由于学生正处于长知识、学习各种能力的重要阶段,交友的范围广些比窄的意义更久,接触的同学多,能相互汲取所长、开阔视野、丰富知识。家长要鼓励自己的孩子与不同性格、爱好的同学交友,开阔思路,真正做一个“朋友遍天下”的优秀少年。同时应告诫他们,学生的主要精力应用于学习,交往太多会分散精力,应在不影响学习的情况下,尽可能地多交往一些朋友。

(3)与同学交往一定要讲究信用。交往中要诚实、以诚相待才能建立起真正的友谊。首先自己要讲信用,答应的事就应努力去办,不能办的,不要夸口。友谊需要同学间共同的志趣,更需要相互信任,讲信用是交往成功的第一诀窍。

(4)让孩子懂得提高自身素质是搞好人际交往最重要的因素。要保持良好的人际关系,在集体和朋友群中受欢迎就要提高自身素质,培养自己

良好的性格、气质和风度以及高尚的道德品质。如开朗、乐观、关心他人、顾全大局、不斤斤计较等。当别人有了困难,能够毫不犹豫地伸出热情之手,当别人有了痛苦能够主动与之分忧,久而久之,您的孩子就会成为最受同学欢迎的人。

如何教会孩子自我保护

流星雨之夜失踪了一个可爱、上进的女孩子。人们在痛恨作案者,为女孩惋惜的同时,不免想到一个人人必须面对的现实问题:孩子如何学会自我保护。

两个未成年人在凌晨4点钟外出看“流星雨”,身边没有大人陪同,本身就是把自己置于一个不安全的环境之中。当犯罪嫌疑人冒充派出所民警要求检查学生证时,警惕性不高,不谙世故的姐弟俩便慌了手脚,弟弟将姐姐留在“民警”身边,歹徒的阴谋终于得逞……一句话,假如姐弟俩自我保护意识稍强一些,这场悲剧原本可能避免。

孩子是天真无邪的,社会却是纷繁复杂的,家长要帮助孩子了解社会,特别是社会的阴暗面,并教给孩子一些自我保护的策略。只有如此,才能真正保证让孩子健康茁壮地成长。

首先,要教给孩子一些自我保护的常识。这些常识包括:①孩子的父母及孩子的姓名全称、家庭住址及电话号码;②父母工作单位的详细地址、邮编及电话区号电话号码;③教给孩子在紧急情况下如何拨打电话(包括求助及匪警电话)并让孩子反复练习;④当意外发生时,如何求助及到哪儿寻求帮助,告诉孩子安全的地方包括:可信赖的朋友家、繁忙的商店、餐馆、学校或其他公共场所等;⑤要勇敢地说“不”,要告诉孩子明确地拒绝是十分重要的;当陌生人靠近或搂抱时要大声呼叫“抓坏人”、“她不是我的妈妈”,用自己的勇敢及勇气迫使坏人不能得逞;⑥单独一人在家时,不能让陌生人进入,假如一人在家,电话则不要涉及过多问题并告诉来电话者父母马上就会回来;⑦有陌生人尾随时不要单独一人开门进家而应采取迂回策略,待甩掉陌生人后再用钥匙开门;⑧对陌生人的话语不要轻信,即使是关于父母的事也要进行核实后方可行动。

其次,交友要慎重、小心。由于发生过因交友而致命事件,所以我们要帮助孩子把好“交友关”。多交际对孩子的成长有很大益处,但必须要有选择性,否则,后果不堪设想。

最后,要时刻保持警惕和清醒的头脑。俗话说:害人之心不可有,防人之心不可无。这并不是说要让孩子们小小年纪就看破“红尘”,而是让孩子通过相对安全的渠道逐步了解社会。

(1)上学或去朋友家时,如天黑并且独行,必须避免走黑暗、偏僻地方,如小胡同、空旷的广场等。

(2)在街上走路不要徘徊、犹豫、东张西望,胆小的孩子往往会成为牺牲品,最好与同学结伴出行。

(3)独自一人乘车时,不要与陌生人搭话,要站在相对安全的地方,如司机身后、售票员阿姨身边等,看清应下的站,及时下车。

(4)骑车或坐车的孩子在与汽车上的人交谈时要保持一定距离,一般要在10米以外。

(5)被汽车跟踪时,骑自行车要马上掉头向反方向骑,步行马上要上人行道路。

自我保护的方式还有很多,只要保持清醒及警惕的头脑,悲剧就不会发生,坏人就不会得逞。自我保护也是素质教育。

道德品质

孩子不懂得关心国家大事怎么办

五年级的学生刘恭同学,它的一项本领令人折服。他能熟悉地在中国地图上准确地指出任何大、中城市的所在省和位置。熟悉地在世界地图上指出各国的位置和首都的城市名称。他曾在中队会上接受队员们的测验,令全中队伙伴心服口服,对他赞叹不已。他能准确地向大家说明:近日的热点新闻是什么,国际上近期有什么事件。我们国家领导人谁出访哪个国家,哪个国家的元首来我国友好访问。

原来,这个学生,每天在家里和父母一起必看中央电视台新闻联播节

目，收听电台新闻播音。他家的墙壁上张贴着中国地图和世界地图，每当新闻播出一个国家的名称和城市时，他总是在地图上找到位置。久而久之掌握各国和一些城市的地理位置。

这位同学后来对地理课特别感兴趣，地理知识相当丰富。被同学们戏称“活地图”、“地理小博士”。现在正就读文科博士生。

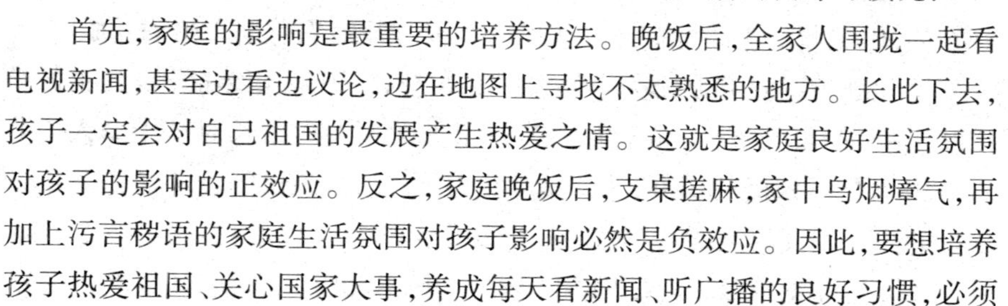

这位同学的发展受助于每日收听、收看新闻联播。那么怎样培养孩子热爱祖国、关心国家大事，养成每天必看新闻、必听广播的良好习惯呢？

首先，家庭的影响是最重要的培养方法。晚饭后，全家人围拢一起看电视新闻，甚至边看边议论，边在地图上寻找不太熟悉的地方。长此下去，孩子一定会对自己祖国的发展产生热爱之情。这就是家庭良好生活氛围对孩子的影响的正效应。反之，家庭晚饭后，支桌搓麻，家中乌烟瘴气，再加上污言秽语的家庭生活氛围对孩子影响必然是负效应。因此，要想培养孩子热爱祖国、关心国家大事，养成每天看新闻、听广播的良好习惯，必须从家长做起。

高年级孩子的家长特别应引导孩子心中有祖国，引导孩子关心国家大事，对今后孩子良好品质的形成会带来极大的好处。

其次，支持孩子参加学校和少先队组织开展的有关爱国主义教育活动。如“家长和孩子共读爱国主义的书”，“家长和孩子共观爱国主义的电影”等等。家长以自己的亲身体验向孩子讲授自己和同事们对祖国的贡献，引发孩子从小立志为祖国的繁荣昌盛而时刻准备着。

最后，经常和孩子一起利用双休日和假期到各地旅游，旅游时千万不要忘记带孩子到当地的博物馆、革命圣地、伟人与名人旧居参观学习，领略革命先辈们为中华民族的解放事业抛头颅、洒热血的壮烈事迹。这也正是对孩子进行爱国主义教育的好办法之一。

总之，孩子的情感来自家长的情怀，以家长对祖国的热爱之情，唤起孩子爱国的情感和行为。

怎样支持孩子参加助人为乐的利民活动

今年我们评选区级“十佳”少先队员时，宣传了一位这样的典型队员，

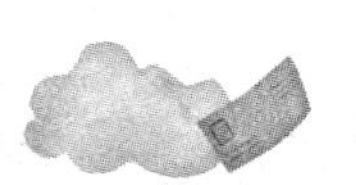

特别有意思的是，她的名字谐音与她的事迹相吻合，关欣被评为关心孤寡老人的典型。她的事迹在全区少先队员里得到了共识和钦佩。她与自己的同学常年利用课余时间到学校附近关心和照顾八十多岁的刘奶奶。被同学誉为“刘奶奶的贴心人”。双休日和节假日刘奶奶家总有她的身影。关欣的妈妈也和孩子一起照顾这位孤寡的年迈人。刘奶奶因眼病住院，她和孩子一起到医院照顾老人。刘奶奶痊愈出院后，为了让老人开开心，娘俩推着轮椅带老人逛庙会、看立交桥。平时，关欣的妈妈经常为老人做些好吃的，由关欣送去。她们母女俩的行为经常让老人感动得热泪盈眶。

关欣之所以能够成为关心他人的好典型，除了学校经常开展这类教育活动以外，家长的支持、帮助和参与有很大的关系。家长对孩子助人为乐的行为给予了积极的赞同，家长成为关欣的后盾，孩子的良好品德离不开家长的美好心灵的点拨。

那么怎样支持孩子参加助人为乐的利民活动呢?

首先，在精神上给予热情的赞同、鼓励和积极肯定。助人为乐的事情到处可见，帮助有困难的人是一个人的美德。孩提时代应种下助人为乐的种子。学校和少先队组织会经常开展这类活动，什么义务打气站、为交通警察叔叔送水、少先队小队集体到敬老院义务劳动、在街道上打扫卫生……这些助人为乐的活动孩子们很喜欢参加，从活动中体味帮助别人的欣慰感。但是很多时候却得不到家长的支持和鼓励，甚至为了阻止孩子参加助人为乐的活动，还编谎话，不让孩子参加活动。这种来自家长的阻力会从小扼杀孩子助人为乐的好品格。其实不见得都像上述典型家长那样。只要支持孩子参加、热情鼓励孩子参加，对于孩子好的表现给予赞扬，久而久之，孩子在家长赞许过程中这美好的品格就会培养出来。

其次，孩子开展这类活动时，有时需要一些钱和物品，家长应慷慨解囊资助孩子一些。如义务打气站的气筒设备往往需要孩子们自动捐钱购买，孩子的良好心意家长应给予一定的具体支持和帮助。当孩子想捐助有困难的同学或手拉手的山区小朋友一些物质时，家长帮助孩子找一些衣服和学习用具进行整理。家长这样做，孩子会从家长这里得到一种极大的动

力，也是家长以实际行动对孩子助人为乐行为的肯定。

最后，家长为了支持孩子参加助人为乐的利民活动，应帮助孩子安排好活动，提出合理化建议。如教育孩子在做助人为乐好事之前练好本领，引导孩子明确“练好本领为人民”的道理。帮助孩子把助人为乐的活动引向深处。如孩子们捐钱购买“义务打气站”的气筒，可以引导孩子积攒废旧物品，变废为宝，开展少花零钱的节约行动。既进行了勤俭节约的好传统教育，又进行了助人为乐活动的准备。

总之，孩子关心他人、关心集体、关心祖国；助人为乐良好品格的形成一定要从小培养，从小事抓起。家长的行为要成为孩子学习的榜样，身教重于言教，这是无穷的力量。

如何支持、帮助孩子做好学校、少先队小干部的工作

学校正值由应试教育向素质教育转轨，学校教育的一切工作都是为了学生素质的提高而努力。学校千方百计地为学生素质的提高创设环境，搭设训练学生能力的舞台。其中给学生创设为同学服务的机会，由学生选举产生各级各类小干部，也有的学校施行小干部竞选，轮流担任，人人都在学校担任一项工作的小干部。这是提高和训练学生素质的一种有效方法。

但是在家长中间对待此事的心态有种种不同，自己孩子在学校担任小干部光荣，担任小干部都是“好学生”，将来升入高一级的学校可能会给新老师一个好印象。如果因某种原因没有做小干部(特别是少先队小干部，要戴队长符号)，或由大队长(三道杠儿)改做中队长(两道杠儿)、小队长(一道杠儿)时，家长感到脸面不好看，质问孩子为什么落选，甚至有的家长到学校找老师去评理。这不是职务所决定的，而是要靠自己一颗热情的心去关心同学、关心集体。因此，具有上述心态的家长应转变观念，引导孩子更加热情的关注集体的工作，发挥自己的优势，为同学们做出自己的贡献。

总之，孩子做学校和少先队组织的小干部是培养孩子各方面品质和能力的好机会，家长不可等闲视之，一定要给予必要的重视和热情鼓励，以家长的热情引发孩子为集体做好工作的热情。

如何指导孩子处理好小伙伴之间的关系

现在有很多孩子与同学或小伙伴们的关系具有两重性，即渴求希望有小伙伴，又呈现出很强的唯我独尊的心理状态。也就是孩子由于在家庭中周围都是成年人，只有他自己一个孩子没有小伙伴在一起，所以总是希望有同龄孩子和他在一起学习、玩耍和活动。而有机会和同学们和小伙伴们在一起时，却又表现出一种不能接纳别人的现象，孩子们之间往往表现出经常闹意见，彼此不能接纳对方的意见，当自己的意见没有被别的伙伴采纳，自己感到很委屈。

我家经常有亲戚家几个年龄相仿的孩子在一起和我爱人（书法老师）学练书法。我观察他们，如多日不见后，团聚时大家非常开心，不一会儿总是因为一些小事彼此之间开始闹意见，甚至有的孩子还哭了，弄得我哭笑不得。

学校里少先队小队员成员之间也有时在一起讨论活动方案时吵得一塌糊涂，真是“婆说婆有理、公说公有理”。

有时经常在一起、在上下学路上的同学之间也是经常因为小事吵嘴，闹得不亦乐乎，有时几天小伙伴之间不说话，你鼓着、我憋着。

高年级的孩子懂事多了，但也经常出现如上现象，他们也经常为此情绪低落。

家长们观察自己孩子一定也经常遇到上述情况。

分析原因有如下三点：

一是独生子女容易出现的现象。由于家长不大重视从小培养孩子与同伴们交往的良好习惯和能力，在家里几个大人围着一个孩子，一切听从孩子的“召唤”，孩子稍不顺心就大吵大闹，家长对孩子言听计从，不善于引导，也可以说是家长娇惯出来的不良心理和习惯。“独”惯了，在和同学或小伙伴在一起时，不“吃亏”、自己的意见被否决后心情不愉快、别人的意见听不进去。

二是随着住楼房的居民与日俱增，楼房居民“老死不相往来”的民情所致，孩子除了在学校、上学路上同学之间的接触以外，几乎再没有和小伙伴

的交往机会了。因此，孩子自由自在地在一起玩耍、交流的时间很少。孩子之间彼此互相学习、互相谦让、互相激励、互相影响、互相促进的互动优势所产生的正效应不明显。相对来讲孩子的“独”立性较强，一定程度影响着孩子们的交往关系。

三是有些家长自己很“独”，影响孩子也“独”，如不愿意自己的孩子和小伙伴们一起玩耍、交往，失去了锻炼孩子交往能力的机会。长期下去孩子的“独”更加孤独，对今后孩子成长过程中的交往习惯养成、交往能力的提高造成影响。

治理孩子的“独”，应从家长做起，重视孩子与小伙伴之间的交往，引导孩子学会正确交往。家长应从以下几个方面指导孩子处理好小伙伴之间的关系：

(1)支持孩子参加学校、少先队组织的各种集体活动，指导孩子发挥自己的优势和特长为集体、少先队组织、为同学作出自己力所能及的贡献，鼓励孩子热情地帮助、关心周围的同学。克服各种困难，积极支持孩子参加一些夏令营、冬令营、手拉手活动等等。这是培养孩子集体主义、大公无私好品格的重要方面，也是孩子学会正确与人交往的必要过程。

(2)家长积极创造条件，让孩子有和小伙伴交往的机会和环境。定期地组织亲戚家的孩子在一起生活一段时间。由孩子发出邀请，请同班同学或邻居的小伙伴来自己家作客。家长事前给孩子讲一讲，如何做一个小主人，如何礼貌待客。特别应给孩子讲一讲遇到不满意的伙伴应该怎么对待？提前给孩子打一打容易和小伙伴发生意见的“预防针”。如能经常给孩子创造这样的机会，他们就会知道如何正确地和小伙伴交往，同时也就培养了孩子很多优秀的好品质、好行为。

(3)平时与孩子多谈心，了解孩子在学校与同学之间的关系以及如何处理同学之间出现的矛盾。当知晓孩子处理同学之间的关系做得很好，应给予肯定和鼓励，强化孩子礼让、热情待人的好行为。如发现孩子处理同学之间出现的矛盾不当时，应及时分析孩子错在哪里，指导孩子正确处理矛盾。这样的谈话是指导孩子与小伙伴交往的好方法。

(4)应该提及的是家长以身作则的行为是治理孩子"独"的最有力的手段。家长待人接物的诚恳态度、热情帮助别人的行为对孩子产生的影响是很大的。凡是待人热情、肯于帮助别人、做事不斤斤计较的家长,他们的孩子一定也具有此优秀品质。而那些很"独"的家长,其孩子的表现也会如此。

今后的社会是合作与竞争并存的社会,交往热情、善待别人、善于合作、善于交际的人才是社会发展的需要。我们应注重从小培养孩子具有以上优秀的品质,从指导孩子处理好小伙伴之间的关系开始。

青春期心理

怎样帮助女儿顺利渡过青春发育关

新新今年12岁。开学初,妈妈给她做了一条长短合适的裤子,才三个月就短了一大截,与此同时,新新从一个小豆芽变成了一位亭亭玉立的姑娘。有时新新会不经意地说出:"女人干嘛胸部都高高的,真难看;"之类的话,弄得爸爸妈妈哭笑不得。一天,妈妈发现新新用一条宽的带子紧紧地束住胸部,便赶紧和爸爸商量了一个"青春发育"为题的谈话会,由妈妈做主角单独与女儿探讨,终于解开了新新心中的许多疙瘩,挺起胸膛上学了。

从儿童发育到长大成人,就是青春发育期,这是人类发育成长的最后阶段;世界上大多数国家把这一阶段定为10~12岁。小学高年级的孩子正处在青春发育的年龄阶段。青春发育这个阶段的最大特点是身心都在急骤的变化。尽管大多数的孩子还是能顺利地度过,但仍有些敏感的孩子感到新奇,有时甚至不能适应,产生措手不及的感觉。因此,必须要求父母及有关部门来共同关心他们,帮助孩子顺利渡过青春发育关,走向成熟和自信。

父母帮助女儿顺利渡过青春发育关,要注意以下几方面知识的教导与传授。

(1)青春发育期生长速度发生突变,要做好充分的心理准备。青春期在形态方面:身高、体重等都加速增长;机能方面,如肌肉力量、血压、肺活

量也各有加强，身体素质、内分泌、性器官及性功能也正在迅速成长，要做好充分的心理准备，不要整日为突如其来的变化惶惶不安，也不要因为自己比别人迟一步发育而担心忧虑，因为每个人各个方面增长速度的高峰期是不一样的。

与此时期的发育特点相适应，家长要督促孩子进行锻炼以促进孩子的发育，同时要给孩子以足够的热量、蛋白质、无机盐、维生素等，保证发育所必需的营养物质。

(2)正确认识乳房的发育，了解乳房的保护方法。乳房发育是女孩到达青春发育期的第一个信息，然后依次是阴毛和腋毛的变化。在青春发育期初期，女孩乳房即开始发育，乳房的发育既早于其他第二性征的发育，也早于月经初潮。家长首先要让孩子认识到乳房的正常发育，标志着成年男女的区别，是健康而正常的表现，不要因此而产生害羞、胆怯的心理，同时要加强营养和锻炼，尤其是胸部的锻炼，以促进乳房发育，还要注意保护好乳房不受外力重击等等。要时刻保持挺胸抬头的坐立行的正确姿势，使身体发育得健康而挺拔。

(3)了解月经初潮及月经期的心理卫生保健方法。月经初潮，是指女孩第一次来月经，它标志着性发育的一个重要阶段。月经初潮的出现，多半是在身高增长速度开始下降后的半年到一年。家长在月经初潮即将到来之前就要将有关知识传授给孩子，以便孩子泰然处之。

月经，是卵巢开始成熟的一种信号。不过初潮时，卵巢还不能达到成熟时重量的30%，因此，在初潮之后的半年至一年内，有些孩子的月经还不能按规律每月来潮。规律的月经出现后，才可能有轻微的下腹不适。

有些女孩，对月经初潮有害怕、好奇或者害羞的感觉，妈妈应该在孩子月经初潮之前向她说明行经的科学道理和规律，使她有精神准备，并能正确对待。据研究，对月经初潮有正确认识的女孩，痛经的发生率会降低。

月经期的女孩应了解以下知识及常识。

(1)正确认识月经，保持良好的情绪。女孩子每次来月经都会发生一些生理和心理上的变化：如大脑易于兴奋也易疲劳，容易发怒，脾气急躁，

抗病能力会有所下降，再加上下腹的疼痛及不适感等，都会影响孩子的正常情绪。但只要作好精神准备，正确对待，注意休息，保证足够的睡眠，遵守科学的作息制度就不会有什么大问题。

(2)注意阴部保健。经期要注意保暖，不要参加强体力劳动或剧烈的体育竞赛。要注意局部卫生，经期要用温水及软毛巾清洗外阴，不要盆浴，卫生纸勤换，卫生带用后要洗净，晒干。孩子月经量较多，家长可建议孩子用吸湿性较强的卫生巾等，帮助孩子顺利走过青春发育关。

怎样帮助儿子顺利渡过青春发育关

有一天，心理老师到一所小学去咨询。有一个五年级的男孩子走进了老师的咨询室。“我有什么能帮你的吗?”老师问，“我现在很苦恼”。老师又仔细地审视了一下这个男孩，高挑的个，浓浓的眼眉，黑黑的大眼睛，活泼而可爱。“好吧，我们具体谈一谈吧！”

这次谈话时间不长，谈话的内容使这位多年从事心理工作的老师感到现在的孩子真是成熟早了。

这个令男孩“非常苦恼”的问题是“我的头发塌在头上，不直，没有男子汉气”，“我的脸上长粉刺了，心里很烦恼”。为什么男孩子也会有这么多烦恼呢?

我们说，这位男孩子之所以出现上述情况，是因为他长大了。正处在人生的关键期——青春发育期。青春发育期是青少年身心发展的重要阶段，处于青春发育的孩子由于身体各系统的生长发育正经历着巨大的突变，因此带来一系列心理生理问题，而能否恰当地处理这些问题是孩子能否健康成长的关键。

(1)教给孩子青春发育期的有关知识。处于青春发育期的孩子突出的生理特点是正处在性发育及性成熟时期，他们意识到自己正走向成熟，朦胧地意识到两性关系的存在等等。这时家长要教给孩子一些性知识，例如身体的形态、生理、内分泌等变化，消除孩子为大手大脚、脸上长粉刺、长胡须、破锣嗓子和遗精而顾虑。另外，家长还要对孩子进行人格教育，引导处于青春发育期的孩子正确地对待异性、正确地对待自己，并让他们懂得高

尚品德的可贵。

(2)了解孩子交友情况，指导孩子生活。随着年龄的增长，孩子接触人和物的范围日益扩大起来，他们渴求独立的愿望也变得日益强烈，不希望父母干涉过多。但是在这个时期，孩子的人格往往受外界的影响很大。所以父母一定要了解孩子的交友情况，了解周围环境对他们的影响，要为孩子创造一个愉快的、使孩子愿意讲话的家庭环境。因为许多青春期男孩子染上抽烟、酗酒甚至走上犯罪道路都受同伴影响很大。所以父母在这个时期的重要职责之一就是要提高孩子的认识，培养他们明辨是非的能力，引导孩子走向正确的成长轨道。

(3)重视孩子的首次遗精，进行有针对性的教育。进入青春发育期的男孩都可能出现遗精。遗精间隔的时间长短不一，有短至一两个周的，也有长至一两个月的，遗精只要不是过于频繁，都是正常的生理现象。家长首先要消除孩子对遗精的紧张、恐惧心理，其次要引导孩子注意青春期生理卫生，例如内裤不要过紧、被子不要太厚、早晨不睡懒觉等，保护孩子的生殖系统功能，这也是防止青春期手淫的好办法。值得一提的是，家长还要鼓励孩子参加正当的文娱、体育活动。有规律的生活可以使孩子充沛的精力得以正常发泄。一旦发现孩子有手淫的毛病，家长也不要大惊小怪，只要不是经常性的，注意并动用上述几种措施，手淫是可以避免的，不会对孩子的未来生活产生不利的影响。

毕业辅导

孩子不求上进怎么办

不少家长对自己孩子升入高年级以后，其学习成绩不尽如人意，总是表现得焦急，不知所措。家长总是说："我的孩子都上了五年级(特别已经升入六年级以后)，就是不知道应该刻苦学习，有时间就玩，眼看就要小学毕业了，可怎么办呢？"

家长对孩子学习情况的重视是完全可以理解的，但是孩子学习好坏的标准应该怎样确定是一个值得探讨的问题，同时，也是家长应从那些地方

帮助和促进孩子学习的问题。

从目前小学生，特别是高年级学生的学习情况有如下几类情况：

一是上课专心，聪明好学，课下从容完成作业，能利用业余时间复习、预习功课，甚至还能抽出时间学习课外知识；语文、数学考试成绩优良，所学知识能灵活运用，老师、家长都很喜欢这类学生。

二是上课注意专心听讲，完成作业总是用很多的时间，学习方法不灵活，死记硬背，课外知识很少接触，平时给家长的印象是"学习用心、刻苦"，学习成绩语文较好、数学一般。这类学生容易得到家长的赞许，并在人前夸奖自己孩子努力学习。老师则希望这类学生再进一步灵活掌握知识，不断总结学习方法，提高学习能力。

三是平时上课精神不够集中，能较好地掌握所学的知识，对于新鲜的事物和新知识有极大的兴趣去学习；作业完成很快；学习成绩时好时差波动较大，数学成绩优于语文成绩；考试时题目都会，由于马虎，容易出现错题；精力旺盛，经常要小聪明，易受情绪的影响。对老师喜欢的程度直接影响其对学科学习的兴趣和成绩。

四是对待学习没有积极性，没有良好的学习习惯和态度；知识缺欠较多，厌烦学习，平时没有老师家长的督促不能抓紧时间完成作业，学习成绩不好，他们总是引起老师和家长的优虑。

根据上述孩子的情况，家长在督促孩子学习时应采取不同的方法和策略。

对于第一类孩子，应千方百计地创设学习环境（如参观、旅游、购买图书、各种形式活动等），多鼓励他们自己学习课外知识，不断提高自学能力。特别注意引导孩子积极参加体育锻炼，促进他们提高学习能力和体力。

对于第二类孩子，特别应给孩子创设宽松的环境，不要给他们增加心理压力。同时不能满足于孩子所谓的"刻苦学习精神"、死记硬背现象，应提示孩子提高写作业的速度，腾出时间去理解知识，灵活掌握知识；腾出时间积极参与各类多彩的活动，锻炼他们吸收新知识的能力和自学能力。注重培养他们运用所学知识去思考周围的事物的能力。此类孩子如不改变

学习方法将没有后劲。

对于第三类孩子，应给他压担子，激励他们用旺盛的精力去克服马虎的毛病。告诉他们马虎不是一个一般的小毛病，是一个人的基本素质问题，不可等闲视之，一定要从小克服马虎的毛病，否则遗憾一生。告诫孩子有一个聪明的头脑是人生的好事，不去发挥其应发挥的作用也是一事无成。此类孩子应多多采用激将法，家长应多发现这类孩子身上的优点，调动其自身的积极性和自信心，对于他们的点滴进步应给予充分的肯定和鼓励。充分鼓励他们利用自己的优势和特长，引发他们弥补自己的短处和不足。他们如能改变自己的不足，将来一定会成为有用的人才。

家长对于纠正第四类孩子的表现一定不能操之过急、急躁起火，更不能弃之不管、破罐子破摔、放任自流。这样的孩子一般从低年级就开始厌恶学习，纠正他们的学习不良状况不会是一朝一夕、一蹴而就的。家长应从情感入手。这些孩子在学习方面可以说是较长时间的“人见人厌”(这里也可能包括一些老师)。因此家长应多给他们一些偏爱，仔细观察他们的点点滴滴的“闪光点”，如爱劳动、体育成绩较好等优点，诚心诚意地鼓励他们，诱发他们的自信心，让孩子感到自己被爱，促其知晓自己不笨，自己还行。

家长应特别与学校老师密切配合，细致分析孩子问题症结在什么地方？分析孩子不爱学习的原因是什么？

其中主要原因之一是知识漏洞过多，新知识与旧知识搭不起桥梁，课上听不懂。这样就应该想方设法给孩子补上旧知识的漏洞。在补习功课过程中，坚持一点一滴地进行，每当孩子有些进步，应给予及时的鼓励和表扬，调动孩子的积极性。

另一个原因，就是孩子没有良好的学习习惯，课上精神不集中、好动，没有把老师讲的课听明白。课下贪玩不能及时完成作业，所学功课不能得到巩固，长久下去学习兴趣不浓。对于这些孩子应给予严格要求，首先让孩子自己安排放学回家后有一小时的做作业的时间。对于高年级的学生，每天在家里应该有一个小时的学习时间，这是培养学习习惯的过程。这个

时间的确定不能只是家长自己说了算，应与孩子共同制定“协议”，促其自己要求自己，家长给予热情鼓励。

当以上两方面问题解决了，孩子的学习状况会有一定好转。

在此提示家长，孩子不同，学习状况也就不同，应该承认孩子是有差异的，只要孩子在原有的基础上有进步，他的努力就是成功的开始。同时五六年级的学生是一个重要的年级，也是小学阶段最基础的阶段，应重视孩子的学习态度、学习习惯的培养。不只是单纯看孩子的学习成绩。另外要有正确的观念，观察孩子、认识孩子、了解孩子、判断孩子、相信孩子、鼓励孩子就是教育孩子。

家长如何引导孩子正确对待毕业时“电脑派对”分配学校

最近小学毕业生升入初中，有了一项重大改革，取消重点初中学校，取消推荐和保送一些学生升入初中。根据小学毕业生家庭住址及小学的地理位置，由电脑有关程序就近分配升入中学。这是强有力施行“九年义务教育法”的举措之一。为了更好地办好每一所初中学校，更好地普及初中教育，让每一个学生都能平等地接受初中教育，各地教育主管部门也都下大力气，转变一些基础薄弱学校，加强对师资力量配备和改变教育环境的投入。现在可以说，目前绝大多数初中学校的状态还是令人满意的，家长尽管可以放心。同时由于施行初中学生就近入学，从根本上改变了生源质量，使一些很好的小学学生进入过去认为一般的中学，给这些学校增添了一定的活力，也使这些学校的教师增强了信心，改变学校面貌的自觉性有了提高。因此说，取消重点初中学校，取消推荐和保送一些学生升入初中，根据小学毕业生家庭住址及小学的地理位置，由电脑有关程序就近分配升入中学，是一件促进教育改革，发展义务教育的大好事。

然而，对于一些平时学习较好的小学毕业生来说，希望上一所理想的初中学校的愿望得不到实现。有些家长因此而懊悔，甚至愤愤不平。家长的这种情绪直接影响了孩子的情绪，使孩子闷闷不乐。家长和孩子愿意上一所自己理想的初中学校的这种想法也是可以理解的，但是还是应该正确地对待此事，愉快地服从“电脑派对”就近入学。在这里请家长用自己的正

确态度引导孩子正确对待。

在这里还应提示家长，多多给孩子灌输“所谓理想的学校，一个良好的环境对人的成长很重要，更重要的是自己发奋努力，内因在一个人的成长中起着决定性的重要作用”。可以带孩子到附近学校去看看，引导孩子制定自己升入初中以后的努力目标，用自己良好的学习态度、正确的学习方法带动周围同学共同努力、共同进步，用自己的优秀学习成绩和优良的道德品质为中学增添光彩，为实现自己的美好的理想而奋斗。

如何指导孩子搞好小学与初中的衔接

当孩子升入六年级即将小学毕业时，作为家长应该重视帮助孩子了解中学学习的情况，引导孩子适应中学学习生活，有意识地提前做好小学与初中的衔接。

现在很多孩子升入初中以后，很不适应，孩子感到不知所措，出现学习成绩下降，不能严格遵守学校纪律，甚至在小学很不错的学生退步成为一般的学生，有的退步成为学习、品德后进生，也有的与社会上不三不四的人接触后成为违反社会治安的少年犯，这真是骇人听闻。其原因是中学与小学有很多教育方法不一样的地方，中学学校生活与小学学校生活变化较大，随着孩子年龄的增长，心理特征也有明显的变化。如不重视搞好小学与初中的衔接会使孩子产生不良的变化。

小学特别重视学生的管理，小学老师对学生过于细致的要求和管理，家长认为孩子小，对其管理也细微，形成孩子过于依赖老师和家长的管理。

由于孩子的年龄增长，中学特别重视学生的自理能力的开发，中学老师不像小学老师管理那样细致。家长也认为孩子大了，不能像小时候那样管理孩子了。

另外，孩子升入初中以后，学科种类比小学的学科种类多了，知识的深度与广度变化也较大。中学老师特别重视孩子的自学能力，能有较多的自行支配时间，而像小学老师那样看护下的辅导减少了。

再有，孩子在小学六年级是学校最高年级，自然产生一种自我约束力和榜样荣誉感。而中学，孩子成为了学校的最低年级，小学的那种高年级

自我约束力和榜样荣誉感消失了。

还有，孩子自身感到自己有一种成人感，渴求独立和自制，不愿意像小学阶段那样服管。这样，其自身的心理变化和学校的教育方式的变化，虽然欲求独立，而实际独立能力、明辨是非能力、自制能力仍较差。

这样随着学习负担的增多，自己支配的时间又有所增加，渴求独立和自制，又不能管住自己等等的情况变化，可以说，如果不重视孩子搞好小学与初中的衔接是很容易使孩子发生不尽如人意的变化。

现在小学高年级老师和初中老师也很重视帮助他们搞好过渡，而家长应如何帮助孩子搞好衔接呢？有以下几个方面的帮助：

一是孩子升入小学高年级以后，家长绝不能像小学低年级那样看护孩子，不能事事处处管理得那样细致。长期地不给孩子自己独立支配自己的自由，会使孩子养成一切都依赖家长的不良习惯，影响孩子今后的成长，对其初中独立学习和适应中学生活带来不适应的现象。如逐步引导孩子自己检查自己的作业，自己制订学习计划和目标，自己安排自己的时间，鼓励孩子自学，鼓励其自己学习一些课本以外的知识，这些都是孩子适应中学学习生活的过程。

二是家长应把自己在小学升入初中时候所遇到的困惑、教训和经验讲给孩子。还可以请来已经在初中学习的孩子与自己的孩子谈心，使孩子能提前了解中学的学校生活，在思想上有一个初步的准备。特别是孩子毕业以后，家长应和孩子做一次较长时间的正式谈话，明确告诉孩子，升入初中以后应重视自己成长目标的确定，给孩子指出在小学阶段存在的问题。并明确告诉孩子，升入初中后家长不会像小学阶段那样管理了，一切靠自己的努力，给孩子提出殷切的希望。让孩子感到自己已经长大了，一切都应靠自己奋斗，促其自身向更高的目标前进。

三是当孩子刚刚升入初中学习时，注意观察孩子的进步和变化，看到孩子在独立时的进步应给予热情的鼓励和表扬。注意经常了解孩子在学习方面的困难及时给予解决，不要使问题成堆。还应经常与中学老师联系了解孩子的学习、品德、遵守纪律的情况，及时对孩子给予帮助。经过一段

时间还应逐步放手让孩子独立地适应中学的生活。

这样，小学老师、中学老师、家长与孩子自己共同形成一个合力，搞好孩子小学与初中的衔接问题一定会收到预想的好结果，对孩子将来的成才会产生强大推动力。

如何指导孩子为母校留下美好纪念

现在六年级的同学都在思考，即将离开抚育自己成长六年的母校，奔向中学的大门，成为一名中学生。那么离开母校之前，应留给母校的最珍贵的礼物是什么呢？过去总是每一个毕业生交一些钱，集体给学校购置纪念品，什么大挂钟、一条大桌布（绣上某某毕业生毕业留念等）……家长如能给孩子一些建议和帮助，一定全使孩子在小学最后阶段留给学校一个最深刻的留念。开展有关留念方面的教育活动那将是很有意义的。

建议家长帮助孩子的班级或中队办一块展板，把孩子在学校的美好回忆留给母校，把六年来的成长足迹记录上去，供在校的小弟弟、小妹妹学习。

家长可以与孩子的班级同学讨论留给母校的纪念展板应该包括哪些内容，哪些内容由谁负责准备和完成，纪念展板总体设计，设立哪些版块等等。对设计展板的规格、材料、造价、资金的来源，是否还需要请几位家长帮助和辅导。讨论的结果应写成中队决议，共同完成纪念展板。

材料可以利用聚苯板（可以到建材商店购买）。外包粗装饰布，四周可用铝合金做框。大小可设定为1×2米的长方形。资金可以由中队成员共同分担。栏目设计内容有："母校我们热爱您""尊敬的老师我们永远记住您""中队集体的进步""毕业生留言""学校岗位接力棒"……

版面应注意图文并茂，文字书写精炼与照片相呼应、错落有致。题目设计活泼生动、内容情感生辉。

毕业留念展板具有永久性，对在校同学具有特别重要的教育意义。布置展板时要收集六年来具有说明实际情况的原始照片或实物（如奖状、奖章、表扬信件等等）。这些实物的收集家长应给予大力支持，可以召开家长委员会（各校班级基本已成立）讨论，因为家长中间各方面的人才都有，一

定会支持孩子把这项纪念活动搞好。

布置展板时，家长应与中队全体成员一起参加，各尽所能，让展览内容涉及到每一位队员。

当六年级学生毕业考试已完成时，正是可以全力以赴做好展板的好时机。不要错过好机会。

当这块展板出现在毕业典礼大会时，对毕业生和全体学生来讲都是一次极好的教育机会。我想这样的事学校的领导一定会感谢家长对学校的一片真心。

支持孩子参加社会活动

怎么让孩子过一个轻松、愉快、有意义、有收获的假期

每到寒暑假期间，都是很多家长最头疼的事情，有的家长说："每到寒暑假，我们总是感到紧张，把孩子一人放在家里真是不放心。"有的家长说："孩子一到寒暑假总是很晚才起床，一天到晚看电视节目，怎么才能指导孩子过一个轻松、愉快、有意义、有收获的假期呢？"家长的担心与顾虑，说明家长对孩子假期安排的思考。

过一个"轻松、愉快和有意义、有收获的寒暑假生活"这是对学生多年经常提出的假期生活要求。那么应如何正确地理解其涵义呢？

寒暑假就是为学生们安排一段时间对紧张学习生活进行休整，既进行精神调整，又要进行身体的休整。因此在假期里，孩子们能适当地晚起一些时间，多看一些电视节目，多读一些课外读物，可以有更多的休息时间和自由支配的时间。有充足的时间干一些自己喜欢、自己感兴趣的事情。这正是对假期"轻松、愉快"简单地理解吧。

但是，作为学生也不能整天睡大觉，或是整天坐在电视机旁不停地看各种节目，整天抱着喜欢的读物看个不停。这样做对孩子眼睛的影响是有很大坏处的。这也不是真正的"轻松、愉快"。

那么，如何理解和帮助孩子过一个"轻松、愉快和有意义的寒假生活"呢？

其一，帮助孩子自己制定一份假期生活计划。启发孩子对自己有一个具体的目标要求，如准备学会或练会一种什么本领，掌握或知晓一种什么知识。也就是说，让孩子过一个假期以后一定要有一个收获。有收获就是有意义。

其二，让孩子在假期里能够对社会做出自己力所能及的贡献。支持孩子积极参加学校少先队中、小队的活动，参加慰问军、烈属和解放军、武警部队的活动；参加利民活动，如到有困难的同学家或孤寡老人家做些力所能及的劳动。表现出少先队队员从小心中有他人的好品格、好行为。

帮助、督促孩子，在自己居住的地方设定一个服务岗位，如每周扫两次居民院落，或打扫楼道，擦两遍楼梯扶手等等。即从小学习为人民服务的本领又体验了为人民服务的愉悦心情。

如果孩子是一个书法热爱者，应帮助他们在寒假期间，发挥自己的优势为居委会所属的军属写对联。如能把孩子写的春联寄送给农村更是有意义的事情。

其三，利用假期时间与自己手拉手的小朋友共同搞一个活动，如共同读一本书，彼此交换学习心得和读书笔记(如果对方没有书，可以用自己的零花钱买一本赠给对方)。如果条件允许，孩子可以到手拉手的小朋友家住上几日，体验山区、农村生活，也可把手拉手的小朋友请到自己家过几日，这样孩子可以从对方学习到很多的好品质。

其四，帮助孩子利用假期在家里多学习做些家务事，家长可以把家务劳动的几个项目“承包”给孩子，练会几个家务本领，学会做几样好吃的饭菜，让爸爸妈妈品尝。也可以让孩子“当家”一段时间，体检作为家庭成员的责任感。女同学练练织毛活、设计制作衣服(可以给自己娃娃做身好看的衣服)。这些都是培养孩子对长辈的孝心和生活自理能力的过程。

其五，引导孩子广交朋友、关心同学，建议开展“邮寄闪光点”和“热线电话接力网”活动，增强同学之间的联系和彼此促进学习。

其六，利用假期爸爸妈妈可以带孩子参观博物馆或名人故居。也可以让孩子采访爷爷奶奶，搜集爷爷奶奶小时候玩什么游戏、唱什么歌曲，把访

问的内容编成一份小报，开学以后供少先队活动使用。

如果上述的建议，只要家长和孩子能够做到几点，我想你的孩子一定能够过一个“轻松、愉快、有意义而又有收获的假期生活”。

如何看待孩子对社会捐助活动的热心

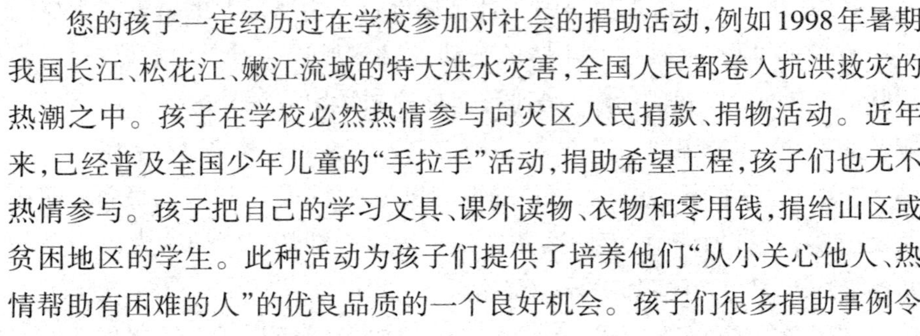

您的孩子一定经历过在学校参加对社会的捐助活动，例如1998年暑期我国长江、松花江、嫩江流域的特大洪水灾害，全国人民都卷入抗洪救灾的热潮之中。孩子在学校必然热情参与向灾区人民捐款、捐物活动。近年来，已经普及全国少年儿童的“手拉手”活动，捐助希望工程，孩子们也无不热情参与。孩子把自己的学习文具、课外读物、衣物和零用钱，捐给山区或贫困地区的学生。此种活动为孩子们提供了培养他们“从小关心他人、热情帮助有困难的人”的优良品质的一个良好机会。孩子们很多捐助事例令人感动。

回民小学的李安同学家境生活比较清贫，把自己平时积攒的崭新一百元钱，捐给一个受火灾袭击的同学，受到学校的表扬。他平时经常热情帮助同学，严格要求自己、事事处处起模范作用，曾被区里评为优秀少先队员标兵，成为全区少先队员学习的榜样。这样的小学生很多，他们的背后都有热情支持孩子行动的好家长。

孩子在学校里参与这类捐助活动时，总是有一种积极向上的思想和行动，当然避免不了同学之间的攀比和争强好胜的心理，出现不顾家庭生活状况，盲目地多捐钱、多捐物的现象。这方面，学校老师也特别注意引导学生量力而为。上述回民小学的老师知道李安同学的家境情况，也曾动员李安同学少捐一点，并询问她家长是否知晓。李安同学对老师说：“这钱是我自己积攒的，我也征求家长的意见，妈妈对我的表现很赞赏。妈妈对我说：‘遇到周围同学有困难，解囊相助是好品质，特别你自己用自己积攒的钱捐出来，我更加赞赏你’”。孩子的表现、家长的表现令学校老师和同学很感动。少先队大队辅导员辅导李安同学写了题为“崭新的一百元”的自我总结材料，在全区进行宣传。

归纳起来，如何对待孩子对社会捐助活动（向灾区、希望工程捐款、捐

物)的热心?应从以下几个方面进行教育和引导:

(1)对孩子积极参与社会捐助活动(向灾区、希望工程捐款、捐物)有热心意愿给予热情的支持和赞赏。帮助他们整理、挑选物品,使得孩子的行为在家长支持下,强化他们关心他人、关心社会的良好愿望。

(2)如果孩子出现与同学攀比、有意想多捐钱物,此时家长应注意耐心给孩子讲道理,千万不要讽刺挖苦。捐钱捐物是一种自我教育的过程,应该根据自己和家庭的经济情况量力而行。还应明确对孩子指出"以自己多捐钱、多捐物而获得同学的好评和赞赏是不对的",教育孩子"重在行为和思想,不重在数量"。

(3)利用孩子对社会捐助活动(向灾区、希望工程捐款、捐物)的热心,引导和启发孩子自己节约物品、收集废品、爱护图书和课本,积攒零用钱以备今后更好地参与社会捐助活动,把热心捐助与自己平时的表现结合起来。经常教育孩子,捐助活动只是临时帮助的措施之一,最有用的是从现在开始自己应该注重全面发展自己的素质,真正成为祖国现代化事业的合格建设者。

和谐、融洽的亲子关系

怎样了解已进入少年期的孩子

您的孩子升入小学高年级以后,感到他们与低年级、中年级有什么变化吗?如果请您向老师、心理医生或有关方面介绍自己孩子的情况,您能从孩子的基本素质、道德品质、身体健康、最近学习、目前情绪、兴趣爱好、特长、状况、脾气禀性、喜怒哀乐、待人接物等等方面叙述清楚吗?特别是能从孩子每天放学回家情绪状况判断出孩子可能在学校发生了什么事吗?在初步判断的基础上,进一步对孩子进行了解吗?

如果您说不全面或说不准确,那么怎么才能根据孩子的情况因"情"制宜,给予符合孩子实际的帮助、诱导、教育和启发、鼓励和促进孩子的上进愿望与行动,促其全面发展呢?

了解孩子的情况是对孩子实施教育的"敲门砖"。

那么怎样才能很好地了解孩子？怎么才能正确地了解孩子的情况呢？

随着孩子的年龄增长，他们在家庭生活、社会生活、学习生活阅历的积累，他们一定会在某一些方面有显露的倾向性表现。家长首先应该注重观察孩子的特殊爱好、行为表现的规律、情绪变化的起因、学习新知识的兴趣程度、待人接物的习惯（甚至对待小动物、对待如玩具娃娃、玩具动物等）。这种观察应该是“不动声色”的、自然的，表面无意识、内心有意识的观察。不要引起孩子的反感和疑心。

在对孩子的观察过程中，父母都要参与。在观察的基础上，父母应在一起对孩子进行分析、判断。父母对孩子分析、判断结果最好达成共识。这样就会对孩子的帮助、教育采取统一的、一致的、同步的认识和措施。如果观察、分析、判断属于是孩子的优势和优点，可以不必小心对待。因为当面对孩子说明他们的优势和优点时，会对孩子产生一种激励的作用，即便稍有些误差，影响是不大的（如果是对孩子的“艺术细胞”的分析、判断，最好请专门人才进行测试和判断）。

了解孩子的情况，最主要、最经常的办法是与孩子谈话。与高年级的孩子谈话应给予十分的重视和注意，千万不可随意给他们根据家长自己主观的推理和判断给予定性。特别对于孩子存在问题的定性，不可大意。和孩子谈话前，应事先有所准备。应遵循如下的几个原则：

(1)尊敬孩子、相信孩子。

(2)平等、亲热的聊天。

(3)克服生硬的审问式谈话。

(4)倾听孩子的自述，不能随意打断。

(5)启发孩子正确评价自己，自己找到自己的不足和优势。

(6)鼓励多余批评。

还有一种了解孩子情况的方法是向他的老师、同学、伙伴们了解。向老师了解时，多倾听，有必要时应主动介绍自己孩子的情况，共同分析、判断孩子的状态。但是，向孩子的同学、好伙伴了解情况时应不可随意对待。也应遵循和自己孩子谈话的原则。特别不能简单地询问。因为他们之间

是有利害关系的，相对来说他们是一致的，做错事互相“包庇”的，他们之间是有“哥们义气”的。所以，应该首先排除他们的顾虑。告诉他们：“只是一般的了解了解，不会惩罚他的，请放心。”这样一来，对方会放下包袱，介绍家长所要了解的情况。

总之，使用好了解孩子这块“敲门砖”是对孩子施教的良好开端和基础。

家庭出现异常事件如何向孩子说明

“家家都有一本难念的经”。这是我国民间流传下来的一句有关家庭生活的谚语。家庭生活中的酸甜苦辣给人生的经历设下坎坷，同时也增添了家庭成员为之奋斗的愿望和行动。

我曾经接触过一位五年级的小女孩，两年前父亲离家而去，母亲和她相依为命。这位母亲虽然还沉浸在离异的痛苦之中，却没有忘记培植和教育自己的小女儿；没有忘记引导自己的孩子从小锻炼自强不息的思想意识和行动习惯；没有忘记引导自己的孩子留心观察居委会的爷爷、奶奶和周围好心人的关心和帮助；没有忘记引导自己的孩子把所感受到的爱转化为对社会的爱，转化为对同学的爱，转化为对周围有困难的关心、爱护。这位小女孩，年龄不大，却把接受到的母爱和邻居、居委会干部、社会所给予的爱又热情地洒向人间。家庭生活不富裕，却积极参加与山区小朋友的手拉手活动，积攒零花钱捐助希望工程、救助不相识的病魔缠身的中学生。这位小学生的高贵品质和行为得到同龄孩子的拥护和赞扬，最近被评为区级“十佳少先队员”。

在这里不多谈孩子多么优秀和可爱，而应探讨家庭教育的经验。家庭生活中，都会有各种各样的困难和变故。如“下岗”、患重病或其他不可逆转的变化……应该全盘向孩子讲明，让其了解家庭生活困难和变故的症结所在。激起孩子自强、自立的独立意识、激发孩子的家庭责任感。我国有一句老话“穷人的孩子早当家”，不就是涵盖了这层意思吗？

五六年级的孩子对社会生活有了一定的了解，对于自己的家庭角色意识有了初步的认识，自己有一种独立性的要求，开始产生成人感和家庭的

责任感。正是发展自我意识和健全人格的好时机，如果不注意适时的点拨和培养，以上几方面的朦胧与初步认识就会停滞不前。所以，当家庭生活出现困难和变故的突然袭击时，一定会引起孩子的心情激荡，产生突变。因此，在家庭生活出现困难和变故时，明确向孩子说明，定会唤起他们的家庭责任感，引导他们为家庭分担忧愁，使他们更加明理、懂事。家长应向孩子讲明的家庭生活困难和变故的事实，用情感、道理打动孩子的心灵，教育孩子要艰苦奋斗、勤俭节约，以自己的实际行动孝敬长辈，用自己的努力学习来提高自己多方面素质，不断增长才干，立志使家庭从生活困难和变故的阴影中走出来。

北京广渠门中学宏志班的同学就是这方面的典型，他们家庭生活的困难唤起自己的不屈不挠的志气。当然，也同时存在孩子气馁和自卑心理出现的可能，这要靠家长自身的榜样作用的正面影响和耐心细致的谈心。

社会阴暗面怎样向孩子解释

有的孩子看了街头广告后问妈妈："扁平疣是什么？"、"什么是阳痿？"。有的孩子看了晚报刊登的一则"在歌厅包间抓获三陪女"的新闻后，问爸爸："三陪女都陪什么？"。当广播、电视播放某某市副市长涉嫌受贿、贪污被停职检查。孩子听后就问家长："这个副市长是中国共产党党员吗？为什么共产党员还贪污呀？"。

诸如此类的问题，孩子通过看广告、听广播、看电视、读报纸一定都在他们的脑海里留下印痕和疑问。有的会直接向家长提出，有的会在同学之间嘀咕讨论，内向的孩子会自己胡思乱想。

作为成年人，有一定的认识和识别能力，能正确看待现实社会中目前仍存在的社会阴暗面。而十岁左右的孩子如何抵制，如何引导他们正确看待诸如上述的问题呢？

首先，不能回避现实。遇到孩子问及上述之类的问题时，父母不能回避，更不能斥责孩子的提问，应该直接解释。如有关"性病"的广告词，直接告诉孩子"这些都是一种病，都是生长在生殖器官上的病，得这种病的人绝大多数人都是生活不正常、生活不健康的人，当然，也有少数人，在公共浴

室、公厕坐便器上不小心被传染上的。”同时告诉孩子，街头的小广告也是一种不正常的现象，有的是庸医，有的是江湖骗子，以此骗钱。还应该告诉孩子在街头的墙壁或电线杆乱贴、乱写都是不文明的行为，是精神污染。教育孩子养成不在墙上乱写乱画的文明习惯。

其次，迂回引导、正确诱导。有的社会阴暗面被孩子知晓后，可能因为孩子年龄还小，一时不好讲得很明白。如孩子提出“共产党员怎么还犯错误呢？为什么当官的会以权谋私呢？”等等。可以告诉孩子“凡是有人群的地方都会有先进与落后。”我们共产党员当官的绝大多数都是全心全意为人民服务的，可以给孩子举出很多党的好干部典型。以此来引导孩子如何正确看待我们党和国家干部。同时应该告诫孩子“从小应该立志，做一个德才兼备的接班人。在学校学习期间应该热心为同学服务，做好小干部”。

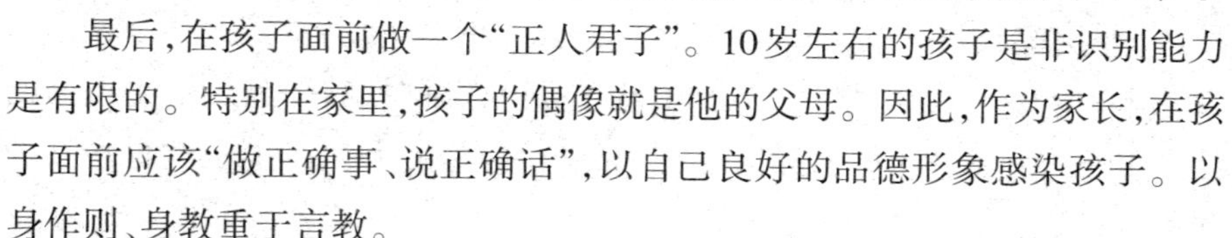

最后，在孩子面前做一个“正人君子”。10岁左右的孩子是非识别能力是有限的。特别在家里，孩子的偶像就是他的父母。因此，作为家长，在孩子面前应该“做正确事、说正确话”，以自己良好的品德形象感染孩子。以身作则、身教重于言教。

孩子看了一些不良书刊或不良影视镜头怎么办

今天三月初，五年级学生李洪的家长到学校，怒气冲冲地向我反映在李洪卧室的枕头下发现一本书，并从包里拿出来让我翻看。原来是一本旧杂志，封面上是一些不健康的画面。家长说：“老师，这还了得，我的孩子竟敢看这样的书，请您严厉地批评批评李洪，帮助我们好好地管教管教他。”

家长注意观察孩子课余时间阅读什么书，是家长重视孩子健康成长的重要内容和做法。当时我向家长说：“重视了解和观察孩子阅读什么书很好，遇到孩子看一些内容不健康的书刊，应给予及时制止。但方式方法不能简单粗暴，也不能大惊小怪，否则会适得其反。我建议采取以下一些方法对孩子进行教育：

(1)讲明不健康，特别是“色情”的书刊和影视作品是腐蚀剂，是毒害青少年的精神鸦片，是魔鬼。一个积极向上的少年，不断追求新知的学生是不会“涉猎”这些乌七八糟的东西。如青少年经常阅读这类书刊会诱发犯

罪。同时,家长应以诚恳的态度分析自己孩子的优点并给予热情的肯定和鼓励。此时孩子会以一种轻松的情绪和内疚感来接受家长的教育。

(2)还应告诉孩子,这些不健康的作品是怎么出现的。社会上的一些"制黄贩黄"的不法之徒为了自己能获取高额利润,铤而走险,丧尽天良,向青少年释放毒箭。健康成长的青少年应提高警惕,不能上当受骗。用自己的良好精神面貌抵制不健康的书刊和影视。与孩子讲这些的目的是唤起他们自身成长的责任感和主动性,自觉的抵制不健康的东西在他们中间传播。

(3)家长自己以身作则不看低级趣味、不健康的作品。把青少年不应看到的录像带、影视光盘和书刊收藏好,防止孩子无意中看到,产生不良的影响。

(4)用健康的书刊、影视占领孩子的业余时间,家长如能和孩子共同阅读、观看一些书刊、影视,边看边与孩子讨论,共同探讨作品中的主人公的成长和命运,是引导孩子阅读好书、好作品的最好办法。也是教育子女的最好途径之一。

孩子提出正当要求,家庭经济条件不能满足,怎么办

随着我国改革开放政策的实施,人们的生活水平不断提高。又由于独生子女的比例几乎达到百分之百,因此家庭生活相对来说比较富裕,孩子的各种消费的需求档次逐年增高。作为生活富裕的家庭来说,完全可以满足。对于孩子的正当消费要求,完全可以支付。但是,当孩子出于和同学攀比的心理,比名牌、比阔气、比豪华、比奢侈的要求,家长还是应该对孩子给予制止和教育。

然而现在的家庭生活不都是很富裕的,仍有一些家庭有一定程度的困难。那么,孩子向家长提出各种消费要求,有过分的,甚至没有必要的,一定要态度和蔼地对其进行教育。当孩子提出的要求是合理的。家长应该给予支持,克服生活中的困难,满足孩子的正当要求。

其实事情不是如此简单。有些孩子提出的要求实属正当,而家庭经济状况不能给予解决时,应该怎么办呢?

记得我的孩子五年级时(在外语学校学习),正值我们老师的工资很低的时候。孩子由于学外语的需要,向我们提出购买一台“砖头式的单放录音机”,价格是一百二十元,此种要求实属正当。然而我们夫妇收入只有八十余元,没有一点积蓄。我深沉地对孩子说:“买一台价格不贵的录音机,是你学习外语的需要,爸爸同意你的正当要求,可是现在给你拿出一百多元实在困难,家庭的收入情况你是清楚的。但是我一定积极想方设法筹集,尽快给你买录音机。”此时,孩子哭了,哭得伤心极了,我们也难过地落下了泪。此事至今使我记忆犹新,孩子的哭绝不是他的要求没有实现,而是被家长的理解和支持所感动的哭泣。过后我们向亲戚借款为孩子购买一台“单放机”。孩子欣喜若狂如获至宝,珍爱地使用着。从这件事以后,孩子好像明白了好多事理,不乱花零钱,服装没有过分的要求。一次学校组织春游,给他五角钱,回来时又把这钱原数交回。当孩子毕业分配工作后,用工资购置了一台很讲究的音响设备(他很喜好唱歌,曾参加过市级唱歌比赛)。至今平时生活节俭、不奢侈。

我想,如不讲道理,断然拒绝孩子的正当要求,孩子美好的愿望被打击,怎能产生他对生活的理解和珍惜。

家庭生活的暂时困难,应向孩子说明,让他们和家长共同渡过难关,让他们从小养成艰苦奋斗、勤俭持家的好品质。这样对其长大成人的品格养成都是有好处的。

如何和自己的孩子交朋友

“自己的孩子自己爱,自己的孩子自己疼”,这是人之常情。然而怎样去爱自己的孩子,并不是人人都懂得的。比如你们和自己的孩子除去亲子关系外,是否还能成为“朋友”关系？这是个需要认真地进行思考和对待的问题。

我的儿子前两年(三十二岁)和他的朋友交谈时,曾说过:“我最好的朋友是我爸爸,从我开始记事以来,最关心我的是爸爸,当我最需要帮助时,爸爸总会给予恰如其分的支持和帮助。从小爸爸总是与我促膝谈心。那时,如爸爸在学校值班或出差外地,我好像缺少了什么。其实他并不包办

我的一切，我很小的时候，爸爸教我如何自己整理自己的玩具、学习用具和小件衣物等。最有意思的是爸爸、妈妈做完饭时，爸爸一声令下‘还原’，我就会把所有做饭菜的用具摆放原来的地方。我上五年级的时候，我的所有衣服都自己洗、自己整理。每当我自己整理衣物时，爸爸总是眯着眼睛看着我微笑。此时我的心里总有一种幸福的感觉。爸爸是慈父、也是严父，更是我最知心的好朋友。”我以孩子对我的朋友之情，感到自豪与骄傲。

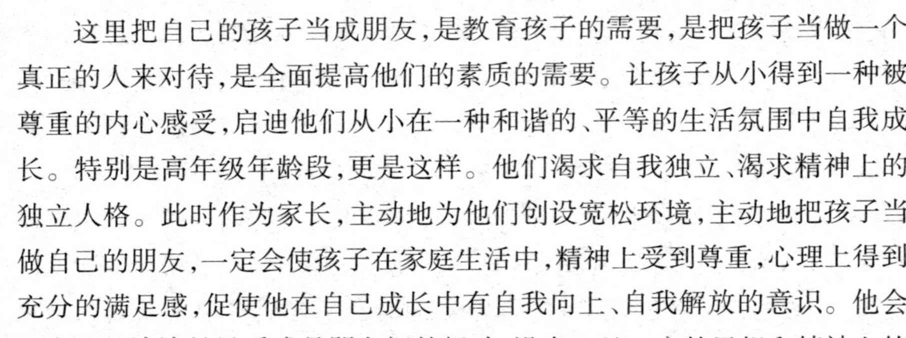

这里把自己的孩子当成朋友，是教育孩子的需要，是把孩子当做一个真正的人来对待，是全面提高他们的素质的需要。让孩子从小得到一种被尊重的内心感受，启迪他们从小在一种和谐的、平等的生活氛围中自我成长。特别是高年级年龄段，更是这样。他们渴求自我独立、渴求精神上的独立人格。此时作为家长，主动地为他们创设宽松环境，主动地把孩子当做自己的朋友，一定会使孩子在家庭生活中，精神上受到尊重，心理上得到充分的满足感，促使他在自己成长中有自我向上、自我解放的意识。他会把家长的谆谆教导看成是朋友间的规劝，没有一丝一毫的思想和精神上的压力。一定会产生极大的自我提高的愿望和行动。

那么，怎样做才是把孩子当成朋友呢？具体办法有以下三点：

(1)尊重孩子。家长不能以势压人，遇事和孩子商量，特别是孩子的正当要求，应给予特别的重视和支持。尤其是当孩子为家庭生活提出合理化建议时，应给予精神上的鼓励。当孩子做错了一些什么事，不能严厉地批评，而是从爱护的情感出发，帮助孩子分析做事时的动机是什么，效果怎样？如果是想做好事，没有做好，对其好的想法一定给予表扬(保护孩子的积极性)，然后分析为什么没有做好，是准备工作不充分、方式方法不当，还是对可能发生的问题估计不足。您想，这样的谈话孩子能反感吗？他的心理会对家长有抵触心理吗？今后他有什么事会不和您这位大朋友商量呢？

(2)和孩子多接触，满足孩子对多彩生活的追求。现在的家长都很忙碌，但是多忙也应抽出时间多和孩子接触。尽管孩子已是十一二岁的大孩子了。然而他们仍然需要家长的爱抚和指导。建议家长每天能抽出十几分钟乃至半个小时作为和孩子愉快谈话的时间。这不但是教育的需要，也

是孩子的年龄特征的心理需要。因为她们终究还是个孩子,还有幼稚的一面,没有达到成熟和自立的年龄。

(3)家长有错也应承认,自我批评。如对孩子造成精神的伤害,应主动地道歉,说声“对不起”,这是最考验家长是否真的把孩子当作好朋友的试金石。在孩子面前不要摆架子。何况现代的孩子生活在信息社会,所获得的信息甚至比我们家长都多,我们也应向他们学习。

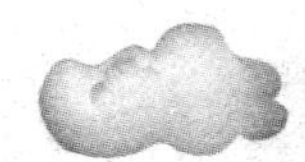

家长的虚心会给孩子树立一个良好的学习榜样。让他们在和您亲切的接触过程中,感受到您的高贵品质。朋友是互相学习、互相促进的。请您努力做好孩子的好朋友吧!

孩子很内向,不愿意和家长一起参加社交活动怎么办

随着社会的发展,人际交往的机会越来越多,朋友间的聚会比较频繁。有的孩子非常喜欢这种活动,也有的孩子对几个家庭一起的聚会的活动感到很厌烦。我的一位朋友对我讲起他的孩子时说:“我的女儿,随着她年龄的增长,越长越不愿意和父母一起参加朋友之间的聚会。把她一人放在家里我们又不放心,带她和我们一起参加聚会活动,她又很不情愿,去了也是别别扭扭,有时还发脾气就是不去,弄得我们去也不是,不去也不是。真是不知如何是好?”

这位家长所反映的情况却是经常遇到。记得我参加同事家里的一次家宴,饭桌上大家轮流举杯互祝节日愉快,轮到一位已是小学五年级的同事的孩子时,她却红着脸低着头半天儿编不出词,有的鼓励她,家长督促着,大家举杯等候着。可是孩子此时却尴尬地流下了眼泪,孩子家长还当着大家的面批评了她。弄得孩子和大家心情极不愉快。

这样的事不足为怪。一是家长想给孩子向大家表达尊敬和欢迎的机会,二是想给孩子一次锻炼表达的机会。当时我观察这个孩子很要强,是想说出一段精彩的话语表达自己对大家的尊敬和欢迎,在大家的催促下,又没有思考成熟,造成以上的尴尬局面出现。可想而知,今后像这样的活动,孩子一定会讨厌,不愿意参加这种聚会。那么如何对待上述所遇到的情况呢?

由于年龄特征所致，小学高年级的孩子，开始有一定的独立性，他们愿意安排自己喜欢的活动，有些大人们应酬的事他们不感兴趣，甚至厌烦。尤其是大人们参加的有关应酬的事，孩子不参加也是好事，不必非要孩子参加，甚至应该尽量回避。

另外，如果孩子平时表现较为内向，注重锻炼孩子的交往能力，多给孩子与外界接触的机会是件很好的事。一个孩子的成长过程不能封闭在一个小小生活圈子里面。走出家庭，走出他们司空见惯的环境，必须多多接触社会，接触自然，这是未来时代对人基本素质的需要，是复合人才的需要。因此，家长注重给孩子创设与外界接触，锻炼孩子的交往能力的机会，这是现代家长注重培养孩子成才的很好做法和意识。对于平时性格表现较为内向的孩子，尤为重要。随着社会的发展和前进，一个人的交往能力是很重要的。那些不善言表、不善交往，与当今社会是不相宜的。内向的孩子固然是一种较为固定的性格，我们也应该在他们的成长过程中，创设一些他们可接受的良好机会，让他们的个性健康和谐发展，以便使内向的人很容易地能接纳社会，社会也能顺利地接纳他们。

那么怎样才能为孩子创设家长所期望的结果呢?

其一，当家长提出让孩子和父母参加外出交往活动时，孩子表现出不愿意。家长千万不要生拉硬扯，不容孩子分说，强迫孩子跟随。应该分析孩子为什么不愿意参加，孩子是否有什么自己想做的事情，孩子有什么顾虑。如果孩子有自己的合理安排就更不应该强迫他们一定非要和家长前去。如属于不愿意与人交往的心理，家长应和蔼地、心平气和地说明这次交往的目的，说明这次交往对孩子锻炼交往能力有哪些好处，为什么应该注重与外界交际。也可教给孩子与外界交往的方法和注意事项，使其自愿与父母一起外出参加交往活动。

其二，孩子有时不愿意与家长参加交往活动，是他们不愿意和很多大人们接触，一是对孩子来讲很枯燥，这些大人与他们没有什么共同语言。二是孩子成为一种摆饰。因此孩子这种心理活动，家长应给予重视。如果真是想给孩子创设交往机会，不妨应注重创设孩子与同龄人接触的机会，

这样让孩子可以与同龄人交朋友,他们一定会欣然同意。在安排这样活动时,一定注意不要当着孩子总是夸对方的孩子如何如何好,还不时地告诫孩子应该向人家学习什么什么?这样会给孩子的自尊心造成影响和压力。可以在事后与孩子共同讨论对方孩子的优点,启发自己的孩子向别人学习。

其三,如果需要孩子参加交往活动,应该提前给孩子讲一讲,这次活动都有什么内容,孩子应做什么思想准备,甚至让人有一段自我训练的过程,促其在与人交往过程中,有成功的愉悦体验。

其四,每次外出交往活动后,家长应及时与孩子一起回忆活动时的情况,对孩子多用鼓励的语言评价他们的懂事和进步,使他们增强今后在与人交往活动中的自信心。

其五,平时注重启发孩子自我提高交往能力的愿望,鼓励他们坚持自愿,自我调整自己。

以上是针对比较内向孩子的训练方法。如果自己的孩子是一个外向、活泼型的孩子,应注意引导他们在与人交往活动过程中,注意理智、分寸、礼貌待人。在此不再细说。

总之,从小锻炼孩子的交往能力是非常重要的,家长应给予足够的重视。

孩子总是与别人比名牌文具、名牌鞋、名牌衣裤怎么办

家长们在一起议论孩子时,总是纷纷提及到给自己孩子买用品的话题,有的说:“我的孩子让我买什么都要名牌的”,有的说:“我的孩子总是同学有什么他也要买什么,同学的东西是什么名牌,他也要什么名牌”,也有的说:“真没办法,孩子总是和同学攀比名牌用品,买东西的开销真吃不消。”

以上家长议论的情况正是当前中小学生购买用品的心理要求。随着年龄的增长,需求名牌用品的欲望增多。这种情况并不罕见。记得有一天,我在天坛公园组织小学生公益劳动,一位青年教师半开玩笑地“教导”我,一口气地向我介绍并提醒我购买从头上的帽子、围巾、衬衣、领带、西

服、腰带、鞋袜的名牌产品，令我惊叹不已，也使我眼花缭乱。他介绍的各种名牌产品，我这个孤陋寡闻的老教师连一个名牌产品也叫不上来。一次我上身衣着我并不知名的“皮尔卡丹”T恤衫，竟引起不下十几位青年朋友的赞叹，令我不知所措，也使我领略到“名牌效应”。

这种“名牌效应”的心理需求，作为家长应如何对待呢？应从以下四点来思考和对待：

首先，任何产品都应创设“名牌效应”，这是市场经济发展的必然规律，名牌的创设是商品追求的目标。名牌用品自然也是消费者追求的目标。我国国民经济的发展，名牌产品的多少也是经济发展指标之一。随着我国人民物质生活水平的提高，对名牌用品的需求量增多也是经济生活呈上升趋势发展的标志之一。我们在这里不去探讨经济发展规律，而是应思考面对孩子在经济发展浪潮中如何对待？

我的想法是“对于孩子对名牌用品的心理需求和实际消费不应采取摒弃的态度”。这正是社会经济发展必然带来的现象，当然这种现象首先是从青少年的物质消费需求开始的。只要在家长经济条件允许的情况下，给孩子的生活、学习添置名牌用品是应给予肯定的，没有指责的必要，也没有必要大惊小怪。对于孩子的有关用品的需求，只要是不过分，家长应给予积极的支持。对处于身心健康发展的孩子，追求符合他们年龄阶段特点的打扮不必过于苛刻。这是时代发展的必然需求，孩子追求时尚的美不必给予过分的责备。

其次，如能针对孩子符合他们的年龄特征范围内名牌用品的追求，在条件允许的情况下满足他们要求的同时，应给予一定的引导。告诫孩子，身着名牌衣服、使用名牌用品是人们物质生活日益提高的标志，是人们对时尚美需求提高的标志，不是富贵的标志。还应告诫孩子，穿着名牌服饰、使用名牌用品，不见得能说明一个人就美。一个人的美还应靠自己的行为举止、文明礼貌来体现。设想一个人身着名牌衣物、使用名牌文具，而他不思进取、语言粗俗、衣着不整洁、一天到晚吊儿郎当、美感体现在哪里。

就是在满足孩子需求的同时，也应因势利导，启发孩子通过自身的文

明习惯创造美,克服孩子的虚荣心。

其次,对于孩子过分追求名牌衣物、名牌用品,特别应给予教育。有的孩子追求与自己年龄需要不符的物品,作为家长绝不能姑息迁就,要坚决反对。如孩子在这方面总是与别的同学进行攀比,家庭经济条件又不能实现,家长则应给予耐心的劝导,讲明道理,说明家庭条件情况,引发孩子对家庭经济条件的关注,启发孩子对家庭生活的责任感。也可以启发孩子节省零花钱,自己积攒零用钱自己购买。

最后,用“名牌效应”启迪孩子积极向上。当家长为孩子购买名牌物品时,不妨告诉孩子,商品的名牌创造过程是经过多少人的艰苦奋斗而获得的。一个人也应自己创设“名牌效应”,自己的行为表现、学习方法的创设也应朝着“名牌”方向努力。例如,我国著名体操运动员李宁所设的“李宁牌”服装、体育用品、学习用品等,就是一个很好的例子。

综上所述,追求名牌是时尚的现象,注意教育与引导孩子是家长的责任和义务,切忌不可简单从事。

家长文化水平低,怎样辅导孩子学习

一所小学正在召开五年级家长会。会上由一些家长向全体到会人员汇报了自己在教育孩子方面的收获和体会。学校同时聘请了两位专家回答家长们提出的各种各样的教育问题。在诸多问题当中有一个由十几位家长联名提出的问题引起了大家的关注:家长文化水平低,怎样辅导孩子学习。

这可能是很多家长急于了解的问题。两位专家结合几个成功案例阐述了他们非常简单却又不容易做好的看法及观点。

1.扬长避短,提高孩子的信心

不论家长的文化水平多么低,我们要做的都是一件事,即扬长避短,提高孩子的信心。有些家长可能不具备在具体学科上辅导孩子的能力及水平,但可以指导孩子如何学习,可以给孩子以信心、以勇气。

下面,我要为大家讲一个小故事。

有两位家庭的两个孩子在同一所学校同一年级上学。两个孩子学习

情况非常相似：文科成绩特别好就是数学成绩上不去，孩子们都很气馁。面对这样的情况，两位家长采用了不同的方法。那位大学毕业的家长总对孩子说："你数学就是不行，以后多在家里补习。"从此以后这个孩子一切业余爱好都变成了数学辅导书籍及数学练习题，不仅数学没有学好，还丧失了信心，其他有优势的几科成绩也逐渐下降。

而虽只有小学文化的家长一直注重在家庭教育中保护、鼓励孩子的自尊心及自信心，他们的做法自然得到了孩子的配合，收到了很好的效果。他们是这样做的：首先充分肯定孩子的优点，给孩子表现长处的机会，如让孩子给家长有表情地朗读英语文章，让孩子给家长讲述自然知识等，提高孩子的自信心。之后，家长与孩子一起从他的诸多优秀学科中总结出好的学习方法，更加提高了孩子的"我能行"意识，使孩子看清了自己的力量。同时家长教给孩子大量的学习方法，如让孩子每天多做一道不会的题，让孩子给家长讲一个数学方面的有趣故事等，一步一个脚印，一点点地练习，而不仅仅是简单、超负荷地加压。这位孩子在家长一点一滴的引导下，在不知不觉之间数学成绩有了稳步提高，对学习数学的热情也大大增加。

孩子的情况是相似的，家长的文化水平相差悬殊，为什么"水平"高的家长反而束手无策呢？我们说，真正的原因在于家长们是否掌握了培养孩子的基本技巧、方法及原则。掌握了这些基础知识，纵使不能亲自为孩子辅导，也会培养出优秀的人才，只不过，技巧也是需要学习的。文化水平低的家长如果现在才开始着手提高各门具体学科的知识水平，恐怕会事倍功半，而多掌握一些教育孩子的理论及方法才能对孩子有更大意义的帮助。

2. 互帮互学培养孩子浓厚的学习兴趣

仍然以上面那位只有小学文化水平的家长为例。

这位家长每当一门学科的一章或一个单元结束时，都让孩子为自己出考题，一来是补习一些文化知识，二来是让孩子对学习重点能清晰、主动地掌握。有时这位家长还让孩子给自己打分、要求孩子为自己讲解不懂的题目，这种互帮互学的教子学习方法，使孩子对学习产生了浓厚的兴趣，并且培养了孩子自我学习、自我检查、自我督促的能力。真正做到了教给孩子

如何学习,又教给孩子自觉主动地学习。

家庭教育中如何有效地运用表扬及批评的教育手段

上小学的时候,五年级同班同学中有一位学习较差而又非常顽皮、不守纪律的学生,经常给班级惹麻烦,令老师们非常头痛。他本人也有些失去信心,认为自己不可救药。一天,班主任老师根据该生体育的特点宣布让他来担任体育委员,引起轰动。但令人惊讶的是,在老师的鼓励与支持下,那位同学竟进步神速,不仅各方面名列前茅,升初中时还考上了一所不错的学校。

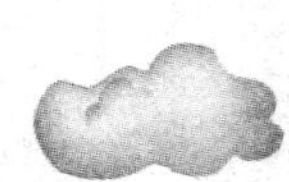

当其他老师向他的班主任讨教时,班主任只说了几个字:表扬孩子、鼓励他们。

尽管是短短几个字,却道出了成功教育的真谛。家庭教育也不例外,不少家长来信问,家教中怎样表扬、批评孩子?哪种手段使用得多有利于孩子的成长。看完上面的故事,恐怕答案已很清楚了,但是具体地实施还需注意以下几方面的问题。

1.孩子需要鼓励与表扬就如植物需要浇水一样

许多儿童心理学家都十分强调鼓励的作用,认为这是最重要的成长因素。离开了鼓励与表扬,孩子就不可能成长与进步。可见表扬与鼓励对孩子多么重要。可是在很多家教中家长常常盯着孩子的错误不放,过多的斥责使孩子形成不良的自我意识,奋发向上的动力也渐渐消失。甚至有的家长还认为只有惩罚才能有效地纠正孩子的不规范行为,这样就更谈不上鼓励与表扬孩子了。

因此,要多鼓励与表扬孩子,这是孩子成长的阳光雨露。

2.要明确表扬、鼓励与批评的目的

表扬或者批评都可以在家庭教育中使用,其目的是提高孩子的认识水平,激发他们的上进心、自尊心和荣誉感等。然而不论表扬还是批评都应使用恰当,否则会使孩子盲目骄傲或灰心失望、丧失自信心。根据优秀家长的经验,将奖惩结合起来使用,即在表扬及鼓励时指出进一步努力的方向,在批评时又肯定其进步,则会收到理想的教育效果。

3.运用鼓励、表扬与批评手段

在运用鼓励、表扬与批评手段时要考虑到以下几个条件：

(1)孩子受表扬与批评的历史状况。经常受表扬的孩子要指出他的缺点，让之了解不足，而缺点较多的孩子，当他有了一些进步就要及时肯定。虽然这种进步在一般孩子是微不足道的也要及时予以肯定，让孩子看到自己的进步。

(2)孩子本人对表扬与批评的重视程度。内向的孩子批评要讲策略。外向的孩子可以直接了解当地指出缺点、不足，针对每个孩子的具体特点采用恰当的手段。

(3)鼓励孩子。可以给孩子一个机会锻炼及表现自己的能力。

相信孩子能做好并积极为孩子创造条件，能使孩子认识到自己的潜力，不断发展各种能力，成为生活中的成功者。

家庭教育中如何培养孩子的创造力

创造力是一个孩子的创新能力，在未来社会中非常需要。有创造力的孩子思想解放、思维活跃、想象力丰富，具有不可估量的发展前途。

许多科学家都具有丰富的创造才能，做出了杰出的贡献。

比如法国昆虫学家法布尔从小就喜欢捉虫子、玩石子，连他母亲都说他是“被鬼迷了魂”，正是由于这种“被鬼迷了魂”般的执著兴趣使法布尔幼时的创造力得以充分发展，在人类生物学史上做出了惊人的成绩。

亲爱的家长朋友们，您一定也希望自己的孩子具有较高的创造力，那么如何着手培养呢？

1.发展创造力的心理品质

家长平时要注意发展孩子思维及语言的变通性、创造性及流畅性。培养孩子对事物的广泛兴趣、敏锐的观察力、记忆力及想象力。以上都是创造力的重要的心理品质及表现形式。当你们的孩子在以上诸多方面都得以充分、广阔地发展，他的创造力水平也就相应地得到提高了。

2.创设有利于创造力发展的良好的家庭环境

任何一个正常的、有智力的孩子都具有潜在的创造力，但能否发挥则主要取决于丰富的环境及良好的心理品质。因此家长还应为孩子创设良好的氛围。

(1)为孩子创设一个丰富而宽松的家庭环境。丰富而宽松的环境、无拘无束的言行及自由的想象等都是创造力发展必备的条件。而在现实生活中，大多数家长和教师则习惯于传统的管教方法，以管教代替指导和启发。如为孩子规定了哪些事情该做，哪些事情不该做，什么时间该做什么事等，限制了孩子在言语方面的选择权，长此下去，孩子在生活和学习中便形成了固定的模式。因此，家长应充分尊重孩子的自主权，以探讨、协商的方式解决及处理问题，为创造力的发展提供充足的条件。

(2)培养孩子创造性的个性品质。创造性的个性品质主要表现在情绪、动机、兴趣及自我意识等方面。家长要培养孩子稳定成熟的情绪，较强的审美能力，鼓励孩子的冒险及挑战精神。家长要激励孩子胸怀大志，追求成熟而不怕挫折和失败。家长还要锻炼孩子的自信心、自尊心和包容心。

总之，通过以上方面的熏陶和培养，您孩子的创造力水平一定会有所提高。

成功家教中父母必备的心理特点有哪些

在一项有关家教的调查中，当问及孩子的个性、兴趣爱好、心理素质时，许多家长不甚了解。当问及“父母最高兴的事是什么”时，90%的父母回答说：“孩子考试成绩好”，问及“父母最担心的是什么”，92%的家长说：“孩子学习成绩差，亮红灯。”如此偏颇和简单，使家庭教育不能成为培养孩子成才的教育，而仅仅成为学校应试教育的延伸。

17世纪德国教育家福禄贝尔指出：“国民的命运，与其说是操在掌权者手中，倒不如说是掌握在母亲手中”。此语深刻阐明了家庭教育的重要作用。因此，父母们必须不断提高自身素质。成功家教中父母必备的心理特点有：

(1)健康、向上、深厚的情感。儿童教育与其说是一种品质教育倒不如

说是一种情感教育。许多时候，父母只需与孩子进行情感交流，问题便会迎刃而解。因此，父母要通过不断地学习，丰富自己的情感世界，同时要善于向孩子表露，用自己的感情去感染、熏陶孩子的情操与品格。只有重视情感沟通的父母才能真正深入孩子的主体意识，将孩子培养成心胸宽大、博爱的好少年。

(2)正确的教育动机和目标。动机是人们进行某种活动的内部动力，只有具备了正确的教育动机和目标，孩子的培养才能走向正确的轨道。家长们首先要明确将孩子培养成什么样的人才这个问题，这其中既要考虑适应时代要求、社会需要，又要考虑符合孩子的个性特征、志趣爱好及家庭所处的实际情况。只有对孩子的个性品质、志趣爱好真正了解，教育的动机及目标才会顺利实现。因为只有符合孩子的特点与理想的动机和目标才是最现实及最具动力的。

(3)耐心持久的意志品质。教育孩子其实是一项十分艰苦而又极需耐心的工作，其历时之长，恐怕是任何一项工作不能相比的。在这种条件下，当孩子出现某种问题的时候，父母往往会着急上火，使教育过程出现偏差，因此特别需要父母具备一种坚持不懈而又耐心细致的教育意志。不能动辄打骂，更不能有气向孩子身上撒。家教的过程是孩子成长的过程，更是家长们成长的过程。